경제학 입문

임덕호 저

Introduction to Economics

명경사
MYUNGKYUNGSA

Preface

책 머리에

경제학은 살아 있는 학문인가? 경제학은 현실적인 학문인가? 경제학은 그저 어렵기만 하고 흥미 없는 골치 아픈 학문이 아닌가? 경제학에 남다른 소질과 흥미를 느끼는 몇몇 학생들을 제외하면 대부분의 경제학도들이 한 번쯤 던져보는 질문이 아닌가 생각한다. 경제학도들이 이러할진대 타 학문을 전공하는 학생들에게는 더 이상 말해 무엇하랴.

그렇다면 경제학에 뿌리를 두고 있는 경영학과는 달리 경제학을 구태의연하고 골치 아픈 학문쯤으로 여기는 이유는 무엇 때문일까? 약간 조심스럽기는 하지만 저자 나름대로 진단을 내린다면, 경제학은 경영학에 비해 경제·사회 환경의 급격한 변화를 설명함에 있어서 상대적으로 능동적인 대응이 미흡했던 것으로 생각한다. 물론 철학이나 물리학처럼 오랜 세월에 걸쳐 체계적인 이론을 확립한 경제학의 특성상 새로운 이론을 정립하기란 그리 쉽지 않은 게 사실이다. 그러나 하루하루의 삶 그 자체가 경제 활동이라는 것을 감안할 때, 경제학은 단순한 지식이 아니라 현실 경제를 설명하는 유용한 도구라는 것을 일깨우려는 노력이 끊임없이 이루어져야 할 것으로 생각한다.

필자도 대학에서 '현실 경제의 이해'라는 교양과목을 가르치면서 한때는 심각한 고민에 빠진 적이 있었다. 짧은 시간 동안에 비전공자들에게 경제학 이론 중심의 수업을 진행하는 것이 과연 합당한가, 현실 경제를 이해하는 데 이들에게 가장 필요한 것은 무엇인가, 어차피 경제학을 전공하지 않을 학생들이라면 이 시간을 통해 경제 마인드를 길러주는 것이 더 효과적이지 않을까… 등등. 그래서 본 교재의 제목을 『경제학입문』으로 하고 부제로 '현실 경제의 이해'라는 타이틀을 달기로 하였다. 그 내용도 철저히 비전공자를 위한 그리고 현실 경제에 접목할 수 있는 내용으로 국한하였다. 본 교재가 경제학에 관심을 갖는 모든 독자들에게 경제학이란 참으로 재미있고 쓸모 있는 학문이라는 것을 일깨워주는 계기가 될 수 있기를 바란다.

본 교재는 다음과 같은 점에서 기존의 교재와는 형식을 완전히 달리한다. 첫째, 비전공자들이 현실 경제를 이해하는 데 꼭 필요한 기본이론만 소개하고 경제학도들에게나 필요한 내용들은 과감히 제외시켰다. 따라서 '제1부 시장원리의 이해'에서는 대부분의 지면을 수요 및 공급과 관련된 내용에 할애하고 있으며 그 연장선상에서 소비자와 기업의 행동 원리를 설명하는 데 국한하고 있다. 특히 '제2부 국가경제의 이해'에서는 기존의 구성에서 완전히 탈피하여 비전공자들이 국가경제의 흐름을 쉽게 이해할 수 있도록 모든 내용을 국민소득 순환 모형을 이용하여 설명하였다. 다시 말해 본 교재에서는 비전공자들이 경제주체인 가계, 기업, 정부, 해외부문의 지출 행위가 국가경제에 미치는 영향을 쉽게 이해하도록 함으로써 현재와 미래의 경제 상황을 파악할 수 있는 능력을 기르는 데 대부분의 지면을 할애하였다.

둘째, 기본이론을 실생활에 응용할 수 있도록 각 단원마다 '사례연구(Case Study)'라는 명칭으로 가능한 한 많은 경제사례들을 소개하였다. 경제이론을 공부한 학생들이 정작 경제 현상을 바라볼 때는 일반인과 마찬가지로 상식적인 수준에서 접근하는 것을 자주 보았다. 따라서 본 교재에서는 각 단원에서 공부한 기본이론들을 직접 활용할 수 있도록 방대한 분량의 경제사례들을 소개하였다. '사례연구'에서는 단순히 경제사례들을 소개하는 것에 그치지 않고 앞에서 공부한 경제이론들을 현실 경제에 어떻게 적용할 수 있는가를 깨닫도록 하였다.

셋째, 언론에 자주 등장하는 경제시사용어 200개를 선정하여 책 마지막 부분에 소개하였다. 저자는 교양경제를 강의하면서 많은 학생들이 경제 관련 기사를 멀리 하는 이유가 생소한 경제시사용어 때문이라는 것을 알게 되었다. 매학기 학생들에게 경제시사용어에 관심을 갖도록 유도하고 시험에도 반영한 결과 경제문제에 대한 학생들의 관심도 점점 커지는 것을 확인하였다. 따라서 본 교재에서는 경제기사를 읽는 데 도움을 줄 수 있는 정도를 기준으로 200개의 경제시사용어를 선정하여 수록하였다.

저자는 대학시절부터 오늘에 이르기까지 주위의 많은 사람들로부터 커다란 은혜를 입었다. 한양대학교 재학 시절 손정식 교수님을 비롯한 여러 은사님들, 이제는 고인이 되신 조병택 교수님, 그리고 늘 곁에서 애정어린 조언을 아끼지 않으셨던 오웅탁 교수님과 원정연 교수님을 잊을 수 없다. 이분들에게 지면으로나마 감사의 뜻을 표할 수 있게 된 것을 더 없는 영광으로 생각한다. 끝으로 본 교재가 햇빛을 볼 수 있도록 흔쾌히 출판을 허락하신 명경사 한의명 사장님과 편집부원 여러분의 정성어린 손길에도 감사의 뜻을 전한다.

2023. 8.

임 덕 호

Contens

차례

제 1 부　시장원리의 이해

P·A·R·T 1

시장원리의 이해

제1부 시장원리의 이해

제2부 국가경제의 이해

C·H·A·P·T·E·R

01

경제문제와 과제

제 1 절 경제문제의 발생원인과 선택문제

1. 경제문제의 발생원인: 희소성의 법칙

지구상의 모든 국가는 크고 작은 경제문제에 직면하고 있다. 여러분이 실시간으로 검색하는 웹사이트에는 실업, 인플레이션, 환율 불안, 노사분규, 유가 상승, 부동산가격 폭등 또는 폭락 등 경제문제와 관련된 기사들로 가득하다. 그렇다면 이러한 경제문제는 왜 발생하는 것일까? 만약 다른 국가들과 무역이 없어도 국민 모두가 행복한 삶을 영위하는 데 필요한 모든 재화나 서비스, 그리고 필요한 자본을 국내에서 얼마든지 조달할 수 있다면, 환율문제나 국내시장의 대외 개방에 따른 어떠한 경제문제도 발생하지 않을 것이다. 국민들이 원하는 일자리가 언제나 충분하게 마련되어 있다면 실업문제도 걱정할 일이 아니다. 노동자나 사용자가 원하는 만큼의 몫을 가질 수 있다면 노사문제도 발생하지 않을 것이다. 결론적으로 경제문제는 국민들의 삶을 풍요롭게 해줄 수 있는 재화와 서비스가 부족하기 때문에 발생한다.

물론 모든 재화나 서비스에서 부족의 문제가 발생하는 것은 아니다. 우리나라의 경우 빗물은 일반적으로 원하는 양보다 공급하는 양이 많기 때문에 빗물 부족의 문제는 발생하지 않는다. 이처럼 원하는 양보다 공급하는 양이 많아 소비할 때 아무런 대가를 치르지 않는 재화를 무상재(free goods)라고 부른다. 같은 물이라 하더라도 수돗물은 원하는 양보다 공급하는 양이 적기 때문에 수돗물 부족이라는 경제문제가 발생한다. 이처럼 원하는 양이 공급하는 양보다 많아 소비할 때 대가를 치러야 하는 재화를 경제재(economic goods)라고 부른다. 경제학의 관심 대상은 무상재가 아니라 경제재이다.

그렇다면 우리 경제에는 왜 부족의 문제가 발생하는 것일까? 그 이유는 첫째, 인간의 욕망이 무한하기 때문이다. "말 타면 경마 잡히고 싶다"라는 전래 속담처럼 한 가지 욕망이 채워지면 또 다른 욕망이 고개를 드는 것은 인지상정이다. 둘째, 인적·물적 자원을 포함한 부존자원이 제한되어 있기 때문이다. 셋째, 인간의 기술이 불완전하기 때문이다. 그러므로 모든 경제문제는 부족의 문제가 상존할 수밖에 없는 이 땅 위의 여건에서 비롯한다. 이러한 부족의 현상은 대단히 보편적이기 때문에 마치 사과가 아래로 떨어지는 현상을 '만유인력의 법칙'이라고 말하듯이, 경제학에서는 희소성의 법칙(law of scarcity)이라고 부른다.

CASE STUDY 사례연구 1-1 소득이 증가하면 행복도 따라서 증가할까?

우리 모두는 행복하고 윤택한 삶을 영위하기를 원한다. 그렇다면 인간의 행복을 결정하는 요인은 무엇일까? 소득수준이 낮아 가난했던 시절에는 소득만 늘어나면 행복도 따라서 늘어날 것이라고 생각하며 소득수준이 곧 행복의 척도라고 생각할 것이다. 돈으로 행복을 살 수는 없지만 돈 없이는 행복도 없다는 것이 오늘날 이 세상을 살아가는 엄연한 현실이기 때문이다. 그렇다고 돈과 행복이 반드시 비례하는 것은 아니다. 이스털린의 역설(Easterlin's Paradox)처럼 소득이 일정 수준을 넘어 인간의 기본적인 욕구가 충족되면 소득이 늘어나도 행복은 더 이상 증가하지 않는다는 주장이 보다 현실적일 수 있다. 사람들이 직업을 선택할 때 고려하는 기준은 월급 수준이 전부는 아니며, 월 소득이 300만원인 사람과 1억원인 사람이 느끼는 물질적 풍요의 기준도 서로 다르기 때문이다. 두 사람에게 10만원의 소득이 추가로 발생했을 때 10만원에 대해 느끼는 만족도는 누가 더 클 것인가를 생각하면 답은 명확해진다. 돈은 행복의 필요조건이지 충분조건은 아니다.

우리 인간은 자신의 욕망을 얼마나 충족시킬 수 있는가를 행복의 척도로 삼으려는 경향이 있다. 그러나 행복은 동일한 욕망이라면 충족의 정도가 클수록, 그리고 동일한 충족수준이라면 욕망이 작을수록 커지는 경향이 있다.

$$\text{행복} = \frac{\text{충족}}{\text{욕망}}$$

앞에서도 언급한 바와 같이 부존자원과 기술의 제한으로 재화나 서비스의 공급량은 한정되어 있기 때문에 우리는 욕망의 절제를 통해 행복을 추구하는 지혜도 겸비해야 한다. 일찍이 성인들은 인간의 본성을 꿰뚫어 보고 욕망의 절제를 설파한 바 있다. 예수는 "부자가 천국에 들어가는 것은 낙타가 바늘구멍 들어가기보다 더 어렵다"라는 말씀으로 재물에 대한 우상숭배를 금하라고 하셨다. 석가는 "공수래 공수거(空手來 空手去)"라는 말씀을, 그리고 공자는 "청빈낙도(淸貧樂道)"의 말씀을 통해 우리에게 욕망을 절제할 것을 가르치고 있다.

2. 최대 다수의 최대 행복: 선택문제

이 지구상의 모든 국가는 크건 작건 또는 부유하건 가난하건 상관없이 '최대 다수 국민의 최대 행복'을 실현하려고 노력한다. 그러나 그 어느 국가도 인간의 무한한 욕망을 충족시킬 만큼 충분한 자원을 보유하고 있지는 않다. 따라서 모든 국가는 부족한 자원을 효율적으로 활용하기 위한 선택문제(choice problem)에 직면한다. 소수의 가족들이 살고 있는 우리 가정에서도 복잡한 경제문제가 발생하는데, 하물며 수많은 인구가 살고 있는 이 사회에서는 얼마나 많은 경제문제들이 발생할까? 이러한 경제문제들은 불행히도 제한된 부존자원과 불완전한 기술 때문에 가까운 시일 안에 해소될 가능성은 거의 없다. 따라서 어느 나라를 막론하고 그 경제가 지향하고 있는 '최대 다수의 최대 행복'을 실현하기 위해서는 다음과 같은 네 가지의 선택문제에 직면한다.

첫째, 무엇(What)을 얼마만큼 생산할 것인가를 선택해야 한다. 국민 전체가 느끼는 만족도와 경제가 지향하는 목표의 달성 정도는 생산하는 재화의 종류와 양에 따라 달라지기 때문이다. 재화의 종류가 다양하지 못하면 선택의 여지가 없어서 개개인의 욕망을 충족시켜 주기 어렵고, 너무 다양하면 선택하기가 어려워서 그 또한 바람직하지 않다. 동일한 재화를 너무 많이 생산하면 자원의 낭비를 초래하고, 너무 적게 생산하면 소수의 사람들만이 향유할 수 있는 문제가 발생한다. 선택한 재화가 어느 것인가에 따라 국민 생활의 질 또한 크게 달라질 수 있다. 예를 들어 아파트 인근의 빈 터에 테니스장을 만드느냐 또는 쓰레기 소각장을 만드느냐에 따라서 인근 주민들의 삶의 질이 크게 달라질 수 있다.

둘째, 어떻게(How) 생산할 것인가를 선택해야 한다. 동일한 재화를 생산하는 데 노동이나 기계를 투입한 정도에 따라 생산비가 달라지고, 주어진 부존자원을 가지고 만들 수 있는 재화의 양도 달라지며, 생산요소를 제공한 사람들의 소득에도 차이를 초래할 수 있다. 물론 나라마다 노동을 포함한 부존자원의 보유에 차이가 나기 때문에 어떤 생산방식이 가장 바람직한가에 대해서는 획일적인 기준을 정할 수는 없다.

셋째, 누구를 대상으로(For Whom) 생산할 것인가를 선택해야 한다. 다시 말해 부족한 자원으로 생산한 재화를 분배하는 방식을 선택하는 문제이다. 예를 들어 부족한 토지 위에 중대형 위주의 아파트를 건설한다면 토지는 중산층 이상의 고소득층에게, 반대로 소형이나 임대아파트를 건설한다면 중산층 이하의 저소득층에게 돌아간다. 오늘날 세상에는 다양한 형태의 분배방식이 존재한다. 가정에서 아침 밥상은 필요에 따라 분배하고, '미스월드'라는 타이틀은 미적 아름다움을 기준으로, 경제학 과목의 학점은 투입한 노력과 상관없이 시험결과를 기준으로, 그리고 분양아파트는 청약가점 순서나 컴퓨터 추첨방식으로 분배한다. 어떤 방식이 가장 좋은 방법인가는 어떤 방식이 장기적으로 '최대 다수의 최대 행복'을 추구하는 데 가장 크게 기여하는가에 달려 있다. 물론 현실적으로는 '최대 다수의 최대 행복'보다는 '일부의 최대 행복'이라는 의도적인 기준에 따라 선택하는 경우도 있다. 이 경우 정책 입안자들은 그럴 듯한 대의명분을 앞세워 국민들을 설득하려고 하므로 장차 이 사회의 지도자가 될 여러분은 경제 원리를 습득하여 그 모순을 지적할 수 있는 능력을 갖춰야 한다.

넷째, 언제(When) 생산하고 소비할 것인가를 선택해야 한다. 모든 국가는 자원을 현재와 미래 사이에 어떻게 배분할 것인가의 문제를 선택해야 한다. 자원의 시간상 배분문제는 현세대가 자원을 당장에 이용할 것인지 또는 몇 년 후에 이용할 것인지를 배분하는 문제뿐만 아니라 한정된 부존자원, 특히 자연자원을 현세대가 이용할 것인지 아니면 후세대가 이용하도록 남겨 놓을 것인지의 문제도 포함한다. 현세대가 석유를 모두 채굴한다면 후세대는 석유라는 자연자원이 고갈된 상태에서 경제를 운용해야 한다. 이러한 유형의 선택문제에 직면할 때 직접적인 이해 당사자인 후세대는 아무런 발언권도 행사할 수 없으며, 단순히 현세대의 처분만을 기다릴 수밖에 없는 처지에 놓일 수밖에 없다. 그러므로 현세대는 후세대의 이해에도 관심을 가져야 할 책임이 있다.

CASE STUDY
사례연구 1-2 무인도에 홀로 살 경우 경제문제와 선택문제는 발생하지 않을까?

비행기 사고로 갑 한 사람만 살아남아 무인도에 상륙했다. 이 무인도에서는 개인이 곧 사회이자 사회가 곧 개인이듯이 개인과 사회의 구별이 전혀 없다. 그럼에도 불구하고 이 무인도에서도 경제문제는 여전히 발생하며 선택문제에 직면한다. 갑은 무인도에서 살아남기 위해 무엇을 생산할 것인가부터 선택해야 한다. 갑은 우선 생존에 필요한 물, 음식, 집 등을 생산할 것이다. 다음으로 갑 자신의 욕망을 차례로 충족시키기 위해서는 신체적 조건 및 지식과 기술, 시간 제약, 무인도의 기후 조건 및 부존자원 등과 같은 한정된 자원을 어떻게 활용할 것인가를 선택해야 한다. 예를 들면 가장 우선순위에 오를 것으로 예상하는 식량을 얻기 위해서는 무인도에서 자생하는 과일이나 열매를 그냥 채취할 것인가, 사냥이나 낚시를 할 것인가, 아니면 땅을 경작해서 씨를 뿌릴 것인가를 결정해야 한다. 만약 사냥을 하는 데 많은 시간을 할애한다면 육류의 소비량은 늘어나지만 시간과 자원의 제약으로 인해 과일과 열매의 소비량은 그만큼 감소한다. 이처럼 사냥에 보다 많은 시간을 할애함으로써 과일과 열매의 소비량을 줄여야 하는 대가를 경제학에서는 기회비용(opportunity cost)이라고 부른다.

어느 날 무인도에 또 한 명의 생존자인 을이 나타났다. 갑의 선택은 혼자 생활할 때와는 완전히 다르며 훨씬 복잡한 과정을 거치게 된다. 그 이유는 무엇을 생산할 것인가에 대한 갑과 을의 우선순위부터 다를 것이며, 갑과 을의 생산능력, 즉 지식과 기술수준도 서로 다를 것이기 때문이다. 만약 갑은 사냥에 소질이 있고 을은 농사를 짓는 데 소질이 있다면 이들은 일을 어떻게 분담할 것인가를 결정해야 한다. 더 나아가 각자 생산한 것을 두 사람 사이에 어떻게 분배할 것인가의 새로운 선택문제에 직면하게 된다. 단 두 명이 살고 있는 무인도에서 이럴진대 수천만 명이 살고 있는 우리 사회에서는 얼마나 많은 경제문제들이 발생할 수 있겠는가?

제2절 경제문제의 해결이 어려운 이유

불행히도 우리 경제는 부존자원이 제한되어 있고 기술이 불완전하다. 따라서 경제문제를 발생시키는 부족의 문제를 단기간에 완전히 해소할 가능성은 거의 없다. 어느 나라를 막론하고 그 경제가 지향하고 있는 '최대 다수의 최대 행복'을 실현하기 위해서는 부족한 자원을 가장 효율적으로 활용하여 경제문제를 최소화할 수 있는 방안을 강구해야 한다. 그러나 현실적으로 경제문제가 해결되기는커녕 때로는 악화하는 이유는 다음의 네 가지로 요약할 수 있다.

첫째, 경제문제를 해결하기 위한 정부의 처방이 각 경제주체들 사이에 이해관계의 상충으로 나타나기 때문이다. 예를 들어 인플레이션 기간 동안에 정부가 물가 불안을 억제하기 위해 각종 정책들을 시행하는 것에 대해 반대할 사람은 아무도 없을 것이다. 그러나 정부가 구체적으로 저임금이나 저곡가정책을 시행하려고 한다면 노동자나 농민들은 그와 같은 정부 정책에 격렬히 반대할 것이다. 안전한 노후를 위해 국민연금 보장을 확대해야 한다는 데 반대할 사람은 없을 것이다. 그러나 추가 재원을 젊은 세대들에게 부담시키려는 정책을 도입하려고 한다면 젊은 세대들은 반대의 목소리를 높일 것이다. 이처럼 물가 안정이나 국민연금 보장 확대의 필요성에 대해서는 국민 모두가 동의할지라도 정책의 방향에 대해서는 국민 각자가 처해 있는 입장에 따라 천차만별이기 때문에 경제문제를 해결하기 위한 정책을 선택하는 데 정부의 입지가 좁아질 수밖에 없다.

둘째, 하나의 경제문제에 대한 해결방안이 또 다른 경제문제를 야기할 수 있기 때문이다. 예를 들어 빈곤문제를 해결하기 위해 공장을 대량으로 건설하면 빈곤계층에게 일자리를 제공할 수는 있으나 한편으로 공해문제라는 또 다른 경제문제를 발생시킬 수 있다. 2020년대 초반 코로나 팬데믹(corona pandemic) 기간 동안 각국은 경제를 살리기 위해 경쟁적으로 돈을 풀었다. 그 결과 경기침체에 따른 대량실업의 위기는 어느 정도 극복하였으나 통화량의 과잉공급으로 인한 인플레이션 문제에 직면할 수밖에 없었다.

셋째, 국민들의 장기적인 안목이 결여될 때가 많기 때문이다. 일반 국민들은 미래보다는 현재를 선호하는 경향이 있어 정부 정책이 장기적으로 초래할 결과에 대해 소홀히 하기 쉽다. 특히 경제정책이 단기적으로는 보약처럼 보이지만 장기적으로는 독약이 될 수 있거나 반대로 단기적으로는 쓴 약이 장기적으로 보약이 될 수 있는 경우가 허다하다. 이 경우 어떤 정책을 선택할지 결정짓기가 매우 어렵다. 대부분의 경제정책들은 정치적인 선택을 수반하는 경우가 많다. 정책당국자들이 다음 선거 등과 같은 정치적 사정을 의식할 때 정치적 고려 시한은 단기일 가능성이 크다. 비록 장기적으로는 부정적인 효과가 크더라도 우선 당장 국민 다수가 긍정적으로 받아들일 수 있는 경제정책들을 선택할 수 있기 때문이다.

넷째, 경제문제에 대한 국민들의 편견이 심하기 때문이다. 화학을 처음 공부하는 사람은 화학을 처음 접하기 때문에 화학에 대한 아무런 편견도 없다. 그러나 경제문제의 경우 국민들은 매일 대중매체를 통해 나름대로 지식을 얻는다. 그 과정에서 국민들 각자의 처해 있는 입장에 따라 다양한 주관을 갖게 되고 그 주관 속에 편견이 끼어들 소지가 있다. 그래서 "외채든 국채든 빚은 나쁘다", "수입 자유화는 국가 이익에 반하는 일이다", "외국자본 유입은 국부를 유출시키기 때문에 저지해야 한다", "부유층의 과소비는 사회의 지탄을 받아 마땅하다" 등등, 좋고 나쁜 것에 대한 주관적 견해를 신념처럼 갖는 수가 있다. 불행히도 국민들 각자의 그러한 견해들은 전혀 맞지 않거나 일부만 맞거나 또는 어느 한 쪽으로 크게 치우칠 수 있어서 정부의 정책에 대해 쉽게 수긍하지 못할 때가 많다. 정부 또한 여론에 밀려 정책을 실기하거나 장기적으로 부정적인 효과를 파생시킬 수 있는 경제정책들을 선택할 가능성이 있다.

CASE STUDY 사례연구 1-3 여러분은 쓰레기 소각장 건설에 찬성하는가, 혹은 반대하는가?

2005년 초 서울 마포구의 쓰레기 소각장이 4월 준공을 앞두고 마지막 공정인 시운전에 들어가려고 했으나 일부 주민들의 반대로 어려움을 겪은 적이 있었다. 2001년 착공한 마포구 상암동의 쓰레기 소각장은 4년 동안의 시설공사를 모두 마치고 시운전을 남겨놓고 있었다. 소각장건립반대 비상대책위원회는 "쓰레기 소각장이 가동되면 소각으로 인해 연기에 섞여 있는 다이옥신이 주민들과 자녀들의 건강에 큰 위협이 될 것"이라며 반대 이유를 밝혔다. 이에 대해 서울 중구에 사는 한 시민은 "소각장 건설이 이미 끝난 마당에 뒤늦게 문제를 제기하는 것은 전형적인 님비(NIMBY) 현상"이라며 "사회적인 이익을 따져보고 필요하다면 수용하는 자세가 아쉽다"라는 언론보도가 있었다.

2023년 1월 한 언론사는 20여년 만에 '소각장엔 없는 소통의 정치'라는 제목으로 동일 지역에서 발생한 동일한 문제를 다시 보도하고 있다. 마포구에 위치한 기존 쓰레기 소각장에 새 시설을 추가로 건립하는 안을 놓고 서울시와 마포구, 그리고 주민 간 극한 대립이 이어지고 있기 때문이다. 서울시의 주장에 따르면, 서울시 하루 생활쓰레기 발생량 3,200톤 중 2,200톤은 강남구 일원동, 노원구 상계동, 양천구 목동, 마포구 상암동 4곳에서 소각하고 나머지 1,000톤은 인천 수도권매립지에 매립하고 있다. 그러나 2026년 1월부터는 수도권매립지 사용이 금지되어 있어 서울시의 쓰레기 대란을 막으려면 쓰레기 소각장 추가 건설이 반드시 필요하다는 것이다. 마포구와 인근 주민들은 기존의 쓰레기 소각장이 있는데 시설이 추가로 들어오는 것은 절대 받아들일 수 없다고 주장한다. 서울시는 새 시설에 세계 최고 수준의 오염방지설비를 도입하고, 배출가스 기준을 강화하며, 인근 주민을 위해 1,000억 원을 투입해 공원 등 편의시설을 조성하고, 연간 100억 원 정도의 기금을 조성하는 당근책을 제시하였다.

여러분은 쓰레기 소각장 건설에 찬성하는가, 혹은 반대하는가? 쓰레기 매립장이 포화상태로 심각한 쓰레기 대란이 우려되는 상황에서도 반대만 할 수 있을까? 쓰레기 소각장 건설에 찬성한다면, 여러분 집 인근에 쓰레기 소각장을 건설한다고 해도 찬성할 것인가? 그렇다면 쓰레기 소각장 건설 문제를 어떻게 해결해야 한다고 생각하는가? 이와 유사한 사례는 너무나 많다. 우리 국민들 중 장애인들을 위한 특수학교 설립에 반대할 사람은 아무도 없을 것이다. 그럼에도 불구하고 어느 특정 지역에 특수학교를 유치한다고 하면 인근 주민들이 결사적으로 반대하는 이유는 무엇 때문일까? 에너지 자원 대부분을 해외에 의존하고 있는 우리나라 실정을 감안하면 원자력발전소는 확실한 대안임에 틀림없다. 하지만 원자력발전소와 방사능 폐기물 처리장을 어느 곳에 지을 것인가의 문제에 부딪치면 얘기는 달라진다.

CASE STUDY 사례연구 1-4 국회의 입법 활동은 공익과 국민 우선의 원칙을 준수할까?

매년 예산국회가 열리는 9월부터 12월 3~4개월 동안은 국회의원들의 신경이 온통 예산편성에 쏠려 있다. 국회의원들의 이러한 행동은 공익과 국민을 위한 충정에서 비롯한 당연한 책무일까? 물론 국회의원들은 그렇다고 대답할 것이며, 그들의 답변에도 일리가 없는 것은 아니다. 그러나 소위 '힘 있는 의원'들이 필요한 예산을 쪽지에 적어 밀어 넣는 일명 '쪽지예산'은 훗날 선거에 대비한 자신의 '지역구 챙기기'라는 비난을 면치 못함에도 불구하고 매년 반복하고 있다. 예산편성에서도 경제의 논리가 아니라 정치의 논리가 작동한다는 뜻이다. 미국의 경제학자 데이비드 프리드먼(David Friedman)은 그의 저서 『숨겨진 질서(Hidden Order)』에서 "어느 나라에서나 법은 소수의 이해 당사자들에게 유리하도록 정해지며 다수의 무관심층의 이익은 희생되는 경향이 있다"라고 주장한다. 예를 들면 어떤 법이 새로 시행될 경우 100명의 이해 당사자들에게 1인당 10억 원씩 총 1,000억 원의 사회적 이익이 발생하지만 이 법이 저지될 경우 일반 시민 1,000만 명에게 1인당 10,000원씩 총 1조원의 사회적 이익이 발생한다면, 입법은 당연히 저지되어야 함에도 불구하고 현실은 그렇지 않다는 것이다. 왜냐하면 1인당 10억 원의 이익을 보는 집단은 단단한 결속력으로 수단과 방법을 가리지 않고 입법 로비를 벌일 유인이 있지만, 1인당 10,000원의 이익에 불과한 일반 시민들은 입법 저지에 무관심할 수밖에 없기 때문이다. 오죽하면 200여 년 전 독일의 비스마르크(Bismarck) 재상은 "법과 소시지는 비슷한 데가 있다. 만드는 과정은 보지 않는 게 좋다"라고 말했을까.

선거철만 되면 각 정당뿐만 아니라 각 후보자들이 경쟁적으로 정책을 쏟아낸다. 여러분은 이들 정책들 모두가 실현 가능성이 있다고 생각하는가? 이들이 내놓은 정책들을 실행하려면 얼마나 많은 예산이 투입되어야 할까? 우리나라 연간 예산의 수십 배가 들어갈 수도 있을 텐데 재원은 어떻게 조달하고 누가 부담할 것인가에 대해 생각해보았는가? 우리 주변에서 경제문제를 경제논리가 아니라 정치논리로 접근한 사례들이 얼마나 많을까? 그 결과 어떤 부작용들이 파생하고 있을까? 국토가 협소한 우리나라에 국제공항이 몇 개나 되는지 생각해본 적이 있는가? 그 공항들은 승객들이 넘쳐나고 있는가? 고속도로나 다름없는 지방도로나 섬 사이를 연결한 다리들을 경쟁적으로 건설했지만 차량 통행이 뜸한 빈 도로를 보면 어떤 생각이 떠오르는가? 하지만 정부의 어느 누구도 정치권도 왜 이런 일이 발생했는지에 대해 속 시원히 설명하는 사람들이 없다. 국민들, 특히 경제를 공부하려는 여러분들이 항상 깨어 있어야 할 이유이다.

C·H·A·P·T·E·R

02

시장경제와 가격 결정: 수요와 공급의 원리

제 1 절 시장의 개념

1. 시장이란?

시장이라는 단어를 대할 때 여러분은 우선 서울의 남대문시장이나 부산의 국제시장처럼 매일 물건을 사고파는 장소를 연상할 것이다. 여러분 생각처럼 시장이란 원래 판매자와 구매자가 재화를 교환하는 장소로서 정의하며, 초창기의 경제이론은 그와 같은 시장에서 재화의 가격이 어떻게 결정되는가를 설명하고자 노력했다. 그러나 경제가 점차 발전하고 폐쇄경제(closed economy)에서 개방경제(open economy)로 나아감에 따라, 시장이란 남대문시장과 같은 지역적인 개념을 초월하여 국내시장이나 국제시장과 같은 추상적인 개념으로까지 확대되었다. 따라서 경제학에서 의미하는 시장(market)이란 구매자와 판매자가 재화를 교환하기 위하여 서로 정보를 교환하고 협상하도록 하는 매개체이며 사람들끼리 꼭 만나야 할 필요도 또한 실재하고 있는 장소를 의미할 필요도 없다.

시장은 크게 생산물시장과 생산요소시장 두 가지 형태로 구분한다. 생산물시장(output market)이란 기업들이 생산한 재화와 서비스가 거래되는 시장을 말하며, 생산요소시장(input market)이란 가계가 소유하고 있는 노동, 자본, 토지 등과 같은 생산요소들이 거래되는 시장을 말한다. 여기서 기업(firm)이란 노동, 자본, 토지 등과 같은 생산요소들을 고용하여 재화나 서비스를 생산하는 조직체를, 그리고 가계(household)란 어느 한 가구를 구성하는 소비주체를 말한다.

가계와 기업은 생산물시장과 생산요소시장을 매개로 하여 상호 밀접하게 연결되어 있다. [그림 2-1]에서 보듯이 가계는 노동, 토지, 자본 등과

▶그림 2-1
시장경제의 순환

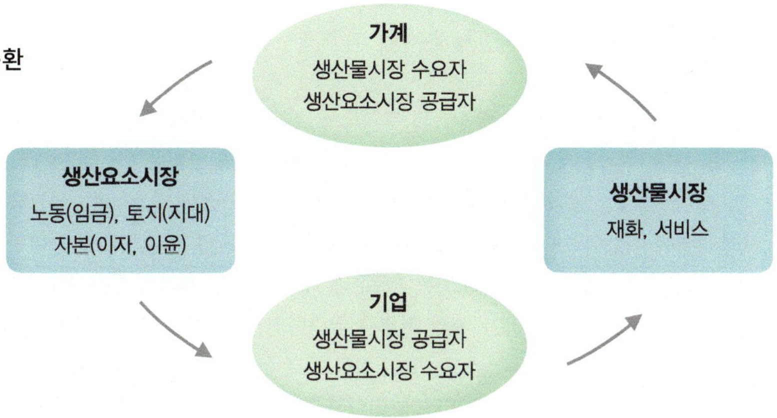

같은 생산요소의 공급자로서 그리고 기업은 생산요소에 대한 수요자로서 생산요소시장에 각각 참여한다. 생산요소시장에서는 각각의 생산요소에 대한 수요와 공급에 의해 생산요소가격, 즉 노동의 가격인 임금(wage), 토지의 가격인 지대(rent), 자본의 가격인 이자(interest) 또는 이윤(profit)이 결정된다. 기업은 구매한 생산요소를 결합하여 재화와 서비스를 생산한다. 생산물시장에서는 생산요소시장과는 반대로 기업은 재화와 서비스의 공급자로서, 그리고 가계는 재화와 서비스에 대한 수요자로서 참여한다. 생산물시장에서는 수요와 공급에 의해 재화와 서비스의 가격이 결정된다. 기업이 가계에 판매한 재화와 서비스는 기업의 판매 수입으로 귀속되며 생산요소를 구매하는 데 사용한다. 가계가 기업에 판매한 생산요소는 가계의 생산요소소득으로 귀속되며 가계는 이 소득으로 재화와 서비스를 소비한다. 이와 같은 순환은 경제활동이 지속하는 한 계속해서 반복한다.

CASE STUDY 사례연구 2-1 시장경제에서 가격을 중시하는 이유는 무엇 때문일까?

앞의 제1장에서 여러분은 자원의 부족으로 인해 어느 경제를 막론하고 무엇을, 어떻게, 누구를 위해, 그리고 언제 생산할 것인가와 같은 네 가지의 선택문제에 직면한다는 것을 공부한 바 있다. 이에 대한 해결 방안의 하나로 시장경제(market economy)는 생산물시장과 생산요소시장에서 결정되는 가격을 대안으로 제시한다. 예를 들면 2000년대에 들어와 디지털카메라에 대한 수요는 급격히 감소하고 스마트폰에 대한 수요는 급격히 증가함에 따라 스마트폰 가격은 급등한 반면에 디지털카메라 가격은 급락하기 시작했다. 그 결과 이윤이 급증한 스마트폰 생산업체들은 생산량을 늘리는 데 주력하고, 손실이 급증한 디지털카메라 생산업체들은 생산량을 줄이는 데 급급한 실정이었다. 이처럼 가격은 기업이 무엇을 생산할 것인가에 대한 정보를 제공한다.

마찬가지로 생산요소시장에서 결정되는 생산요소가격 또한 재화나 서비스를 어떤 방식으로 생산할 것인가를 결정하는 데 커다란 영향을 미친다. 만약 강력한 노동조합이 등장하여 임금 인상을 주도한다면, 값싼 노동력에 의존하던 많은 기업들은 생산 방식을 기계화하거나 임금이 싼 후진국으로 공장을 이전함으로써 고용 비용을 줄이려고 할 것이다. 이처럼 생산요소가격은 기업이 이윤을 극대화하기 위해서는 어떤 방식으로 생산해야 할 것인가에 대한 정보를 제공한다. 따라서 시장이 제공하는 가장 중요한 정보인 재화와 서비스의 가격이 어떻게 결정되는가를 알기 위해서는 수요와 공급의 원리에 대한 이해가 선행되어야 한다. 흔히들 "경제학은 수요와 공급으로 시작해서 수요와 공급으로 끝난다"라고 말하는 것은, 경제를 알려면 수요와 공급의 원리부터 이해해야 한다는 것을 강조하는 데서 비롯한 말이다.

2. 시장의 기능

자본주의경제에서 가장 중요한 시장의 기능(functions of market)은 시장에 참여하는 경제주체들에게 교환에 필요한 정보를 제공함으로써 생산물시장과 생산요소시장에서 과부족이 없는 상태에 이르도록 하는 자동조절기능이라고 말할 수 있다. 가계나 기업은 각각 그들 자신의 만족감이나 이윤을 극대화할 수 있는 방법을 모색하면서 의사결정을 한다. 이들 경제주체들이 각기 이기심에 따라 행동함으로써 그들의 행동을 의도적으로 통일시키지 않더라도, '보이지 않는 손(invisible hand)'에 의해 시장에서 과부족이 나타나는 일시적인 불균형상태는 곧 해소될 수 있다. 예를 들어 생산물시장에서 판매하려는 양보다 구매하려는 양이 많은 물량 부족 현상을 가정해 보자. 부족한 물량으로 인해 가격이 상승하고, 가격 상승은 구매하려는 양을 감소시키는 반면에 판매하려는 양을 증가시키므로 일시적인 물량 부족 현상은 점차 해소되고 가격도 다시 하락하기 시작한다. 이러한 과정은 개별 경제주체 자신들의 판단에 의해 이루어지며 이들의 행동이 총체적으로 나타난 결과를 자동조절과정(automatic control process)이라고 부른다.

시장경제에서 시장의 역할이 중요한 이유는 다음의 네 가지로 요약할 수 있다. 첫째, 시장은 경제주체들에게 정확한 신호를 보낸다. 시장은 생산자들에게 대중이 원하는 재화가 무엇인가를 알려줌으로써 해당재화의 생산을 유도하는 역할을 한다. 만약 사람들이 단독주택보다 아파트를 더 선호한다면 아파트의 가격이 상대적으로 더 높게 형성되며, 이윤을 추구하는 주택건설업체들은 아파트의 건설에 주력한다. 시장은 생산자들이 희소자원을 가장 효율적으로 이용하도록 한다. 도시외곽에는 낮은 건물이, 서울의 명동과 같은 도심지에는 고층빌딩이 밀집되어 있는 현상은 토지자원의 효율적 이용의 한 예라고 볼 수 있다. 도시외곽보다 도심지의 땅이 희소하고 가격이 훨씬 비싸기 때문에 토지 소유주들은 도심지에 고층빌딩을 지어 토지를 보다 집약적으로 이용하고 있다. 시장은 소비자들이 희소가치가 있는 재화를 절약하도록 유인한다. 고추 흉작이 나타날 때 고추가격은 급등할 것이며 소비자들이 김치를 담그는 데 고추 사용량을 줄이도록 유인한다. 시장은 노동자들이 사회에 유용한 기술을 습득하도록 간접적인 영향을 미친다. 예를 들면 의사나 변호사의 월 소득은 타 직종에 비해 상대적으로 높기 때문에 사람들은 시간과 비용이 많이 들더라도 의사나 변호사가 되기 위한 수련과정을 기꺼이 선택한다.

둘째, 시장은 재화를 생산하는 데 필요한 자원이 결코 낭비되지 않도록 하며 더 나아가 자원을 가장 가치 있게 이용하도록 유인한다. 예를 들어 시장경제에서 동일한 크기와 모양의 책상을 만드는 데 세 장의 널판지가 필요할 경우 세 장의 널판지만 이용하며 결코 네 장의 널판지를 이용하지 않는다. 왜냐하면 경쟁적인 시장에서는 생산과정에서 자원의 낭비가 발생할 경우 다른 생산자들과의 경쟁에서 도태될 수밖에 없기 때문이다.

셋째, 시장은 생산자들이 특정분야에 전문화할 수 있는 기회를 제공한다. 만일 시장이 존재하지 않는다면 사회 구성원들은 자급자족할 것이며, 이때의 생산량은 각 생산자들이 자급자족하는 데 필요한 최소한의 수준에 불과할 것이다. 그러나 시장이 발생함에 따라 생산물의 교환이 용이해지고 자급자족의 단계를 벗어나 초과생산물을 타 재화와 교환할 수 있게 함으로써 생산자들이 특정분야에 전문화할 수 있는 기회를 갖도록 한다.

넷째, 시장은 거래에 필요한 가격, 수량, 품질 등과 같은 정보를 제공함으로써 거래비용을 감소시킨다. 이러한 거래비용 절감은 시장정보를 전파하는 데 이용하는 교통 및 통신수단의 발달로 그 효과가 더욱 더 크게 나타나고 있다. 시장의 거래비용 감소에 대한 여러분의 이해를 돕기 위해 주식시장을 생각해 보자. 어떤 기업이 주식을 발행하려고 할 때 만약 주식시장이 존재하지 않는다면 어떤 문제가 발생할까? 발행주식을 처분하기 위해 오랜 기간 동안 기업이 직접 주식투자자들을 찾아 나서야만 할 것이다. 이때 발생하는 금전적 비용과 시간비용은 얼마나 될까? 아마도 주식발행 자체를 포기해야 할 정도로 큰 비용이 발생할 것이다. 이상의 설명에서 알 수 있듯이 시장이란 한 마디로 생산자와 소비자 모두에게 정보를 제공하는 매개체라고 말할 수 있다. 종종 자본주의경제를 시장경제(market economy)라고 부르는 이유는 시장은 자본주의경제의 원동력이기 때문이다.

CASE STUDY 사례연구 2-2 아파트 분양가는 누가 결정하는가?

"주택시장 활황기에 새 아파트 분양은 시장의 최대 관심사였다. 특히 시세차익이 기대되는 요지에서 분양이 실시되면 수십~수백 대 1의 경쟁률을 기록하는 것은 예사였다. 건설사들은 이들 단지 분양가를 주변시세보다 높게 책정하는 것을 당연하게 여겼고, 소비자들 역시 주변의 낡은 아파트에 비해 새 집이라는 프리미엄을 고려해 높은 분양가에도 불구하고 과감히 청약에 나서곤 했다. 하지만 최근 주택시장 침체가 지속하자 새 아파트 분양가는 주변 아파트 시세보다 비싸야 한다는 공식은 더 이상 통하지 않게 됐다. 소비자들은 집값이 더 하락할 것이라고 생각해 청약을 미루고 있고, 이런 수요자들이 청약통장을 꺼내도록 하려면 분양가를 주변시세보다 낮추는 것밖에 방법이 없다는 것을 건설사들도 알게 된 것이다. 이 때문에 강남 요지에서 분양하는 재건축 아파트들이 주변시세보다 분양가를 낮춰 청약에 나서고 있다. 정부가 공급한 보금자리주택 역시 분양가가 주변시세보다 크게 낮은 지역만 청약에 성공했다. 역시 시장에는 '보이지 않는 손'이 있다."

위에서 인용한 글은 한 언론사가 아파트 분양시장의 상황에 대해 보도한 내용이다. 그렇다면 여러분은 이 기사를 수록한 시점이 몇 년도쯤이라고 생각하는가? 여러분 대부분은 코로나바이러스 팬데믹 직후인 2022년 또는 2023년 아파트 분양시장 상황이라고 생각할 것이다. 그러나 이 기사는 놀랍게도 2010년 6월 8일자 매일경제신문이 "분양가 낮추기는 시장의 힘"이라는 제목으로 보도한 내용이다. 여러분은 이 기사를 보면서 무엇을 깨닫는가? 아파트 가격이 오를 때는 모두가 "부동산 불패"를 외치며 소위 '묻지마 투자' 또는 '묻지마 청약'에 열광한다. 언론들도 전문가들도 시장의 흐름에 가세하는 경향이 있다. 그러나 이 지구상의 어떤 재화나 서비스도 가격이 무한정 오를 수는 없다. 모든 재화나 서비스는 '보이지 않는 손' 또는 시장의 힘에 의해 가격이 오르면(내리면) 수요는 감소(증가)하는 반면에 공급은 증가(감소)하므로 언젠가는 가격은 하락(상승)할 수밖에 없다.

여러분은 동일한 입지조건이라면 새 아파트의 분양가격이 주변 중고아파트의 매매가격보다 비싸야 한다고 생각하는가, 아니면 싸야 한다고 생각하는가? 너무나 당연한 대답이 나올법한 질문에 대해 선뜻 대답이 나오지 않는 이유는 무엇 때문일까? 대부분의 선진국 국민들에게 동일한 질문을 던진다면 질문 자체가 웃음거리가 될 수도 있다. 왜냐하면 이러한 질문은 자동차시장에서 동일한 브랜드의 신차와 중고차에 대해 어느 것의 가격이 더 높아야 하느냐고 묻는 것과 같기 때문이다. 그렇다면 우리 국민들만 고개를 갸우뚱하는 이유는 무엇 때문일까? 그것은 장기간에 걸친 정부의 아파트 분양시장 개입으로 분양가가 왜곡되고 있기 때문이다. 정부가 할 일은 아파트 분양시장에 개입하여 가격기능을 왜곡시키는 것이 아니라 시장에서 결정되는 가격에서는 소외될 수밖에 없는 저소득층에게 주거권을 보장할 수 있는 보완책을 제시하는 데 몰두하는 것이다.

제 2 절 균형가격의 결정

1. 수요의 법칙과 공급의 법칙

재화의 가격은 소비자의 의사를 반영하는 수요와 생산자의 의사를 반영하는 공급이 일치하는 점에서 결정된다. 수요(demand)란 소비자가 일정 기간 동안 각각의 가격수준에 대응하여 기꺼이 구매할 수 있는 재화나 서비스의 수량들을 말한다. 여기서 "기꺼이 구매할 수 있는"이라는 말은 기꺼이 구매하고자 하는 의사가 구매할 수 있는 능력에 의해 뒷받침되어야 한다는 것을 의미한다. 예를 들면 "나도 페라리 스포츠카를 사고 싶다"라는 말은 기꺼이 구매하고자 하는 의사를 나타내지만, "그 가격에는 돈이 없어 살 수 없다"라고 한다면 구매할 수 있는 능력이 없다는 것을 의미한다. 따라서 구매할 수 있는 능력이 뒷받침되지 않는 한 단순한 욕구는 어떤 재화나 서비스에 대한 수요에 포함하지 않는다.

수요에 영향을 미치는 요소로는 해당 재화의 가격, 연관 재화의 가격, 소비자의 소득, 소비자의 기호, 장래 예상가격 등을 들 수 있다. 해당 재화의 가격을 제외한 나머지 요소들이 일정하다면, 어떤 재화에 대한 수요에 직접 영향을 미치는 것은 해당 재화의 가격이다. 일반적으로 소비자들은 재화의 가격이 하락할 때 소비량을 늘리고 재화의 가격이 상승할 때 소비량을 줄이는데, 이것은 합리적인 소비자가 마땅히 지켜야 할 준칙이라는 점에서 이러한 현상을 수요의 법칙(law of demand)이라고 부른다.

표 2-1 | 돼지고기에 대한 개별수요와 시장수요

가격(원/kg)	연간 개별수요량(kg)		연간 시장수요량(kg)
	갑의 수요량	을의 수요량	
30,000	4	6	10
25,000	6	8	14
20,000	8	10	18

〈표 2-1〉과 같이 소비자 갑과 을은 돼지고기 1kg에 30,000원일 때 각각 4kg과 6kg을, 25,000원일 때 6kg과 8kg을, 그리고 20,000원일 때 8kg과 10kg을 소비한다. 돼지고기에 대한 갑과 을의 개별수요곡선(individual demand curve)은 각각의 가격과 수요량들의 관계를 나타내는 점들을 서로 연결할 때 [그림 2-1]처럼 우하향하는 형태로 나타난다. 그러나 시장에는 수많은 소비자들이 존재하기 때문에 개별수요보다는 모든 소비자들의 수요를 나타내는 시장수요가 돼지고기에 대한 수요를 정확히 반영한다. 개별수요를 시장수요로 전환하기 위해서는 여러 가지 가능한 가격들에 대응하여 각 소비자들이 구매하고자 하는 수요량들을 서로 합산하면 된다. 설명을 간단히 하기 위해 시장에 갑과 을 두 사람의 소비자만 존재한다고 가정하면 이들의 개별수요를 합한 시장수요는 〈표 2-1〉처럼 나타난다. 그리고 시장수요곡선(market demand curve)은 각각의 가격과 시장수요량의 관계를 나타내는 점들을 서로 연결할 때 [그림 2-2]처럼 우하향하는 형태로 나타난다.

▼그림 2-2

돼지고기에 대한 개별수요곡선과 시장수요곡선

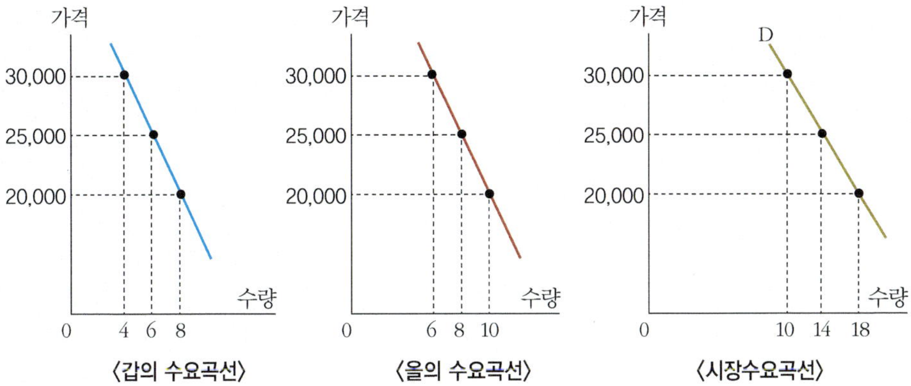

공급에 영향을 미치는 요소로는 해당 재화의 가격, 생산요소의 가격, 생산기술 등을 들 수 있다. 해당 재화의 가격을 제외한 나머지 요소들이 일정하다면, 어떤 재화의 공급에 직접 영향을 미치는 것은 그 재화의 가격이다. 일반적으로 생산자들은 재화의 가격이 하락할 때 이윤이 감소하므로 공급량을 줄이고 재화의 가격이 상승할 때 이윤이 증가하므로 공급량을 늘리는 경향이 있다. 이것은 합리적인 생산자가 마땅히 지켜야 할 준칙이라는 점에서 이러한 현상을 공급의 법칙(law of supply)이라고 부른다.

표 2-2 | 돼지고기에 대한 개별공급과 시장공급

가격(원/kg)	연간 개별공급량(kg)		연간 시장공급량(kg)
	갑의 수요량	을의 수요량	
30,000	6	12	18
25,000	4	10	14
20,000	2	8	10

〈표 2-2〉와 같이 생산자 A와 B는 돼지고기 1kg에 30,000원일 때 각각 6kg과 12kg을, 25,000원일 때 4kg과 10kg을, 그리고 20,000원일 때 2kg과 8kg을 공급한다. A와 B의 개별공급곡선(individual supply curve)은 각각의 가격과 공급량들의 관계를 나타내는 점들을 서로 연결할 때 [그림 2-2]처럼 우상향하는 형태로 나타난다. 그러나 시장에는 수많은 생산자가 존재하므로 개별공급보다는 모든 생산자들의 공급을 나타내는 시장공급이 돼지고기의 공급을 정확히 반영한다. 개별공급을 시장공급으로 전환하기 위해서는 여러 가지 가능한 가격들에 대응하여 각 생산자들이 공급하고자 하는 공급량들을 서로 합산하면 된다. 설명을 간단히 하기 위해 시장에 A와 B 두 사람의 생산자만 존재한다면 이들의 개별공급을 합한 시장공급은 〈표 2-2〉처럼 나타난다. 그리고 시장공급곡선(market supply curve)은 각각의 가격과 시장공급량의 관계를 나타내는 점들을 서로 연결할 때 [그림 2-3]처럼 우상향하는 형태로 나타난다.

▼그림 2-3
돼지고기의 개별공급곡선과 시장공급곡선

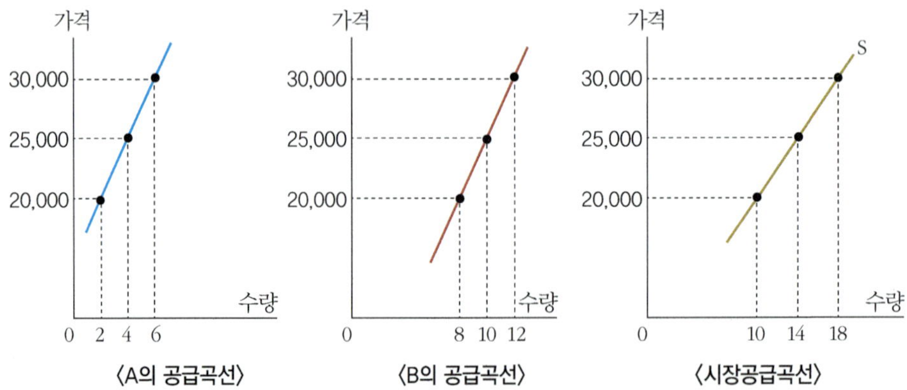

▶그림 2-4
돼지고기의 균형가격

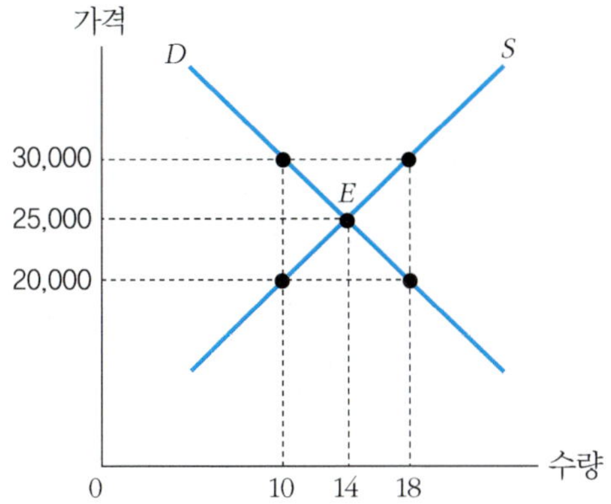

이제 시장에 참여하는 모든 소비자들과 모든 생산자들의 의사를 반영하는 시장수요곡선(*D*)과 시장공급곡선(*S*)을 [그림 2-4]와 같이 동일한 좌표 상에 옮겨 놓으면 두 곡선이 서로 일치하는 점 *E*에서 재화의 가격이 결정되는데, 이때의 가격 25,000원을 균형가격(equilibrium price)이라고 부른다.

현실 경제에서 재화나 서비스의 거래 시 실제로 지불하는 가격을 실제가격(actual price)이라고 부른다. 실제가격은 균형가격을 중심으로 때로는 높게 때로는 낮게 형성되며, 실제가격이 균형가격을 벗어나면 시장의 자동조절기능에 의해 다시 균형가격으로 돌아가도록 끊임없는 압력을 받는다. 예를 들어 [그림 2-4]에서 돼지고기가격이 일시적으로 상승하여 균형가격 25,00원보다 높은 30,000원에 거래된다고 할 때, 소비자는 균형가격 25,000원보다 5,000원이나 비싸기 때문에 돼지고기 수요량을 14kg에서 10kg으로 줄이려 하고 반대로 생산자는 그만큼 이윤이 증가하기 때문에 돼지고기 공급량을 14kg에서 18kg으로 늘리려고 한다. 따라서 돼지고기시장에서는 8(=18−10)kg만큼 초과공급(excess supply)이 발생한다. 이처럼 돼지고기시장에 초과공급이 발생하여 재고가 쌓일 때 생산자들끼리 판매경쟁이 나타나며, 이러한 경쟁은 돼지고기가격이 균형가격인 25,000

원으로 하락하여 재고가 소진될 때까지 계속한다.

마찬가지로 돼지고기가격이 일시적으로 하락하여 균형가격보다 훨씬 저렴한 20,000원에 거래될 때, 소비자는 균형가격 25,000원보다 5,000원이나 싸기 때문에 돼지고기 수요량을 14kg에서 18kg으로 늘리려고 하는 반면에 생산자는 그만큼 이윤이 감소하므로 공급량을 14kg에서 10kg으로 줄이려고 한다. 따라서 돼지고기시장에서는 8(=18−10)kg만큼 초과수요(excess demand)가 발생하며, 돼지고기시장에서 부족분이 해소될 때까지 소비자들끼리 구매경쟁을 벌이므로 돼지고기가격은 시장의 자동조절기능에 의해 다시 균형가격인 25,000원으로 상승한다.

균형가격은 이론적 개념일 뿐 실재하는 가격은 아니다. 현실적으로 시장에서 모든 재화와 서비스는 실제가격(actual price)에서 거래가 이루어진다. 그러나 온도 '0'도는 현실적으로는 존재하지 않지만 온도의 변화 방향, 즉 영상 또는 영하를 가리키는 기준으로 이용하듯이 균형가격 또한 실제가격의 변화 방향, 즉 초과수요 또는 초과공급을 알려주는 기준으로서 중요한 역할을 한다. 소비자들이 어떤 재화의 가격에 대해 이구동성으로 "와, 비싸다" 또는 "와, 싸다"라고 한다면 소비자들이 공통으로 생각하는 가격보다 비싸거나 싸다는 것을 의미한다. 바로 소비자들이 공통으로 생각하는 가격, 즉 비싸거나 싸다고 생각하는 기준이 되는 가격이 바로 균형가격이라고 말할 수 있다. 시장에서 거래되는 실제가격이 균형가격을 초과할 경우 가격 하락 압력이 발생하며, 반대로 실제가격이 균형가격보다 낮을 경우 가격 상승 압력을 받는다. 따라서 실제가격은 항상 균형가격을 향해 움직이려는 경향이 있으며, 경제학자들은 실제가격이 균형가격에 수렴한다고 가정한다.

CASE STUDY 사례연구 2-3 "돈을 물 쓰듯이 쓴다"라는 말은 올바른 표현인가?

수돗물을 콸콸 틀어놓은 채 물장난을 치는 아이의 모습은 결코 낯설지 않은 우리네 가정의 흔한 풍경이다. 오죽하면 "돈을 물 쓰듯이 쓴다"라는 말이 나왔을까? 물 부족 문제는 낯선 먼 나라 이야기만은 아니다. 유엔은 이미 오래 전에 우리나라를 물 부족 국가로 분류하고 있다. 이 지구상에 나눠 먹을 수 있는 물의 양이 얼마나 되는지에 대해 잘 설명한 내용이 있다. 물 교육 베테랑 교사로 잘 알려져 있는 존 엣겐(Jhon Etgen)에 따르면 "이 지구상에 총 1ℓ(1,000㎖)의 물이 있다고 가정할 때 그 중 970㎖는 바닷물, 24㎖는 극지방 얼음, 5.97㎖는 오염된 물이므로 우리가 나눠 먹을 수 있는 물의 양은 0.03㎖, 즉 물 한 방울에 불과하다"고 한다. 엣겐은 "기름보다 물 부족이 조만간 더 심각해질 것"이라고 경고한다.

한국의 수돗물 값은 일본의 1/3 수준에도 못 미칠 정도로 여러 선진국들에 비해 한참 싸다. 물값이 너무 싸서 헤프게 쓰는 것은 큰 문제다. 현재와 같은 수도요금체계에서 정부와 매스컴이 나서서 물 절약 캠페인을 벌인다고 물 절약 성과가 크게 나타날 리 만무하다. 여러분은 집에서 물을 사용할 때 냉수와 온수 중 어느 물을 더 아껴 쓰는가? 만약 수도요금을 온수와 비슷한 가격으로 인상한다면 지금처럼 "돈을 물 쓰듯 쓴다"는 말이 우리 귀에 자연스럽게 들릴 수 있을까? 우리나라에서도 소중한 물을 아껴 쓸 수 있도록 캠페인보다는 물에 대한 수요와 공급을 정상적으로 반영할 수 있는 물 관리 정책의 전반적인 재검토가 필요한 시점이다.

2. 가격의 기능

우리가 매일 사고파는 재화들의 거래 과정을 들여다보면 '보이지 않는 손'이 질서정연하게 작용하고 있음을 쉽사리 깨달을 수 있다. 어떤 음식점에서 "오늘 우리는 점심시간에 된장국 500그릇을 준비합니다"라고 광고하지 않아도, 그리고 손님들이 일일이 음식점에 전화해서 필요한 양을 미리 밝히지 않아도 매일 별 어려움 없이 점심을 해결할 수 있다, 참으로 신기한 현상이 아닐 수 없다. 정부가 건설회사에게 어느 지역에 아파트 "60m^2형 200채, 80m^2형 500채, 100m^2형 100채를 지으시오"라고, 그리고 같은 지역의 소비자들에게 "200가구는 60m^2형에서, 500가구는 80m^2형에서, 100가구는 100m^2형에서 살도록 하시오"라고 간섭하지 않아도 그들 스스로 이에 상응하는 결정을 하는 것을 보면 분명 우리 자본주의사회에는 '보이지 않는 손'이 존재하고 있음을 깨닫게 한다.

한 나라 경제는 매우 복잡하게 얽혀 순환하고 있다. 여러분은 매일 습관처럼 식사를 하고 있다. 그러나 한 나라 경제가 얼마나 복잡하게 얽혀 있는가를 깨닫기 위해 여러분이 식탁에 앉을 수 있기까지 얼마나 많은 재화들이 사용되는가를 열거해 보기로 하자. 우선 밥을 짓기 위해서는 쌀과 물, 그리고 밥솥이 필요하다. 쌀은 농촌에서, 물은 수원지에서 송수관을 통해 여러분의 집으로 공급하고, 밥솥은 도시에 있는 공장에서 만든다. 그러나 식사를 하려면 훨씬 복잡한 과정이 더 남아 있다. 밥그릇과 수저가 필요하고, 가구점에서 만든 식탁이 있어야 하며, 반찬을 만드는 데 필요한 무수한 양념과 재료들이 추가되어야 한다. 한 나라 경제 전체의 생산과 소비 과정을 상상해 보라. 인위적으로는 조절할 수 없는 혼돈 그 자체라고 말할 수 있다. 그러나 다행히도 우리에게는 혼돈으로부터 질서를 유지해 줄 수 있는 '보이지 않는 손', 즉 가격이 존재한다.

앞의 제1장에서 어느 경제를 막론하고 무엇을(What), 어떻게(How), 누구를 위해(For Whom), 그리고 언제(When) 생산하고 소비할 것인가의 선택문제에 직면한다고 설명한 바 있다. 이러한 선택문제를 해결하는 방안으로서 자본주의경제는 시장에서 결정되는 가격을, 그리고 사회주의경제는 정부가 직접 결정하는 방식을 선택한다. 따라서 경제학에서는 자본주의경제를 시장경제(market economy), 사회주의경제를 통제경제(control economy)라고 부른다.

경제적 가치가 내재되어 있는 모든 재화는 우리가 향유하는 대가로 지불해야 하는 비용인 가격을 갖고 있다. 시장에서 가격은 다음과 같은 두 가지의 중요한 기능을 수행한다. 첫째, 가격은 경제주체들에게 정보와 동기를 제공한다. 전력과 석유를 예로 들어 보자. 비닐하우스 영농을 하고 있는 농부에게 전력과 석유는 모두 중요한 난방연료이다. 두 연료는 서로 대체가 가능하다. 만약 석유 공급이 줄어들어 석유가격이 폭등한다면 석유를 연료로 사용하던 농부 중의 일부는 상대적으로 가격이 저렴해진 전력으로 대체하기 위해 난방시설을 개조할 것이다. 이처럼 가격은 경제주체들에게 어느 재화를 구매하는 것이 보다 유리할 것인가와 같은 정보를 제공함으로써 경제주체들의 의사결정에 도움을 준다.

둘째, 가격은 자율적인 분배기능을 수행한다. 서울에 산재해 있는 아파트단지 중에서 강남지역의 아파트가격이 가장 비싼 것으로 알려져 있다. 서울 시내에 거주하고 있는 가구들 중 1,000세대가 강남지역으로 당장 이주하기를 원하지만, 이 지역에서 아파트 매물은 전혀 없다고 가정하자. 그렇다면 이 지역에서 아파트 매매는 전혀 이루어질 수 없는 것일까? 그렇지 않다. 강남지역 아파트에 대한 수요의 갑작스러운 증가는 이 지역 아파트가격의 상승으로 나타나며, 이전에 아파트를 팔 의사가 전혀 없었던 사람들 중의 일부가 새로 형성된 보다 높은 가격에서는 매물을 내놓기 시작할 것이다. 반면에 이 지역으로 이주하기를 바랐던 1,000세대 중의 일부가 아파트가격 상승으로 인해 이주를 포기하게 될 것이다. 1,000세대 중의 일부는 이 지역에서 아파트가격이 상승했음에도 불구하고 이주할 가치가 있다고 판단하고 있으며, 기존거주자들 중의 일부는 새로 형성된 높은 가격이라면 시세차익을 보면서 타 지역으로 이주하는 것이 훨씬 유리하다고 판단할 것이다. 따라서 가격은 누가 이주해오고 떠날 것인가를 구체적으로 지시하지 않아도 자동적으로 분배문제를 해결하는 중요한 역할을 수행한다.

CASE STUDY 사례연구 2-4 국립공원 입장료 폐지, 합당한 결정인가?

2007년도에 국립공원 입장료를 폐지한 이후 전국의 국립공원을 찾는 탐방객이 폭발적으로 증가한 것으로 나타났다. 정부가 어떤 정책을 내놓든 긍정적 효과와 부정적 효과가 동시에 나타나는 것은 정부 정책의 일반적인 특성이다. 미국을 비롯한 대부분의 선진국들은 국립공원 입장료를 징수하고 있다. 여러분은 국립공원 입장료를 계속 폐지해야 한다고 생각하는가, 아니면 다시 징수해야 한다고 생각하는가? 국립공원 입장료를 폐지할 당시 정책 도입 배경으로 국내 관광산업 활성화, 주 5일 근무제 도입에 따른 여가시간 증가, 요금 징수에 따른 비용 증가, 그리고 저소득층에게도 자연을 즐길 수 있는 동등한 기회 보장 등을 제시했다. 무료입장으로 나타난 부정적인 효과는 탐방객의 폭발적인 증가로 탐방로 주변 자연훼손, 인파 혼잡으로 산행 본연의 의미 퇴색, 수익자부담원칙 폐지로 국립공원을 방문하지 않은 사람들에게도 세금을 부담시키는 모순 등을 들 수 있다. 자연은 어느 한 세대의 전유물이 아니며 후세대까지 대를 이어 누려야 할 소중한 자원이다. 국립공원의 접근성은 확대하되 탐방객 수를 제한하거나 국립공원 휴식년제를 도입하는 것도 우리가 추구해야 할 미래지향적 가치가 아닌가 생각한다.

무료와 유료에 관한 논쟁은 비단 국립공원 입장료에만 국한하는 문제는 아니다. 한때 대도시 소재 대학들과 종합병원들의 주차료 징수 문제를 놓고 "대학이나 병원들이 얄팍한 상술로 배를 불리려 한다"는 비난이 쏟아진 적이 있었다. 그렇다면 주차료 징수에 따른 혜택은 누구에게 돌아가는 것일까? 환자나 보호자 등과 같은 병원 방문객들은 주차료 납부에 따른 비용이 발생하지만 이들에게 돌아가는 혜택은 없는 것일까? 더욱이 대부분의 병원들은 환자 또는 보호자들에게는 무료 주차권을 발급하고 있다. 병원 주차료가 무료일 경우 하루 종일 주차장을 선점하는 사람들은 누구일까? 가격은 부족한 재화나 서비스를 가장 필요로 하는 사람들이 우선적으로 사용할 수 있도록 하는 효율적인 자원배분 기능을 갖고 있다. 병원 주차장을 가장 필요로 하는 사람은 누구일까? 환자일까, 아니면 병원 인근 주민들일까? 실제로 대학병원들이 주차장을 무료로 개방했을 때 하루 종일 주차장을 선점했던 것은 환자들의 차량이 아니라 인근 주민들의 차량이었다는 사실은 '공짜의 역설'을 보여주는 좋은 사례이다.

제3절 균형가격의 변화

앞에서 여러분은 돼지고기가격이 일시적으로 균형가격을 벗어나더라도 시장의 자동조절기능에 의해 다시 균형가격으로 회귀하려는 힘이 작용한다는 것을 알게 되었다. 그렇다면 균형점 E는 안정적일까? 다시 말해 균형가격 25,000원은 그대로 유지할 수 있을까? 그렇지 않다. 앞에서 설명했듯이 어떤 재화에 대한 수요와 공급은 해당 재화의 가격뿐만 아니라 여타 요인들에 의해 영향을 받는다. 만약 돼지고기가격을 제외한 여타 요인들이 아무런 변화가 없다면 그래서 돼지고기의 수요와 공급이 돼지고기가격에 의해서만 영향을 받는다면, 시장의 자동조절기능에 의해 균형가격 25,000원은 안정적으로 유지할 수 있다. 그러나 돼지고기가격 이외의 여타 요인들이 변한다면 수요곡선이나 공급곡선 자체가 이동하므로 균형가격도 달라진다. 여타 요인들이 변할 때 수요곡선과 공급곡선은 각각 어떻게 이동하는가를 알아보기로 하자.

1. 수요곡선이 이동하는 경우

해당 재화의 가격은 변함이 없는데 타재화의 가격, 가계의 소득이나 부, 소비자의 기호, 소비자의 예상 등과 같은 여타 조건이 변할 경우 수요곡선 자체는 왼쪽 또는 오른쪽으로 이동한다.

1) 대체재 및 보완재 가격의 변화

[그림 2–5]에서 보듯이 돼지고기가격은 수요와 공급이 일치하는 균형점 E에서 25,000원으로 일정한데 돼지고기의 연관재화인 쇠고기가격이 하락했다고 가정하자. 소비자들은 이전보다 상대적으로 비싸진 돼지고기의 소비량은 줄이는 대신 상대적으로 싸진 쇠고기의 소비량은 늘릴 것이다. 다시 말해 연관재화인 쇠고기가격의 하락은 돼지고기의 소비를 감소시키는 효과를 발생시킨다. 돼지고기가격에 아무런 변화가 없음에도 불구하고 돼지고기에 대한 수요가 감소하는 것을 나타내려면 돼지고기에 대한 수요곡선은 [그림 2–5]처럼 왼쪽으로($D \rightarrow D'$) 이동해야 한다. 그 결과 새로운 균형점 E'에서 돼지고기가격과 거래량은 각각 20,000원과 10kg으로 모두 하락하는 것을 알 수 있다. 반대로 돼지고기가격에는 아무런 변화가 없음에도 불구하고 쇠고기가격만 상승했다면 상대적으로 싸진 돼지고기에 대한 수요가 증가하므로 수요곡선은 오른쪽으로($D \rightarrow D''$) 이동하며, 새로운 균형점 E''에서 돼지고기가격과 거래량은 각각 30,000원과 18kg으로 모두 상승한다. 돼지고기와 쇠고기처럼 연관재화의 가격하락(상승)으로 해당 재화의 소비량이 감소(증가)할 때 두 재화는 상호 대체재(substitute goods)라고 말한다. 대체재는 시장 점유율을 놓고 상호 경쟁관계를 갖는다. 현실적으로 상호 대체재의 성격을 갖는 재화들은 매우 많다. 예를 들면 닭고기와 오리고기, 맥주와 와인, 소주와 막걸리, 지하철과 버스, 기차와 고속버스, 석유와 천연가스, 전기차와 가솔린차 등은 대표적인 경쟁관계를 갖는 대체재들이다. 이러한 대체재는 이종 상품보다는 동종 상품 내에서 더 치열한 경쟁관계를 형성한다. 소주의 대표 브랜드인 '참이슬'과 '처음처럼', 스마트폰의 대표 브랜드인 '갤럭시폰'과 '아이폰' 등 무수히 많은 재화들을 들 수 있다.

▶그림 2-5

수요곡선의 이동과 균형가격의 변화

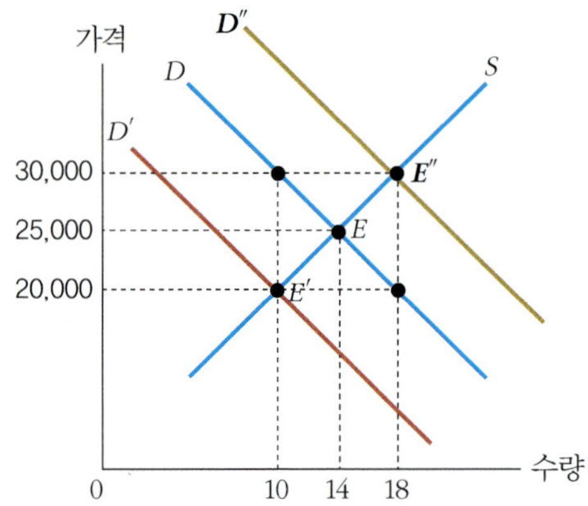

위에서 설명한 대체재와는 반대되는 관계를 갖는 돼지고기와 소주에 대해 알아보기로 하자. 돼지고기가격에는 아무런 변화가 없는데 소주의 가격이 하락했다고 가정하자. 소주가격의 하락은 소주에 대한 수요를 늘리고 그 결과 소주의 주요 안주에 해당하는 돼지고기에 대한 수요도 증가한다. 돼지고기가격에 아무런 변화가 없음에도 불구하고 돼지고기에 대한 수요가 증가하는 것을 나타내려면 돼지고기에 대한 수요곡선은 [그림 2-5]처럼 오른쪽으로($D \rightarrow D''$) 이동해야 한다, 그 결과 새로운 균형점 E''에서 돼지고기가격과 거래량은 각각 30,000원과 18kg으로 모두 상승한다. 반대로 돼지고기가격에는 아무런 변화가 없는데 소주가격만 상승했다면 돼지고기에 대한 수요곡선은 왼쪽으로($D \rightarrow D'$) 이동하며, 새로운 균형점 E'에서 돼지고기가격과 거래량은 각각 20,000원과 10kg으로 모두 하락한다. 돼지고기와 소주처럼 연관재화의 가격 하락(상승)으로 해당 재화의 소비량이 증가(감소)할 때 두 재화는 상호 보완재(complementary goods)라고 말한다. 현실적으로 상호 보완재의 성격을 갖는 재화들은 매우 많다. 예를 들면 커피와 설탕, 스마트폰과 무선이어폰, 자동차와 휘발유, 자동차와 자동차부품, 컴퓨터와 프린터 등 무수히 많은 재화들을 들 수 있다.

CASE STUDY 사례연구 2-5 "우유는 비쌀수록 잘 팔린다"라는 말은 사실일까?

2000년대에 들어와 "우유는 특별해야 팔린다"는 우유업계의 마케팅 슬로건이 확산한 적이 있었다. 그 당시 우유업체들은 매출이 매년 20% 정도씩 늘어나는 '기능성 우유시장'을 놓고 치열한 시장 쟁탈전을 벌이고 있었다. 지금도 저지방 우유, 아인슈타인 우유 등등 여러 종류의 기능성 우유들이 진열장을 가득 채우고 있다. 우유시장의 이러한 현상을 놓고 언론은 "우유는 비쌀수록 잘 팔린다"라는 기사를 내놓았다. 이 기사 내용이 사실이라면 우리나라 우유시장에서는 가격이 상승하면 오히려 수요량이 증가하고 가격이 하락하면 수요량이 감소하는, 다시 말해 수요의 법칙과는 정반대의 현상이 나타나고 있다는 것이다. 그렇다면 우유시장에 대한 기사 내용이 틀린 것일까, 아니면 수요의 법칙이 틀린 것일까?

소비자들이 일반 우유보다 기능성 우유를 더 선호한다면 우유시장에는 어떤 변화가 나타날까? 일반 우유만 거래되었던 기존 우유시장과는 달리 현재의 우유시장은 일반 우유시장과 기능성 우유시장으로 양분되어 있으며, 일반 우유와 기능성 우유는 상호 대체재이다. 소비자들의 기호가 소득이 증가하면서 일반 우유보다는 값비싼 기능성 우유를 선호하는 쪽으로 바뀐 것이다. 그 결과 일반 우유에 대한 수요곡선은 왼쪽으로 이동하고 기능성 우유에 대한 수요곡선은 오른쪽으로 이동하므로 일반 우유의 가격과 거래량은 하락하는 반면에 기능성 우유에 대한 가격과 거래량은 상승한다. 비단 우유시장에서만 이런 현상이 나타나는 것은 아니다. 소비자들이 기능성 쌀, 유기농 야채 등에 대한 소비량을 계속 늘리고 있는 것도 이와 유사한 현상이다. 소비자들의 기호가 '질보다는 양' 위주에서 '양보다는 질' 위주로 바뀌는 현상은 국민소득의 증가와 무관치 않다.

CASE STUDY 사례연구 2-6 우리나라 3대 대중주(소주, 맥주, 막걸리)는 상호 대체재일까?

"막걸리 강풍에 맥주·소주 울상"이라는 제목의 언론 보도(매일경제신문, 2009. 11. 29)에 따르면 막걸리 위세에 눌려 맥주와 소주가 기를 펴지 못하고 있다는 것이다. 그 당시 우리나라 3대 대중주시장에 막걸리 열풍이 불면서 이마트에서 3대 대중주의 매출 비중에도 커다란 변화가 나타났다. 그해 막걸리의 비중은 전년 대비 1.2%에서 5.5%로 상승한 반면 맥주·소주의 비중은 98.8%에서 94.5%로 낮아졌다. 5년이 지나 "추락하는 막걸리엔 날개가 없다"라는 제목의 언론 보도(세계일보, 2014. 11. 20)에 따르면 한국을 대표하는 전통주인 막걸 리가 어려운 상황에 처해 있다는 것이다. 기자는 그 원인을 수입 맥주의 인기가 높아진 데서 찾고 있다. 한 업체의 경우 막걸리 생산량이 3년 전의 10분의 1 수준으로 감소할 정도로 전국 800여 곳 막걸리 생산업체들 중 상위 10곳을 제외하면 거의 빈사상태라는 것이다.

위의 두 기사에 따르면 막걸리는 맥주·소주와 상호 대체관계에 있는 것이 분명하다. 세 종류의 술은 우리 국민이 가장 사랑하는 대중주라는 특성뿐만 아니라 다른 주류에 비해 가격대도 상대적으로 저렴해 상호 경쟁관계에 있기 때문이다. 반면에 막걸리와 양주는 상호 대체재라고 말할 수 없다. 가격대와 술 도수에서 차이가 크기에 상호 경쟁관계에 놓일 가능성은 거의 없다. 그렇다면 맥주와 소주는 어떤 관계일까? 맥주와 소주는 대중주로서 상호 경쟁관계에 놓여 있기 때문에 대체재임에 틀림없다. 그럼에도 불구하고 맥주와 소주는 상호 대체재이면서 동시에 보완재일 수 있다는 주장이 제기되는 이유는 무엇 때문일까? 우리나라의 독특한 음주 문화를 고려한다면 이런 주장이 나올만하다. 우리나라 애주가들 사이에 소주와 맥주를 혼합한 '소맥'이라는 폭탄주가 이미 대세를 이루고 있기 때문이다. '소맥'이라는 혼합주를 고려한다면, 맥주가격이 상승할 경우 맥주에 대한 수요가 감소하고 덩달아 '소맥'에 대한 수요도 감소하므로 소주에 대한 수요도 감소할 수 있다. 소주와 맥주처럼 상호 경쟁관계에서 상호 보완관계로 변하면서 구별이 애매한 재화들은 점차 늘어날 가능성이 크다. 창의적인 융합이 대세인 요즈음 우리나라 애주가들은 오래 전부터 융합을 실천하고 있었던 것일까?

2) 소비자의 소득, 기호, 예상의 변화

여타 조건은 일정한데 가계소득이 증가했다면 소비자들의 구매력 증가로 돼지고기가격에는 아무런 변화가 없더라도 돼지고기에 대한 수요는 증가한다. [그림 2-5]에서 돼지고기에 대한 수요곡선은 오른쪽으로($D \rightarrow D''$) 이동하며, 새로운 균형점 E''에서 돼지고기가격과 거래량은 각각 30,000원과 18kg으로 모두 상승한다. 반대로 가계소득이 감소했다면 돼지고기에 대한 수요가 감소하므로 돼지고기에 대한 수요곡선은 왼쪽으로($D \rightarrow D'$) 이동하며, 새로운 균형점 E'에서 돼지고기가격과 거래량은 각각 20,000원과 10kg으로 모두 하락한다. 소비자의 기호가 돼지고기를 선호하는 쪽으로 바뀔 경우 돼지고기에 대한 수요곡선은 오른쪽으로($D \rightarrow D''$) 이동하며, 돼지고기가격과 거래량은 모두 상승한다. 반대로 소비자의 기호가 돼지고기를 기피하는 쪽으로 바뀔 경우 돼지고기에 대한 수요곡선은 왼쪽으로($D \rightarrow D'$) 이동하며, 돼지고기가격과 거래량은 모두 하락한다. 소비자들이 돼지고기가격이 오를 것으로 예상한다면 돼지고기를 미리 구매하려고 하므로 돼지고기에 대한 수요곡선은 오른쪽으로($D \rightarrow D''$) 이동하며, 돼지고기가격과 거래량은 모두 상승한다. 반대로 소비자들이 돼지고기가격이 내릴 것으로 예상한다면 돼지고기 구매를 미룰 것이기 때문에 돼지고기에 대한 수요곡선은 왼쪽으로($D \rightarrow D'$) 이동하며, 돼지고기가격과 거래량은 모두 하락한다.

CASE STUDY 사례연구 2-7 정부가 발표하는 각종 부동산정책들은 주택가격 안정에 별다른 효과가 없을까?

우리나라 정부처럼 부동산시장에 깊숙이 개입하는 나라도 드물다. 보수정부든 진보정부든 정권을 잡기만 하면 부동산정책부터 손을 데는 것이 다반사다. 정부의 부동산시장 개입이 지나치다는 것은 그만큼 부동산시장에서 발생하는 문제를 해결하기 어렵다는 반증이기도 하다. 우리나라 부동산시장에서만 유행하는 신조어들이 많다. 갭 투자, 깡통전세, 부동산불패, 묻지마 청약, … 등등. 이러한 용어들은 대체로 부정적인 의미를 담고 있다. 일부 전문가나 상당수의 언론들은 "부동산시장이 과열국면일 때 정부가 부동산시장에 개입할수록 부동산가격은 오히려 상승하므로 공급을 늘리는 것만이 상책이다"라고 주장한다. 과연 정부의 부동산정책들은 주택가격 안정에 별다른 효과가 없는 것일까?

정부가 부동산시장을 규제하는 대표적인 사례로서 부동산담보대출(loan to value: LTV), 재건축초과이익환수, 종합부동산세 및 양도소득세 등을 들 수 있다. [그림 2-6]에서 정부가 부동산시장에 개입하지 않을 경우, 주택가격과 거래량은 수요곡선(D)과 공급곡선(S)이 일치하는 균형점 E에서 각각 P_0와 H_0로 나타나 있다. 정부가 부동산담보대출 한도를 부동산가격 대비 70% 수준에서 40% 수준으로 억제한다면 주택가격에는 어떠한 영향을 미칠까? 주택처럼 고가의 재화를 구매하려면 반드시 금융기관으로부터 대출이 필요하다. 부동산담보대출 비율, 즉 LTV 비율을 주택가격 대비 70%에서 40% 수준으로 축소하면 주택에 대한 수요는 감소하므로 수요곡선은 왼쪽으로($D \rightarrow D'$) 이동하며, 새로운 균형점 E'에서 주택가격과 거래량은 각각 P_2와 H_2로 하락한다. 반대로 LTV 비율을 주택가격 대비 70%에서 80% 수준으로 확대하면 주택에 대한 수요는 증가하므로 수요곡선은 오른쪽으로($D \rightarrow D''$) 이동하며, 새로운 균형점 E''에서 주택가격과 거래량은 각각 P_1과 H_1으로 상승한다. 마찬가지로 재건축초과이익환수를 강화할 경우 재건축에 따른 순이익이 감소하므로 재건축 아파트에 대한 수요는 감소한다. 따라서 재건축 아파트에 대한 수요곡선은 왼쪽으로($D \rightarrow D'$) 이동하며, 새로운 균형점 E'에서 주택가격과 거래량은 각각 P_2와 H_2로 하락한다. 반대로 재건축초과이익환수를 완화할 경우 재건축에 따른 순이익이 증가하므로 재건축 아파트에 대한 수요곡선은 오른쪽으로($D \rightarrow D''$) 이동하며, 새로운 균형점 E'에서 주

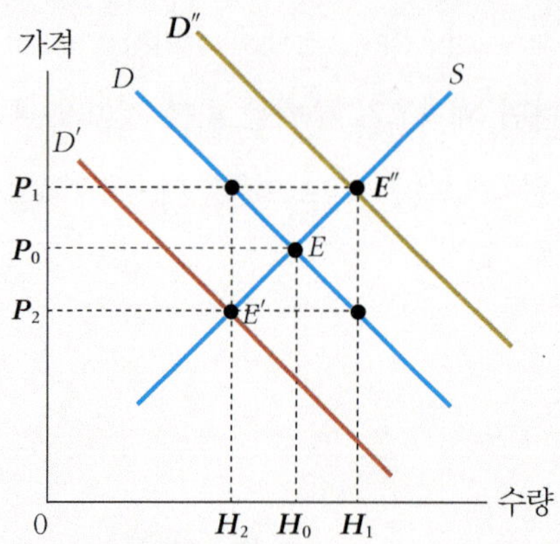

▲그림 2-6

부동산정책이 주택가격에 미치는 영향

택가격과 거래량은 각각 P_1과 H_1으로 상승한다. 정부가 부동산 소유자를 대상으로 부과하는 종합부동산세와 부동산 거래를 대상으로 부과하는 양도소득세를 강화하면 부동산 소유나 거래에 따른 세금부담이 증가하므로 주택에 대한 수요는 감소한다. 따라서 주택에 대한 수요곡선은 왼쪽으로($D \rightarrow D'$) 이동하며, 새로운 균형점 E'에서 주택가격과 거래량은 각각 P_2와 H_2로 하락한다. 반대로 종합부동산세와 양도소득세를 완화할 경우 주택에 대한 수요곡선은 오른쪽으로($D \rightarrow D''$) 이동하며, 새로운 균형점 E''에서 주택가격과 거래량은 각각 P_1과 H_1으로 상승한다.

부동산시장이 과열국면에 있을 때 부동산에 대한 수요를 억제하고 침체국면에 있을 때 부동산에 대한 수요를 진작시키는 정부정책은 그 효과에 대해 이론의 여지가 있을 수 없다. 그럼에도 불구하고 많은 사람들이 정부의 부동산정책에 대해 반신반의하는 이유는 무엇 때문일까? 그것은 첫째, 정부정책의 효과에 대해 지나치게 단기적인 안목으로 평가하기 때문이다. 대부분의 경제정책, 특히 부동산정책은 그 효과가 장기간에 걸쳐 나타나는 경향이 있다. 우리나라에서는 주택시세 변동을 마치 주식시세 변동처럼 주 단위로 발표하는 웃지 못 할 일들이 벌어지고 있다. 이처럼 부동산정책의 효과를 대단히 근시안적인 시각으로 바라보는 데서 정부정책에 대한 불신이 싹트고 있다.

둘째, 부동산불패라는 확고한 신념을 바탕으로 확산하는 우리 국민 특유의 부동산투기 성향 때문이다. 오죽하면 우리 국민들의 토지 소유욕을 반영하여 "땅땅거리며 산다"라는 우스갯소리가 나왔을까? 경제학에서 정의하는 투기(speculation)란 상대방의 위험을 사는 행위를 말한다. 상대방의 위험을 사는 이유는 그만큼 수익이 높기 때문이며 '고위험 고수익, 저위험 저수익'의 원리가 작동한다. 투기로부터 발생하는 위험은 미래의 불확실성이다. 예를 들어 현재는 아무런 쓸모가 없는 맹지일지라도 정부의 신도시 개발계획으로 금싸라기 땅으로 변할 수 있지만, 그린벨트로 영원히 묶인다면 그야말로 맹지 중의 맹지로 전락할 수 있다. 부동산투기 행위는 미래의 부동산가격에 대한 예상을 바탕으로 이루어진다. 부동산경기 과열국면에서 정부가 부동산에 대한 수요를 억제하는 각종 규제책들을 내놓으면 위에서 살펴본 바와 같이 부동산가격은 하락하게 되어 있다. 그럼에도 불구하고 부동산가격이 상승하는 이유는, 시장에 참여하는 경제주체들 대다수가 향후 부동산가격이 오를 것으로 예상함에 따라 부동산가격이 더 오르기 전에 사두려는 심리가 작용하기 때문이다. 이처럼 부동산가격에 대한 예상이 부동산시장 규제 효과를 상쇄하고도 남을 정도로 클 경우 주택에 대한 수요곡선은 왼쪽이 아니라 오른쪽으로 이동할 수 있다. 그러나 이러한 예상이 빗나갈 경우 투기에 따른 고위험은 고스란히 투기자에게 돌아갈 수밖에 없다. 2020년대 초반 부동산경기 과열국면에서 영혼까지 끌어 모아 집을 산 젊은 세대들을 일컬어 '영끌족'이라고 부른 적이 있었다. 이들이 부동산경기 과열국면에서 막차에 탑승한 결과는 부동산 침체기에 '하우스 푸어'라는 용어를 되새길 만큼 아픈 고통으로 다가왔다.

2. 공급곡선이 이동하는 경우

지금까지는 해당 재화 이외의 여타 조건이 변함으로써 수요곡선이 이동하고, 그 결과 균형가격과 거래량에 변화가 나타나는 과정에 대해 설명했다. 이제 해당 재화의 가격은 변함이 없는데 생산요소가격, 생산기술, 생산자의 예상 등과 같은 여타 조건이 변함에 따라 공급곡선 자체가 왼쪽 또는 오른쪽으로 이동하는 경우에 대해 알아보기로 하자.

돼지고기가격에는 아무런 변화가 없는데 생산요소인 사료가격이 상승했다고 가정하자. 돼지고기시장에는 어떠한 변화가 나타날까? 사료가격의 상승은 돼지 사육비용을 상승시켜 축산농가의 이윤을 감소시킨다. 따라서 돼지 사육두수는 감소하므로 돼지고기 공급곡선은 [그림 2-7]처럼 왼쪽으로($S \rightarrow S'$) 이동한다. 그 결과 새로운 균형점 E'에서 돼지고기가격은 30,000원으로 상승하고 거래량은 10kg으로 감소한다. 반대로 사료가격이 하락했다면 축산농가의 이윤이 증가하므로 사육두수도 증가한다. 그 결과 돼지고기 공급곡선은 오른쪽으로($S \rightarrow S''$) 이동하며, 새로운 균형점 E''에서 돼지고기가격은 20,000원으로 하락하고 거래량은 18kg으로 증가한다.

만약 돼지 사육기술이 획기적으로 발전하여 돼지 사육비용을 대폭 절감할 수 있다면 축산농가의 이윤이 증가하므로 돼지 사육두수는 증가한다. 따라서 [그림 2-7]처럼 돼지고기의 공급곡선은 오른쪽으로($S \rightarrow S''$) 이동하므로 돼지고기가격은 하락하고 거래량은 증가한다. 축산농가에서 돼지고기가격이 상승할 것으로 예상한다면 축산농가에서는 가능한 한 돼지고기 출하량을 늦추려고 하므로 돼지고기 공급곡선은 좌측으로 이동한다. 그 결과 새로운 균형점 E'에서 돼지고기가격은 30,000원으로 상승하고 거래량은 10kg으로 감소한다. 반대로 돼지고기가격이 하락할 것으로 예상한다면 축산농가에서는 가능한 한 돼지고기 출하량을 앞당기려고 하므로 돼지고기 공급곡선은 우측으로 이동한다. 그 결과 새로운 균형점 E''에서 돼지고기가격은 20,000원으로 하락하고 거래량은 18kg으로 증가한다.

▶그림 2-7
공급곡선의 이동과 균형가격의 변화

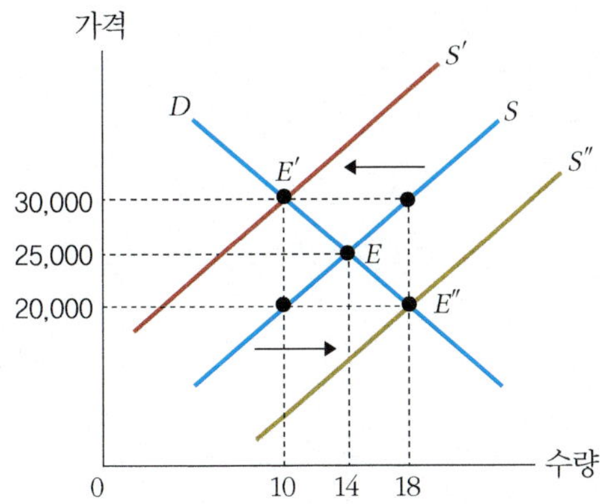

CASE STUDY 사례연구 2-8 제철 채소가격 폭등에 영향을 미치는 공통적인 요인은 무엇일까?

여름, 겨울 계절을 가리지 않고 제철 채소가격 폭등 현상이 자주 나타나고 있다. "시금치 값 폭등 … '시金치' 됐다", "지속되는 가뭄에 채소가격 폭등 조짐" 등 이를 연례행사처럼 다루는 기사들도 우리 눈에 익숙한지 오래다. 겨울에 기승을 부리는 한파와 폭설의 영향으로, 계속된 봄 가뭄으로, 늦여름 초가을 한해 농사를 망치는 태풍으로 향후 채소가격 급등이 우려된다는 기사들을 심심치 않게 접한다. 제철 채소가격이 폭등하는 원인은 대부분 변덕스러운 날씨에 기인한다. 전문가들은 지구 온난화로 기상 이변은 더욱 더 심해질 것이라고 경고한다. 기후 변화가 우리 식탁 물가에 영향을 미치고 있는 것이다.

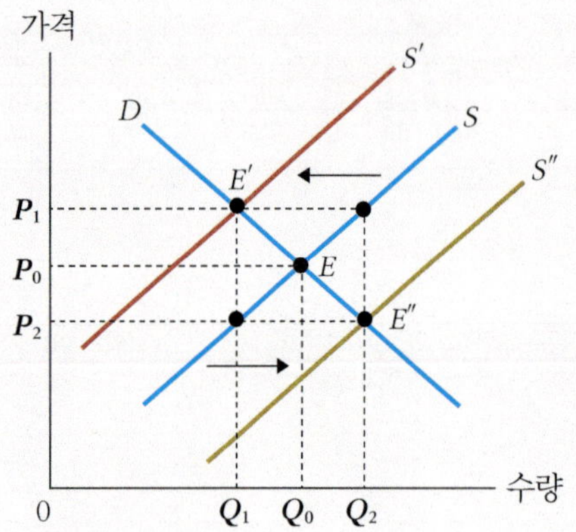

▲그림 2-8
기후 변화와 채소가격의 변동

기후 변화로 인한 이상 한파나 폭염 등은 제철 채소의 생산량을 크게 감소시킨다. 뿐만 아니라 폭설, 폭우, 태풍 등은 물류 유통망을 교란시킨다. 그 결과 [그림 2-8]에서 보듯이 채소시장에서 채소의 공급곡선은 왼쪽으로($S \to S'$) 이동하므로 채소가격은 P_0에서 P_1으로 상승하고 거래량은 Q_0에서 Q_1으로 감소한다. 만약 날씨가 1년 내내 농사에 적합한 조건을 충족시킴에 따라 사상 최대의 풍작을 이루었다면 채소의 생산량은 크게 증하므로 채소의 공급곡선은 오른쪽으로($S \to S''$) 이동한다. 그 결과 채소가격은 P_0에서 P_2로 하락하고 거래량은 Q_0에서 Q_2로 증가한다.

3. 수요곡선과 공급곡선이 동시에 이동하는 경우

앞에서 여러분은 수요곡선이나 공급곡선 중 어느 하나의 곡선이 이동할 때 균형가격과 거래량에 미치는 영향에 대해 공부하였다. 그러나 현실 경제에서 수요곡선과 공급곡선이 동시에 이동하는 경우도 자주 발생한다. [그림 2-9](a)에서 보듯이 돼지고기의 균형가격과 거래량은 균형점 E에서 각각 25,000원과 14kg이다. 만약 여타조건은 일정한데 돼지 사료가격이 폭등하고 소비자의 소득이 증가했다면 돼지고기의 균형가격과 거래량은 어떻게 달라질까? 돼지 사료가격의 폭등으로 돼지 사육비가 증가하면 축산농가의 이윤이 감소하므로 돼지 사육두수가 감소하고 돼지고기의 공급량은 감소한다. 그 결과 돼지고기의 공급곡선은 왼쪽으로($S \rightarrow S'$) 이동한다. 소비자의 소득이 증가하면 소비자의 구매력이 늘어나므로 돼지고기에 대한 수요곡선은 오른쪽으로($D \rightarrow D'$) 이동한다. 따라서 새로운 균형점 E'에서 균형가격은 30,000원으로 상승한다. [그림 2-9](a)에서는 수요곡선과 공급곡선이 동일한 폭만큼 이동함으로써 거래량은 14kg으로 전과 동일하다. 그러나 돼지 사육비 증가 효과가 소비자들의 소득 증가 효과보다 훨씬 크다면, 즉 공급곡선이 수요곡선보다 더 큰 폭으로 이동한다면 거래량은 감소하고 반대로 수요곡선이 공급곡선보다 더 큰 폭으로 이동한다면 거래량은 증가한다. 두 경우 모두 균형가격은 항상 크게 상승한다.

만약 여타조건은 일정한데 획기적인 돼지 사육기술의 개발로 축산농가의 사육비가 하락하고 소비자들의 기호가 돼지고기를 더욱 더 선호하는 쪽으로 바뀌었다면 돼지고기의 균형가격과 거래량에는 어떤 변화가 나타날까? [그림 2-9](b)에서 보듯이 획기적인 돼지 사육기술의 개발로 돼지 사육비가 하락한다면 축산농가의 이윤이 증가하므로 돼지 사육두수가 증

▼그림 2-9

수요·공급곡선의 이동과 균형가격 결정

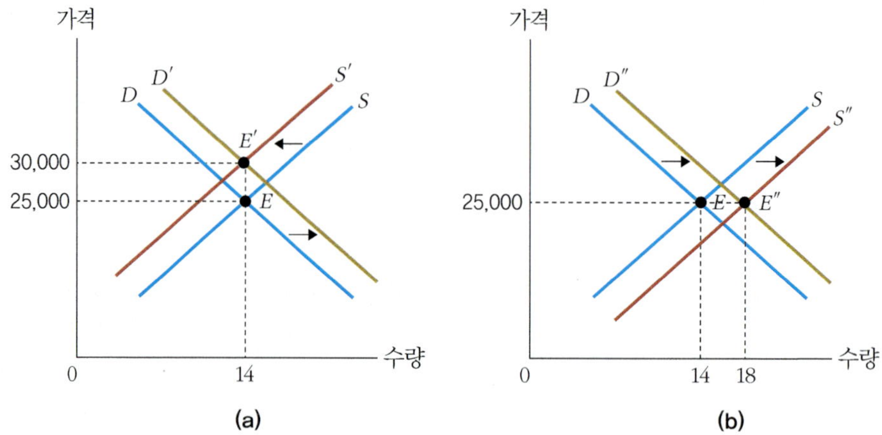

가하고 돼지고기 공급곡선은 오른쪽으로($S \rightarrow S''$) 이동한다. 소비자의 기호가 돼지고기를 더욱 더 선호하는 쪽으로 바뀌었다면 돼지고기에 대한 수요곡선은 오른쪽으로($D \rightarrow D''$) 이동한다. 따라서 새로운 균형점 E"에서 거래량은 18kg으로 증가한다. [그림 2-9](b)에서 수요곡선과 공급곡선은 동일한 폭만큼 이동함으로써 균형가격은 25,000원으로 전과 동일하다. 그러나 획기적인 돼지 사육기술의 개발에 따른 돼지 사육비의 감소 효과가 소비자 선호 효과보다 훨씬 크다면, 즉 공급곡선이 수요곡선보다 더 큰 폭으로 이동한다면 균형가격은 하락하고 반대로 수요곡선이 공급곡선보다 더 큰 폭으로 이동한다면 균형가격은 상승한다. 두 경우 모두 거래량은 항상 크게 증가한다.

만약 여타조건은 일정한데 생산자와 소비자 모두 돼지고기가격이 오를 것으로 예상한다면 돼지고기의 균형가격과 거래량에는 어떤 변화가 나타날까? [그림 2-9](a)에서 보듯이 생산자가 돼지고기가격이 오를 것으로 예상한다면 돼지고기 출하를 늦추려고 하므로 돼지고기 공급곡선은 왼쪽으로($S \rightarrow S'$) 이동한다. 소비자 또한 돼지고기가격이 오를 것으로 예상한다면 돼지고기를 미리 더 많이 구매해두려고 하므로 돼지고기에 대한 수요곡선은 오른쪽으로($D \rightarrow D'$) 이동한다. 따라서 새로운 균형점 E'에서 돼지고기가격은 30,000원으로 상승한다. [그림 2-9](a)에서 수요곡선과 공급곡선은 동일한 폭만큼 이동함으로써 거래량은 14kg으로 전과 동일하다. 그러나 향후 돼지고기가격에 대해 소비자보다 생산자가 훨씬 더 크게 상승할 것으로 예상한다면, 다시 말해 공급곡선의 좌측 이동 폭이 수요곡선의 우측 이동 폭보다 훨씬 크다면 돼지고기 거래량은 감소한다. 반대로 수요곡선의 우측 이동 폭이 공급곡선의 좌측 이동 폭보다 크다면 거래량은 증가한다. 두 경우 모두 균형가격은 항상 크게 상승한다.

CASE STUDY 사례연구 2-9 왜 돼지고기가격은 폭등과 폭락을 반복할까?

여러분은 돼지고기가격이 폭등하거나 폭락한다는 기사를 심심치 않게 접했을 것이다. 돼지고기가격이 폭등한 원인이나 돼지고기가격이 폭락한 원인을 살펴보면 시대의 흐름과 상관없이 거의 비슷하다. 그만큼 돼지 사육이 쉽지 않다는 반증이기도 하다.

먼저 돼지고기가격이 폭등할 때 돼지고기시장에서 수요와 공급에 영향을 미치는 요인들이 어떻게 변했는가를 살펴보자. 수요측면에서 살펴보면, 조류독감 발생과 비브리오균 확산으로 소비자들이 닭고기와 수산물에 대한 소비를 기피하고 대체재인 돼지고기에 대한 수요를 늘린다는 기사를 많이 접했을 것이다. 여기에 더해 소비자들의 오랜 학습으로 돼지고기가격이 더 오를 것으로 예상하고 사재기 현상도 나타난다. 이 경우 돼지고기에 대한 수요는 크게 증가하며 수요곡선은 오른쪽으로 이동한다. 공급측면에서 살펴보면, 중국에서 아프리카 돼지열병 확산으로 양돈농가에서 대량으로 살처분한 후 돼지고기를 유럽에서 대량으로 수입한 결과 유럽산 돼지고기의 가격이 급등했다. 우리나라 또한 매년 돼지고기 부족분을 유럽에서 수입하고 있어 유럽산 돼지고기가격의 급등은 우리나라 돼지고기시장에도 영향을 미칠 수밖에 없다. 생산자들 또한 오랜 학습으로 돼지고기가격이 더 오를 것으로 예상하고 가능한 한 돼지고기 출하를 미루려고 한다. 이 경우 돼지고기에 대한 공급은 크게 감소하며 돼지고기의 공급곡선은 왼쪽으로 이동한다. 돼지고기에 대한 수요곡선은 오른쪽으로 이동하는데 공급곡선이 왼쪽으로 이동한다면 [그림 2-9](a)에서 보았듯이 돼지고기가격은 급등할 수밖에 없다.

반대로 돼지고기가격이 폭락할 때 돼지고기시장에서 수요와 공급에 영향을 미치는 요인들이 어떻게 변했는가를 살펴보자. 수요측면에서 살펴보면, 아프리카 돼지열병과 구제역 발병으로 소비자들이 돼지고기에 대한 소비를 기피하고 대체재인 쇠고기나 닭고기, 그리고 수산물에 대한 수요를 늘린다는 기사를 많이 접했을 것이다. 여기에 더해 소비자들의 오랜 학습으로 돼지고기가격이 더 내릴 것으로 예상하고 돼지고기 구매량을 줄이거나 구매를 미루는 현상도 나타난다. 이 경우 돼지고기에 대한 수요는 크게 감소하며 수요곡선은 왼쪽으로 이동한다. 공급측면에서 살펴보면, 한두 해 전 중국에서 발생한 아프리카 돼지열병으로 유럽산 돼지고기가격이 급등하자 유럽 양돈농가에서 돼지 사육두수를 크게 늘렸다. 그 결과 유럽산 돼지고기가격이 급락하고 국내 돼지고기시장에 유럽산 돼지고기의 수입이 급격히 증가했다. 생산자들 또한 오랜 학습으로 돼지고기가격이 더 내릴 것으로 예상하고 가능한 한 돼지고기 출하를 앞당기려고 한다. 이 경우 돼지고기의 공급은 크게 증가하며 공급곡선은 오른쪽으로 이동한다. 돼지고기에 대한 수요곡선은 왼쪽으로 이동하는데 공급곡선이 오른쪽으로 이동한다면 돼지고기가격은 급락할 수밖에 없다. 여러분 스스로 수요곡선과 공급곡선을 이동시켜 확인해보기 바란다.

제4절 가격의 변동과 기업 매출액의 변화

1. 수요의 가격탄력성

소비자는 재화의 가격이 하락할 때 소비량을 늘리고 재화의 가격이 상승할 때 소비량을 줄인다. 그러나 재화의 가격 변화에 따른 소비자들의 반응 정도는 재화의 종류에 따라 상당한 차이를 보인다. 어떤 재화는 가격이 하락(상승)하더라도 소비량이 거의 증가(감소)하지 않는 반면에 어떤 재화는 가격이 조금만 하락(상승)해도 소비량이 크게 증가(감소)하는 것을 볼 수 있다. 이처럼 재화의 가격 변화에 따른 소비자의 반응 정도를 측정하기 위해 경제학에서는 다음과 같은 수요의 가격탄력성(price elasticity of demand)이라는 개념을 이용한다.

$$\text{수요의 가격탄력성} = \frac{\text{소비량의 변화율}}{\text{가격의 변화율}}$$

수요의 가격탄력성은 마이너스의 값을 갖는다. 왜냐하면 재화의 가격이 상승하면 소비량은 감소하고 반대로 재화의 가격이 하락하면 소비량은 증가하기 때문이다. 예를 들어 쇠고기의 가격이 10% 하락할 때 소비량이 15% 증가했다면 쇠고기에 대한 수요의 가격탄력성은 −1.5(=15/−10)이며 가격 변화율보다 소비량 변화율이 더 크기 때문에 소비자들이 가격변화에 민감하게 반응한 것을 의미한다. 반대로 쇠고기의 가격이 10% 하락할 때 소비량이 5%밖에 증가하지 않았다면 쇠고기에 대한 수요의 가격탄력성은 −0.5(=5/−10)이며 가격 변화율보다 소비량 변화율이 더 작기 때문에 소비자들이 가격변화에 덜 민감하게 반응한 것을 의미한다. 만약 쇠고기의 가격이 10% 하락할 때 소비량이 정확히 10% 증가했다면 쇠고기에 대한 수요의 가격탄력성은 −1(=10/−10)이며 가격 변화율과 소비량 변화율은 정확히 일치하기 때문에 소비자들이 가격변화에 더 민감하지도 덜 민감하지도 않는 상태를 의미한다. 물론 쇠고기의 가격이 상승할 때는 수요의 법칙에 의해 쇠고기의 소비량은 감소하며 이때 쇠고기에 대한 수요의 가격탄력성은 쇠고기의 가격이 하락했을 때와 동일한 방법으로 측정한다.

수요의 가격탄력성은 마이너스 값을 갖기 때문에 경제학에서는 혼동을 피하기 위해 탄력성의 크기는 절대값으로 비교한다. 위의 예에서 살펴보았듯이 어떤 재화의 가격이 변할 때 소비자들의 반응 정도가 상대적으로 크다면, 즉 수요의 가격탄력성 절대값이 1보다 크다면 이 재화에 대한 수요는 탄력적(elastic)이라고 정의한다. 반대로 가격의 변화에 대한 소비자의 반응이 상대적으로 덜 민감한 경우, 즉 수요의 가격탄력성 절대값이 1보다 작을 경우 수요는 비탄력적(inelastic)이라고 정의한다. 가격의 변화에 대한 소비자의 반응이 더 민감하지도 덜 민감하지도 않은 상태, 즉 수요의 가격탄력성 절대값이 정확히 1의 값을 갖는 경우 이 재화에 대한 수요는 단위 탄력적(unit elastic)이라고 정의한다. 현실적으로 가격의 변화율과 소비량의 변화율이 완전히 일치하는 경우는 없기 때문에 시장에서 거래되는 모든 재화는 수요의 가격탄력성이 탄력적이거나 혹은 비탄력적인 경우 둘 중의 하나에 속한다.

2. 수요의 가격탄력성과 총수입

기업의 총수입(total revenue)은 매출액이라고 부르기도 하며 기업이 생산하는 재화의 가격에 판매량을 곱한 값과 일치한다.

$$총수입 = 가격 \times 판매량$$

위 식에서 기업의 판매량은 소비자의 소비량과 일치한다. 수요의 법칙에 의해 기업이 재화의 가격을 올리면 소비자는 소비량을 줄이기 때문에 기업의 판매량은 감소하고 반대로 기업이 가격을 내리면 소비량이 증가하기 때문에 기업의 판매량은 증가한다. 다시 말해 가격과 판매량은 서로 반대 방향으로 움직이기 때문에 기업이 가격을 올린다고 해서 매출액이 증가한다는 보장이 없다. 물론 기업들이 대대적인 세일을 통해 가격을 내릴 때에도 판매량은 증가하겠지만 그렇다고 해서 가격과 판매량을 곱한 값으로 나타나는 매출액까지도 증가하라는 보장은 없다.

그렇다면 기업이 가격을 올리거나 내릴 때 매출액이 증가할 것인지, 혹은 감소할 것인지에 대해 사전에 알 수 있는 방법은 없을까? 가격의 변화에 따른 매출액의 변화는 수요의 가격탄력성을 이용하면 쉽게 알 수 있다. 기업이 가격을 책정할 때 우선 생각해야 할 것은 우리 기업이 생산하고 있는 재화의 가격 변화에 대한 소비자들의 반응 정도를 측정한 수요의 가격탄력성이다. 수요의 가격탄력성은 가격의 변화에 따른 판매량의 변화를 기록한 기업 내부 자료로부터 구할 수 있다. 이제 기업이 가격을 인상할 때 수요의 가격탄력성 크기에 따라 기업의 매출액에 어떠한 변화가 나타나는가를 가상의 음료수회사를 예로 들어 설명하기로 하자.

▼그림 2-10

수요의 가격탄력성과 매출액

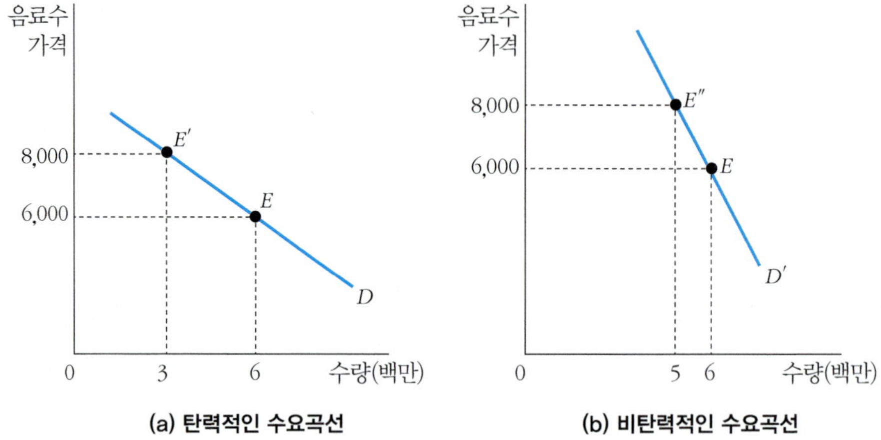

여러분이 A음료수회사 사장이라고 가정하자. 여러분은 회사에서 생산한 음료수에 대한 시장 반응이 아주 좋아서 매출액을 늘리기 위해 음료수 가격을 올릴 것인가의 문제로 고민하고 있다. 간부회의 결과 영업부에서는 음료수 한 병의 가격을 6,000원에서 8,000원으로 대폭 인상할 것을 건의하고 있지만, 기획실에서는 8,000원으로 인상할 경우 소비량이 대폭 줄어 오히려 매출액이 감소할 것이라고 반대하고 있다. 여러분은 누구의 의견에 따를 것인가? 아마도 확신이 서지 않을 것이다. 왜냐하면 [그림 2-10]에서 보듯이 두 가지의 가능성이 존재하기 때문이다. 그림 (a)와 (b) 모두 균형점 E에서 음료수의 가격과 거래량은 각각 6,000원과 600만병이다. 음료수의 가격을 6,000원에서 8,000원으로 33.3%[=(8,000−6,000)/6,000] 인상할 때 그림 (a)의 경우 소비량은 600만병에서 300만병으로 −50%[=(300−600)/600]가 감소하므로 수요의 가격탄력성은 −1.5(=−50/33.3)이며 탄력적이다. 마찬가지로 그림 (b)의 경우 소비량은 600만병에서 500만병으로 −16.7%[=(500−600)/600] 감소하므로 수요의 가격탄력성은

−0.5(=−16.7/33.3)이며 비탄력적이다. 수요의 가격탄력성이 탄력적일 때 수요곡선의 기울기는 그림 (a)처럼 완만하며 비탄력적일 때 수요곡선의 기울기는 그림 (b)처럼 가파르게 나타난다. 다시 말해 수요곡선의 가격탄력성은 수요곡선의 기울기가 완만할수록 탄력적이며 수요곡선의 기울기가 가파를수록 비탄력적이다.

[그림 2−10]의 (a)와 (b) 모두 원래의 균형점 *E*에서 음료수의 총매출액은 360억원(=6,000원×600만병)이다. 음료수가격을 8,000원으로 인상할 경우, 만약 이 기업이 생산하는 음료수의 수요곡선이 그림 (a)처럼 탄력적이라면 총매출액은 240억원(=8,000원×300만병)이 되어 가격 인상은 오히려 120억원 만큼의 매출액 감소를 가져온다. 따라서 음료수에 대한 수요가 탄력적이라면 가격 인상에 반대한 기획실의 주장이 옳다. 그러나 음료수의 수요곡선이 그림 (b)처럼 비탄력적이라면 음료수가격을 8,000원으로 인상할 경우 총매출액은 400억원(=8,000원×500만병)으로 40억원 증가하기 때문에 가격 인상을 주장한 영업부의 주장이 옳다. 따라서 기업이 가격전략을 수립할 때 자사 제품의 가격 변화에 대한 소비자들의 반응 정도를 조사한 수요의 가격탄력성 자료를 확보하고 있느냐의 여부가 얼마나 중요한가를 위의 예를 통해서 알 수 있다.

CASE STUDY 사례연구 2-10 여러분은 담뱃값 인상에 찬성하는가, 혹은 반대하는가?

담뱃값 인상만큼 첨예하게 대립하는 논쟁도 없다. "담뱃값을 인상하면 흡연율이 떨어져 국민건강에 기여할 것"이라는 보건당국의 주장과 "담뱃값과 흡연율의 상관관계가 낮은데다 저소득층에 부담만 줄 것"이라는 애연가들의 반론이 맞부딪치고 있다. 의사협회는 "흡연으로 인해 국민들이 병들어가고 있으며 건강한 노년을 보내지 못하고 있는 상황을 더 이상 방치해서는 안된다"며 담뱃값의 대폭적인 인상을 주장한다. 소액 인상은 담배 소비를 감소시키지 못한 채 국민의 부담만 키울 수 있으므로 정책적 실효성을 거두기 위해서는 대폭적인 인상이 필요하다는 것이다. 전문가들의 연구 결과에 따르면 담뱃값을 조금씩 지속적으로 올리면 흡연자들은 가격에 적응해 흡연을 포기하지 못한 것으로 나타났다. 보건복지부는 '제5차 국민건강증진 종합계획'에서 우리나라 국민 건강수명을 2030년까지 73.3세로 2018년 대비 2.9세 연장하겠다는 목표를 제시했다. 보건당국은 그 방법 중의 하나로 담뱃값을 현행 4,500원에서 OECD 평균 수준인 8,000원 이상까지 인상하는 안을 제시했다. 이러한 주장에 대부분의 흡연자들은 보건당국이 부족한 세수 확충을 위해 흡연자들의 희생만 강요한다고 분노한다. 여러분은 어느 주장에 동의하는가?

[그림 2-11]에서 보듯이 보건복지부는 담뱃값을 8,000원으로 77.8% 인상할 경우 우리나라 성인 남성의 흡연율은 2018년 기준 36.7%에서 2030년 25%로 떨어뜨릴 수 있다고 주장한다. 계산을 간단히 하기 위해 우리나라 인구가 매년 동일하고 담배 판매량이 흡연율에 정비례한다고 가정하자. 보건복지부의 주장에 따르면, 2018년 기준 담뱃값이 4,500원일 때 하루 담배 판매량이 500만갑이라면 2030년 기준 담뱃값이 8,000원일 때 하루 담배 판매량은 340.6만 갑(=500×25/36.7)으로 감소한다. 다시 말해 담뱃값을 77.8%(=3,500/4,500) 인상할 때 담배의 평균 판매량은 −31.9%(=−159.4/500) 감소하는 것으로 나타난다. 이 경우 담배에 대한 수요의 가격탄력성은 −0.41(=−31.9/77.8)이며 대단히 비탄력적인 것을 알 수 있다.

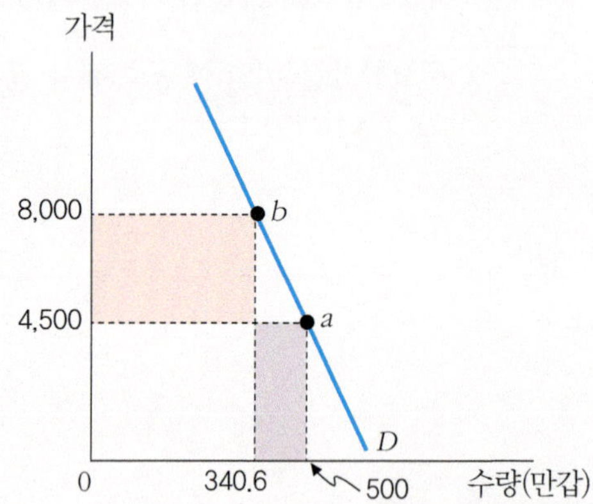

▲그림 2-11
담뱃값 인상 효과

담배는 중독성이 강하기 때문에, 즉 수요의 가격탄력성이 비탄력적이기 때문문에 대폭적인 담뱃값 인상이 필요하다는 의사협회나 일부 전문가들의 주장에 일리가 있다. 그렇다면 "보건당국이 세수 확충을 위해 흡연자들의 희생만 강요한다"는 애연가들의 주장은 터무니없는 볼멘소리에 불과할까? 그렇지 않다. [그림 2-11]에서 보듯이 담뱃값 인상에 따른 1일 매출액은 225억원(=4,500×500만)에서 272억4,800만원(=8,000×340.6만)으로 47억 4,800만원이 증가한다. 이 증가분은 대부분 정부의 세수입으로 귀속하므로 "보건당국이 세수 확충을 위해 담뱃값을 인상한다"는 애연가들의 주장을 부정할 수만은 없다. "세수 확충이 아니라 흡연율을 낮추기 위해 담뱃값을 올리려 한다"는 보건당국의 주장이 설득력을 얻기 위해서는 담뱃값 인상에 따른 세수 증가분을 흡연자들의 금연 치료에 적극적으로 사용해야 한다. 금연 치료의 성공은 담배에 대한 수요곡선을 좌측으로 이동시켜 담배가격의 하락은 물론 담배 거래량을 줄일 수 있기 때문이다.

CASE STUDY 사례연구 2-11 마약과의 전쟁은 승리할 수 있을까?

정부가 마약과의 전쟁을 선포하는 것을 종종 볼 수 있다. 마약은 담배와 비교할 수 없을 정도로 중독성이 강하다는 것을 감안할 때 마약에 대한 수요의 가격탄력성은 대단히 비탄력적이라는 것을 짐작할 수 있다. 따라서 마약에 대한 수요곡선은 [그림 2-12]처럼 우하향하는 가파른 기울기를 갖는다. 정부가 마약과의 전쟁을 선포하기 전 마약시장에서 마약의 균형가격과 거래량은 수요곡선(D)과 공급곡선(S)이 일치하는 점 E에서 각각 P_0와 Q_0이다. 정부가 마약 공급루트를 차단하는 방식으로 단속을 강화할 경우 마약 공급업자들이 공급을 꺼리기 때문에 마약의 공급곡선은 왼쪽으로($S \to S'$) 이동한다. 그 결과 수요곡선 D와 공급곡선 S'이 일치하는 새로운 균형점 E'에서 마약가격은 P_0에서 P_1으로 폭등했으나 거래량은 Q_0에서 Q_1으로 미미한 감소에 그쳤다. 마약과의 전쟁에도 불구하고 마약의 가격은 폭등한 반면에 정작 마약 거래를 차단하는 데는 별다른 효과를 얻지 못하고 있다. 그 이유는 마약에 대한 수요의 가격탄력성이 대단히 비탄력적이기 때문이다. 다시 말해 수요곡선이 가파르기 때문에 마약의 가격 폭등에도 불구하고 거래량은 별로 감소하지 않은 것이다.

마약과의 전쟁으로 마약가격이 폭등할 경우 또 다른 부작용이 발생할 수 있다. 마약 중독자들이 마약을 구매할 능력이 부족할 경우 사회범죄로 이어질 가능성이 크다. 따라서 마약과의 전쟁은 공급루트 망을 차단하는 공급관리정책뿐만 아니라 마약에 대한 수요를 줄일 수 있는 수요관리정책도 반드시 병행해야 한다. [그림 2-12]에서 보듯이 마약에 대한 수요곡선을 왼쪽으로($D \to D'$) 이동시킬 수만 있다면, 수요곡선 D'과 공급곡선 S'이 일치하는 새로운 균형점 E'에서 마약가격은 P_2로 하락하고 거래량은 Q_2로 급감할 수 있다. 따라서 마약에 대한 수요관리정책, 즉 마약 중독자에 대한 사회적 관심과 함께 정부 차원의 치유 프로그램에 대해서도 전향적인 자세를 가져야 한다. 마약 중독자가 스스로 중독 사실을 신고할 경우 법적 처벌을 유예하는 것은 물론 치료를 도와야 한다. 마약 중독자를 범죄자로만 분류하여 이들의 치료시기를 놓치거나 세금을 부담하는 것에 대해 반대하여 이들을 방치한다면 그 폐해는 고스란히 일반 시민들의 몫으로 돌아갈 것이다.

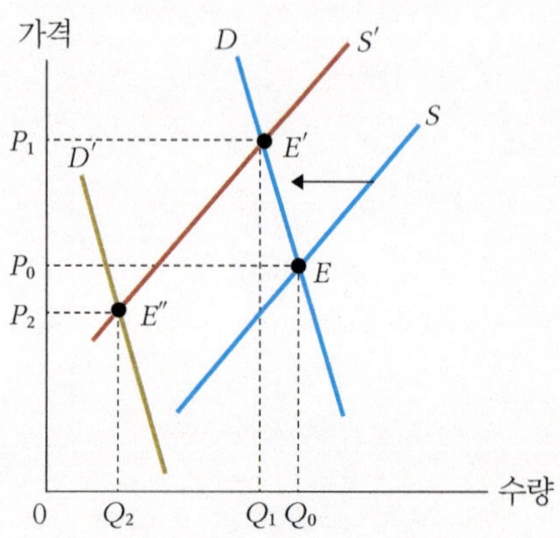

▲그림 2-12

마약과의 전쟁 효과

3. 수요의 가격탄력성 크기를 결정하는 요인

재화의 가격이 변할 때 이에 대응하는 소비자들의 반응 정도, 즉 수요의 가격탄력성은 주로 다음의 세 가지 요인에 의해 영향을 받는다. 첫째, 어떤 기업이 생산하고 있는 재화가 사치품인가 혹은 필수품인가에 따라 반응 정도는 달라진다. 일반적으로 가격의 변화에 대한 소비자들의 반응 정도는 필수품보다는 사치품에서 더 크게 나타나는 경향이 있다. 쌀과 전기처럼 인간생활에 필수적인 재화들은 비록 가격이 상승하더라도 소비량이 별로 감소하지 않는 경향이 있다. 반면에 양주나 금반지처럼 소비하지 않더라도 생활에 별 불편함을 느끼지 못하는 사치품들은 가격이 오를 때 소비량이 큰 폭으로 감소하는 경향이 있다.

둘째, 어떤 기업이 생산하고 있는 재화를 대체할 수 있는 대체재들이 얼마나 많은가에 따라 가격변화에 따른 소비자들의 반응 정도는 달라진다. 일반적으로 유사한 대체재를 많이 갖고 있는 재화일수록 가격변화에 대한 소비자들의 반응 정도는 크게 나타난다. 소금은 밀접한 대체재가 없기 때문에 소금가격이 인상되더라도 소금의 소비량은 별로 감소하지 않는다. 그러나 지하철, 버스, 택시 등과 같은 대중교통수단은 상호 밀접한 대체재들을 갖고 있기 때문에 어느 한 대중교통수단의 요금만 인상한다면 요금을 인상한 대중교통수단에 대한 수요는 큰 폭으로 감소한다.

셋째, 재화의 가격이 소득에서 차지하는 비중이 큰 재화일수록 가격변화에 대한 소비자들의 반응 정도는 크게 나타난다. 예를 들어 자동차의 경우 가격이 10%만 상승하더라도 상승분이 소득에서 차지하는 비중은 매우 크기 때문에 소비자들이 부담을 느끼며 이는 큰 폭의 소비 감소로 나타날 수 있다. 그러나 껌이나 연필 등과 같이 가격이 소득에서 차지하는 비중이 매우 작은 재화들은 10%가 상승하더라도 소비자들이 별로 부담을 느끼지 않기 때문에 가격의 변화에 대한 소비량의 변화는 매우 작다.

그러므로 기업은 가격전략을 수립할 때 해당 재화의 특성을 먼저 파악해야 한다. 만약 재화의 특성상 필수품에 가깝다면, 밀접한 대체재가 별로 없다면, 그리고 재화의 가격이 소득에서 차지하는 비중이 작다면 가능한 한 가격을 높게 책정하는 전략이 매출액 증대에 기여할 수 있다. 그러나 이와 반대의 특성들을 갖고 있다면 가격 인하 전략이 매출액 증대에 기여할 수 있다. 만약 이러한 특성들이 서로 혼재되어 있다면 밀접한 대체재가 얼마나 많이 존재하는가가 가장 중요한 요소가 될 수 있다. 왜냐하면 필수품이라 하더라도, 그리고 소득에서 차지하는 비중이 낮다고 하더라고 해당 재화를 대체할 수 있는 밀접한 대체재들이 많이 존재한다면 소비자들은 상대적으로 가격이 저렴한 재화로 소비를 대체할 것이기 때문이다.

CASE STUDY 사례연구 2-12 왜 '육아물가'는 하늘 높은 줄 모르고 치솟기만 할까?

유아아동복, 유아교재, 유모차, 가사도우미 등 소위 '육아물가'는 왜 고삐 풀린 망아지처럼 날뛰기만 할까? 극심한 경기침체로 디플레이션이 발생하는 기간 동안 전반적인 물가수준은 마이너스 상승세를 보이는 상황에서도 유독 '육아물가'만 나 홀로 상승세를 이어가는 것은 무엇 때문일까? '베이비 붐'으로 아동인구가 늘어난 것도 아닌데 말이다. 출산인구 급감으로 육아용품이나 육아서비스에 대한 수요가 감소하므로 '육아물가'는 하락해야 정상이지 않을까? 출산인구 급감으로 비명을 질러야 할 당사자는 육아용품이나 육아서비스 공급자일 텐데 오히려 소비자가 비명을 질러야 하니 알다가도 모를 일이다.

육아 관련 시장은 가격 결정에 있어서 소비자보다는 생산자가 우위에 있는 특성을 갖는다. 이것은 육아용품이나 육아서비스에 대한 수요의 가격탄력성이 비탄력적이라는 사실에 기인한다. 대부분의 우리 가정에서는 출산을 큰 축복으로 여기며 부모의 허리띠는 졸라매더라도 아이를 위한 일이라면 무엇이든 감내하려고 한다. 육아용품가격이 오르더라도 소비를 포기하거나 소비량을 크게 줄이지 않는다는 말이다. 분유, 기저귀, 유아복, 유모차 등을 떠올리면 쉽사리 수긍이 갈 것이다. 이러한 특성을 너무나 잘 알고 있는 공급자는 당연히 매출액을 늘리기 위해 가격을 올리는 전략을 택할 것이다. 운동장이 기울어 있는 육아 관련 시장에서 생산자 우위를 소비자 우위로 바꾸는 일은 거의 불가능할 것처럼 보인다. 유일한 길은 육아용품시장에 새로운 생산자들이 자유롭게 진입해 공급자들끼리 가격경쟁을 벌여야 하는데 진입장벽이 너무 높기 때문이다. 사실 진입장벽도 소비자들 스스로 만들고 있다고 볼 수 있다. 유명 브랜드에 열광하는 우리 국민들의 소비 특성도 한몫을 하는 것은 아닐까? 글로벌 명품브랜드들이 한국에서만 마음 놓고 가격을 올린다는 것은 널리 알려진 사실이다.

제5절 성장산업과 사양산업의 구별 방법

앞에서 여러분은 소비자의 소득이 증가할 때 재화의 가격에 변화가 없더라도 재화에 대한 소비를 증가시킨다는 것을 공부한 바 있다. 소득의 변화가 소비량의 변화에 미치는 크기의 정도는 기업이 생산하는 재화의 성격에 따라 각기 다르다. 이를 설명하기 위해 경제학에서는 다음과 같은 수요의 소득탄력성(income elasticity of demand) 개념을 이용한다.

$$\text{수요의 소득탄력성} = \frac{\text{소비량의 변화율}}{\text{소득의 변화율}}$$

예를 들어 소득이 10% 증가할 때 쇠고기의 소비량이 5% 증가했다면 쇠고기에 대한 수요의 소득탄력성은 0.5(=5/10)이며 1보다 작기 때문에 비탄력적이다. 만약 소득이 10% 증가할 때 맥주에 대한 소비량이 15% 증가했다면 맥주에 대한 수요의 소득탄력성은 1.5(=15/10)이며 1보다 크기 때문에 맥주에 대한 수요의 소득탄력성은 탄력적이다. 이처럼 소득이 증가할 때 소비량이 증가하는 재화를 우등재(superior goods)라고 부르며 대부분의 재화들은 이에 속한다.

수요의 소득탄력성이 탄력적인 재화를 생산하는 기업은 성장산업에 속하지만 비탄력적인 재화를 생산하는 기업은 성장산업에 속한다고 보기 어렵다. 왜냐하면 수요의 소득탄력성이 탄력적인 재화는 국민소득 증가율보다 소비 증가율이 더 크게 나타나 해당 재화의 시장규모는 빠른 속도로 확대되지만, 수요의 소득탄력성이 비탄력적인 재화는 국민소득 증가율보다 소비 증가율이 더 낮게 나타나 해당 재화의 시장규모가 상대적으로 느린 속도로 확대되기 때문이다.

특수한 재화들의 경우 소득이 증가할 때 소비량이 오히려 감소하는데, 이러한 특성을 갖는 재화들을 열등재(inferior goods)라고 부른다. 국민소득이 증가할수록 열등재의 소비는 오히려 감소하므로 열등재를 생산하는 기업은 사양산업에 속한다고 볼 수 있다. 따라서 현재 열등재를 생산하고 있는 기업들은 업종전환과 같은 장기적인 대비책을 세울 필요가 있다. 예를 들면 연탄, 선풍기, 아날로그 TV, VTR, 디지털카메라, CD플레이어 등과 같은 많은 열등재들은 생산이 중단되거나 겨우 명맥만을 이어가고 있다.

일반적으로 경제가 성장할수록 도시와 농촌간의 소득격차는 점차 커지는 것으로 알려져 있다. 그 이유는 무엇 때문일까? 여러 가지 관점에서 바라볼 수 있겠으나 수요의 소득탄력성을 이용할 경우 그 이유를 쉽게 설명할 수 있다. 일반적으로 소득이 증가할 때 공산품의 소비는 크게 증가하지만 농산물의 소비는 별로 증가하지 않는 경향이 있다. 예를 들어 소득이 증가한다고 해서 한 달에 쌀 10kg을 소비하던 가계가 갑자기 쌀 소비량을 두 배로 늘리지는 않을 것이다. 배추, 무, 양념류 등과 같이 수많은 농산물들은 이와 유사한 특성을 갖는다. 반대로 소득이 증가하면서 스마트폰, 냉장고, TV, 자동차 등과 같은 대부분의 공산품들에 대한 소비는 급격히 늘어나는 경향이 있다. 다시 말해 수요의 소득탄력성은 농산물의 경우 매우 낮은 반면에 공산품은 높게 나타나는 경향이 있다. 그 결과 농산물은 소득 증가율에 비해 소비 증가율이 낮기 때문에 공산품에 비해 가격상승률도 상대적으로 낮을 수밖에 없다. 더욱이 농촌은 값싼 농산물을 도시에 내다 팔고 도시에서 생산하는 값비싼 공산품을 구매해야 하므로 정부가 농촌을 지원하지 않는 한 도시와 농촌간의 소득격차는 점차 벌어질 수밖에 없다.

어떤 기업이 생산하고 있는 재화에 대한 수요의 소득탄력성은 1인당 국민소득에 대한 통계자료를 활용하여 간단히 측정할 수 있다. 연간 국민소득증가율에 대한 해당 산업의 연간 매출액 증가율을 계산함으로써 수요의 소득탄력성이 양수의 값을 갖는가(우등재인가), 1보다 큰 값을 갖는가(성장산업인가), 그리고 소득탄력성 값이 점차 증가하는 추세를 보이는가, 혹은 감소하는 추세를 보이는가를 종합적으로 검토함으로써 사업의 전망을 예측할 수 있다.

CASE STUDY 사례연구 2-13 콩, 밀, 보리 등의 잡곡과 우리의 주식인 쌀 중 어느 것이 열등재일까?

우리의 주식인 쌀은 콩이나 보리 등과 같은 잡곡에 비해 국민들의 선호도가 훨씬 높은 우등재의 자리를 오랫동안 지켜왔다. 1970년대만 해도 부족한 쌀을 메우기 위해 쌀과 잡곡을 섞어 밥을 짓는 혼식장려정책을 시행했었다. 심지어 학교에서는 학생들의 혼식을 확인하기 위해 점심시간에 학생들의 도시락을 일일이 검사하는 진풍경도 있었다. 그 당시 모든 국민들은 소득만 따라준다면 하얀 쌀밥을 먹는 것이 꿈이었다. 마치 북한에서 일반 주민들의 오랜 꿈이 "쇠고기국에 미밥(쌀밥)을 먹는 것"이라는 말처럼 우리에게도 그런 시절이 있었다. 그 시절만 해도 쌀은 소득이 증가할수록 소비량이 증가하는 우등재이고 콩이나 보리 등과 같은 잡곡은 소비량이 감소하는 열등재임에 틀림없었다.

그러나 국민소득은 계속 증가했음에도 불구하고 우리 국민 1인당 연간 쌀 소비량은 1980년대 135kg으로 정점을 찍은 후 계속 감소하여 2000년대에는 55kg에 불과하다. 이처럼 우리 국민들의 쌀 소비량이 급격히 감소한 것은 우리 국민들의 소득이 증가함에 따라 식생활이 다양해졌기 때문이다. 소득이 낮았던 시절에는 명절에나 먹을 수 있었던 계란이나 육류의 소비가 급증하면서 쌀에 대한 수요가 급감했다. 1인 가구와 맞벌이 부부의 증가, 그리고 외식문화의 확산으로 육류, 빵, 떡, 국수, 라면, 시리얼 등과 같은 대체식품의 소비가 증가하면서 쌀 소비량은 지속적으로 감소하고 있다. 반면에 한때 쌀의 대체재로서 서민들이 어쩔 수 없이 주식으로 삼을 수밖에 없었던 열등재인 보리는 2000년대에 들어와 건강식으로 재조명을 받으면서 보리밥, 보리비빔밥 등과 같은 특별식으로 각광을 받고 있다. 2000년대 소비패턴을 기준으로 해석한다면 쌀은 열등재인 반면에 콩, 보리, 밀과 같은 잡곡은 우등재로 돌변한 것이다. "한번 해병은 영원한 해병"이라는 구호는 우리 식탁에서는 통하지 않는 모양이다.

제6절 정부의 가격규제

시장경제에서 가격은 재화와 서비스를 배분하고 자원을 효율적으로 이용하도록 하는 데 중요한 역할을 담당한다. 그러나 전시라든가 혹은 경제적 위기와 같은 긴박한 상황 하에서는 경우에 따라 정부가 직접 가격을 통제하기도 한다. 정부가 법에 따라 규제하는 가격을 법정가격(legal price)이라고 한다. 법정가격은 시장에서 결정되는 균형가격보다 낮게 설정하는 최고가격(price ceiling)과 균형가격보다 높게 설정하는 최저가격(price floors)으로 구분한다. 최고가격은 인플레이션이 우려되고, 가격이 지나치게 비싸 저소득층에게까지 생필품이 골고루 돌아갈 수 없을 때 소비자를 보호하기 위해 설정한다. 반대로 최저가격은 생산자의 적정이윤을 보장함으로써 생산자를 보호하기 위해 설정하는 경향이 있다. 우리나라에서는 최고가격으로 아파트 분양가 상한제를, 최저가격으로 최저임금제를 시행하고 있다.

1. 최고가격제

정부가 실시하는 최고가격제는 생필품이 너무 비싸 소비에서 배제되었던 저소득층에게 소비에 참여할 수 있는 기회를 부여한다는 점에서, 그리고 물가안정에 기여한다는 점에서 긍정적인 효과를 갖는다. 그러나 최고가격제를 장기간 실시할 경우 파생되는 문제점도 적지 않다는 것을 간과할 수 없다. [그림 2-13]에서 어떤 재화의 균형가격과 거래량은 각각 6,000원과 5만 개이다. 정부가 물가를 안정시키고 저소득층의 소비 기회를 확대하기 위해 재화의 가격을 4,000원으로 규제하는 최고가격을 설정할 경우 시장에는 어떤 변화가 나타날까?

▶그림 2-13
최고가격제

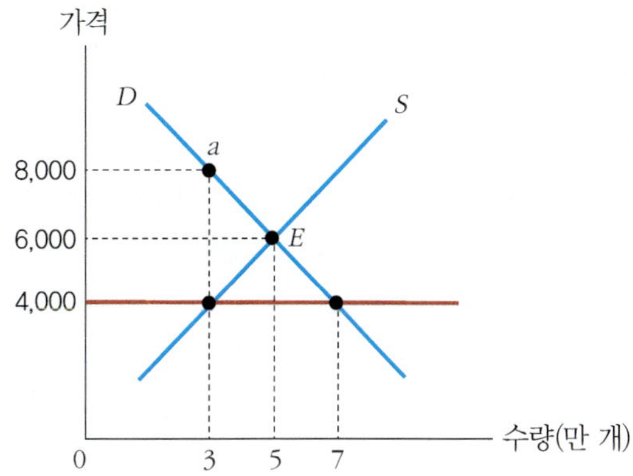

생산자들은 정부가 설정한 4,000원에서는 3만 개만을 공급하려고 하고 소비자들은 7만 개를 소비하려고 하므로 4만 개의 초과수요가 발생한다. 초과수요의 발생은 소비자들끼리 구매경쟁을 벌이도록 함으로써 가격이 상승하고 이로 인해 생산량도 점차 늘어나 결국 균형점 E로 돌아가게 된다. 그러나 정부가 4,000원 이상의 가격으로 거래하는 것을 법으로 금지하고 있기 때문에 자율적인 시장조절기능은 이루어질 수 없다. 따라서 정부의 좋은 정책 의도에도 불구하고 4만 개가 부족한 재화를 어떻게 배분할 것인가의 분배문제에 직면하게 된다. 이러한 분배문제를 해결하는 방법으로서 선착순 판매, 배급제, 추첨제 등을 들 수 있으나 사회구성원 모두를 만족시킬 수 있는 분배 방식은 존재하지 않는다.

비록 재화가 공정하게 분배된다고 하더라도, [그림 2-13]에서 보듯이 최고가격 4,000원에서 재화의 최대 공급량은 3만 개이므로 최고가격 4,000원보다 훨씬 높은 8,000원의 가격으로 재화를 구매하고자 하는 다수의 소비자들이 나타나게 된다. 이 경우 정부의 가격규제에도 불구하고 불법적인 암시장(black market)이 형성되고 암거래가 성행할 가능성이 높다. 이때 형성되는 암거래가격 8,000원은 시장균형가격 6,000원보다 오히려 높다. 그리고 소비자들이 암거래를 위해 지불하는 한 개당 프리미엄은 4,000(=8,000−4,000)원이다.

CASE STUDY 사례연구 2-14

아파트 분양가 규제에 따른 이득은 누구에게 돌아가는가?

[그림 2-14]에서 아파트 분양가에 대한 정부의 규제가 없을 경우 분양아파트시장에서 결정되는 분양가와 거래량은 수요와 공급이 일치하는 점 E에서 각각 P_1과 Q_1이다. 분양가 P_1이 너무 비싸 주변 아파트 시세에 커다란 영향을 미치고 저소득층의 주거비 부담이 크게 증가할 것을 우려한 정부가 아파트 분양가를 P_2 수준으로 규제하는 분양가 상한제를 도입하면 분양아파트시장에는 어떤 변화가 나타날까? 정부가 분양가를 낮게 규제할 경우 이윤이 큰 폭으로 감소하므로 주택건설업체들은 분양아파트 공급량을 줄이거나 일부 업체는 아파트 건설 자체를 아예 포기할 수도 있다. 그 결과 [그림 2-14]에서 보듯이 분양아파트 공급량은 Q_1에서 Q_2로 감소한다.

정부가 장기간에 걸쳐 아파트 분양가를 P_2로 고정시킨다면 분양아파트 공급량도 Q_2에서 고정되므로 이때 분양아파트의 공급곡선은 점 abc를 연결한 S'과 같은 형태로 나타난다. 공급곡선 ab 구간이 우상향하는 이유는 정부가 설정한 분양가 P_2보다 낮은 가격으로 거래하는 분양가는 불법이 아니므로 그 구간에서는 분양가격이 상승할수록 아파트 공급량도 늘어나는 것을 반영하기 때문이다. 반면에 정부가 설정한 분양가 P_2보다 높은 가격으로 거래하는 것은 법으로 금지되어 있기 때문에 아파트의 공급량 또한 고정된 분양가 P_2에 대응하여 Q_2에서 고정되어 있다. 이를 반영하여 점 b 이상의 가격에서는 공급곡선이 수직선의 형태로 나타난다.

정부의 분양가 규제로 소비자들의 구매력은 그만큼 증가하므로 분양아파트에 대한 수요량은 Q_1에서 Q_3로 증가한다. 따라서 분양아파트시장에서 Q_2Q_3만큼 초과수요가 발생하며 이때 분양아파트 청약경쟁률은 OQ_3를 OQ_2로 나눈 값과 일치한다. 분양아파트시장에서 청약 경쟁률은 정부가 설정한 분양가가 균형가격보다 낮을수록 높게 나타난다. 분양아파트시장에서 초과수요가 나타날 경우 수요자들끼리 분양아파트를 구매하려는 경쟁이 발생하므로 초과수요가 사라질 때까지 분양가는 상승한다. 그러나 정부가 설정한 P_2 이상의 분양가를 책정하는 것은 불법이므로 자율적인 시장조절기능은 더 이상 작동할 수 없다. 아파트 분양가 규제는 강제적인 분양가 인하로 분양아파트에 대한 초과수요를 발생시킨다. 그러나 비싼 분양가 때문에 그동안 분양아파트

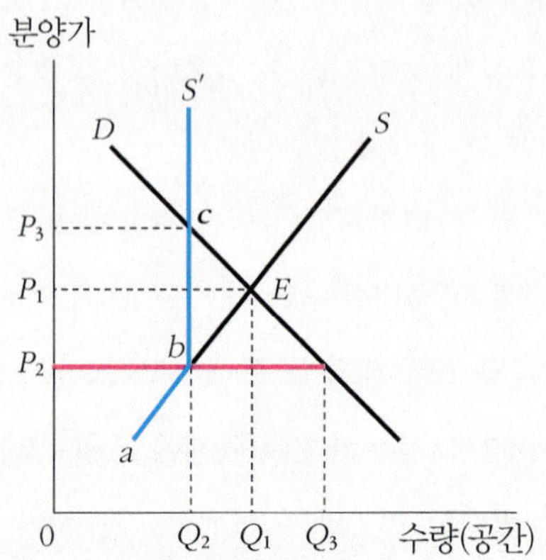

▲그림 2-14

아파트 분양가 규제 효과

시장에서 배제되었던 저소득층들도 청약에 참여할 수 있는 긍정적인 효과를 발생시킨다.

아파트 분양가 규제로 인해 파생되는 문제점들도 간과할 수 없다. 우선 자원배분상의 문제를 예상할 수 있다. 정부의 규제가격인 P_2에서는 Q_2Q_3만큼 초과수요가 발생하므로 부족한 분양아파트를 어떤 방식으로 배분할 것인가의 문제에 직면한다. 우리나라에서는 분양아파트 분배문제를 해결하기 위해 추첨방식을 적용하고 있다. 이러한 추첨방식은 당첨자에게 하루아침에 수억 원이 넘는 불로소득을 안기면서 많은 부작용을 파생시키고 있다. 특히 주택시장에 실수요자뿐만 아니라 가수요자, 즉 소위 말하는 투기꾼들을 불러들여 분양아파트시장을 과열시키는 양상을 보이고 있다. [그림 2-14]에서 보듯이 분양가를 P_2로 규제할 때 분양아파트의 공급량이 Q_2로 대폭 감소한다면 수요자들이 기꺼이 지불할 의사가 있는 분양가는 공급량 Q_2와 수요곡선이 만나는 점 c에서 P_3이다. 따라서 규제가격인 분양가 P_2에 웃돈, 즉 프리미엄을 기꺼이 지불할 의사가 있는 다수의 수요자들이 나타나며 분양가 P_2에서 당첨된 분양아파트 입주권은 이들에게 전매된다. 이러한 전매는 수요자들이 기꺼이 지불할 의사가 있는 가격 P_3에 도달할 때까지 계속되며, 등기를 하지 않은 상태에서 다른 사람들에게 이전한다는 점에서 미등기 전매라고 부른다.

[그림 2-14]에서 암거래를 통해 발생하는 프리미엄 총액은 사각형면적 P_3P_2bc이며 이와 같은 불로소득은 미등기전매에 가담한 투기꾼들에게 귀속한다. 아파트 분양가 규제는 암시장 형성에 따른 아파트 투기를 유발할 뿐만 아니라 분양아파트의 품질을 저하시키는 원인이 될 수도 있다. [그림 2-14]에서 보듯이 주택건설업체가 품질이 좋은 아파트를 짓더라도 최대로 받을 수 있는 분양가는 P_2이므로 이윤을 추구하는 주택건설업체의 최대 관심사는 아파트 품질이 아니라 건설비 절감에 있다. 이를 위해 값싼 자재를 사용하거나 공사기간을 무리하게 단축할 경우 부실 아파트를 양산할 수도 있는 구조적 문제를 안고 있다. 아파트 분양가 규제는 주변 아파트가격 안정과 저소득층의 내집 마련 기회를 확대한다는 긍정적인 효과가 있음에도 불구하고 위에서 언급한 부정적인 효과들을 간과할 수는 없다. 정부는 아파트 분양가 규제에 따른 부정적인 효과를 완화하기 위해 매년 물가 상승률을 반영한 분양가를 새로 책정하고 있다. 여러분은 분양가 규제에 대해 찬성하는가, 혹은 반대하는가?

2. 최저가격제

최고가격제와는 반대로 최저가격제는 균형가격 이상에서 설정되며 소비자보다는 생산자를 보호하기 위해 시행하는 경향이 있다. 만약 시장에서 수요와 공급에 의해 결정된 균형가격에서는 생산자들에게 손실이 발생하므로 더 이상 생산이 불가능하다면, 정부가 시장에 개입하여 균형가격 이상으로 거래하도록 최저가격을 설정할 수도 있다. 예를 들면 쌀과 같은 농산물은 과잉생산으로 시장가격에서 거래할 경우 농민들에게 손실이 발생할 가능성이 크다. 그렇다고 우리의 주식인 쌀 생산량을 대폭 줄일 수도 없다. 기후변화와 전쟁 등으로 인해 식량의 자급자족은 국가안보 차원에서도 매우 중요하기 때문이다.

[그림 2-15]는 최저가격제의 효과를 나타낸다. 정부가 시장에 개입하지 않을 경우 쌀 1kg의 균형가격은 수요와 공급이 일치하는 균형점 *E*에서 7,000원이며 거래량은 500만 톤이다. 그러나 쌀 가격 7,000원은 농민에게 손실을 발생시킬 정도로 너무 낮은 가격이므로 농가를 보호하기 위해 정부가 최저가격으로 10,000원을 설정하였다. 쌀 시장에는 어떤 변화가 나타날까? 정부가 쌀 가격을 10,000원 이상에서 거래하도록 최저가격을

▶그림 2-15
최저가격제

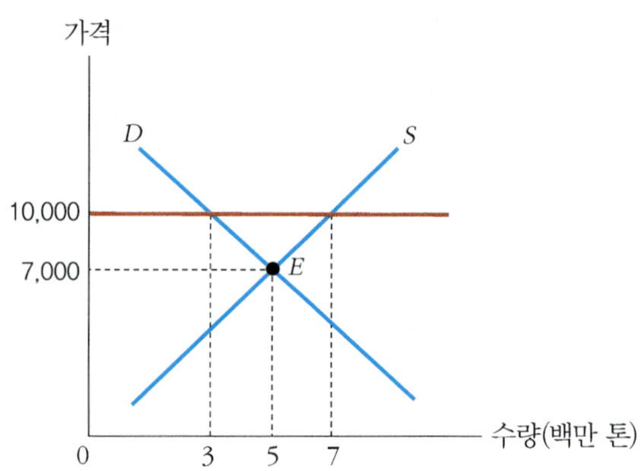

설정할 경우 쌀의 공급량은 500만 톤에서 700만 톤으로 증가하고 쌀에 대한 수요량은 500만 톤에서 300만 톤으로 감소한다. 그 결과 정부가 설정한 최저가격 10,000원에서는 400만 톤의 초과공급이 발생한다. 정부가 시장에 개입하지 않는다면 400만 톤만큼 재고가 쌓이기 때문에 농민들끼리 쌀 판매 경쟁을 벌인다. 이러한 판매 경쟁은 쌀 재고가 모두 소진될 때까지 지속하므로 쌀 가격은 균형가격 7,000원에 수렴한다. 그러나 정부가 최저가격제를 도입할 경우 쌀을 10,000원 이하로 판매하는 것은 불법이므로 400만 톤의 재고는 그대로 남게 되며, 결국 정부가 재정을 투입해 재고를 수매한다. 정부미 보관 창고는 바로 쌀 시장에서 남아도는 재고를 저장하는 장소이다.

CASE STUDY 사례연구 2-15 최저임금 인상에 대해 찬성하는가, 혹은 반대하는가?

최저가격제의 또 다른 사례로서 최저임금제를 들 수 있다. 우리나라 정부는 노동자들의 최저생계비를 보장하기 위해 기업이 법정금액 이상으로 임금을 지급하도록 규제하는 최저임금제(minimum wage system)를 실시하고 있다. [그림 2-16]에서 보듯이 최저임금제를 시행하기 이전에는 노동에 대한 수요와 공급이 일치하는 균형점 E에서 임금과 고용량은 각각 W_0와 N_0이다. 만약 정부가 최저임금을 W_1으로 인상한다면 보다 비싼 노동을 고용해야 하는 기업들은 노동고용량을 N_0에서 N_1으로 줄이려 하고 노동자는 노동공급량을 N_0에서 N_2로 늘리려고 하므로 노동시장에서는 N_1N_2만큼 초과공급이 나타난다. 결과적으로 노동시장에서는 최저임금 인상으로 N_1N_2만큼의 실업이 발생하거나, 아니면 노동시장에서 최저임금 이하로 불법적인 고용이 이루어지는 상황에 직면하게 된다.

정부가 최저임금제를 시행하더라도 숙련공들은 그 이상의 임금을 받고 있으므로 실시 전과 비교해 전혀 달라진 것이 없다. 그러나 미숙련공이 참여하는 노동시장에서는 최저임금이 균형임금을 상회하므로 실직 당하지 않은 노동자들은 소득이 증가하는 긍정적인 효과가 발생한다. 이윤 극대화를 추구하는 기업의 입장에서는 최저임금제 시행으로 부득이 노동자들 중의 일부를 해고시켜야 한다면 생산성이 낮은 미숙련 노동자들부터 우선 해고 대상이 될 것이다. 그 결과 최저임금제는 빈곤문제에 직면하고 있는 미숙련공들, 특히 고령자나 미성년자들 또는 여성 노동자들의 일할 기회를 박탈함으로써 오히려 이들의 소득을 감소시키는 부작용을 가져올 수도 있다. 따라서 정부는 최저임금 인상으로 예기치 않은 피해를 입을 수도 있는 노동 취약계층에 대해 별도의 대책을 수립할 필요가 있다.

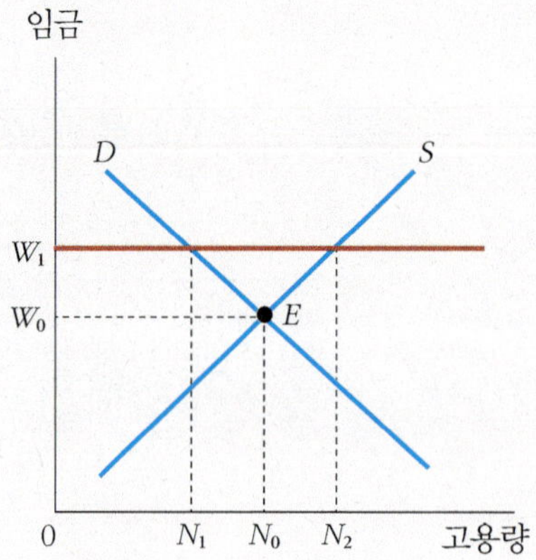

▲그림 2-16
최저임금제의 경제적 효과

C·H·A·P·T·E·R

03

소비자의 선택: 효용 극대화

제 1 절 총효용과 한계효용

1. 총효용

어떤 재화가 팔리고 있다는 것은 누군가 이 재화를 원하기 때문이며, 이 재화에 대한 수요가 존재한다는 것은 이 재화의 소비로부터 누군가 만족감을 얻고 있다는 것을 의미한다. 이처럼 소비자가 재화를 소비함으로써 얻는 만족감을 경제학에서는 효용(utility)이라고 정의한다. 만약 만족감의 정도를 수치로 나타낼 수 있다면, 총효용(total utility)이란 소비자가 일정 기간 동안 일정량의 재화를 소비함으로써 얻을 수 있는 만족감의 총량을 나타낸다고 볼 수 있다.

총효용은 재화의 소비량이 늘어날수록 증가한다. 여러분의 이해를 돕기 위해 운동이나 등산 이후 찾아오는 심한 갈증 상태에서 물에 대한 총효용이 어떻게 달라지는가를 예로 들어 설명하기로 하자. 심한 갈증 상태에서 물 한 모금보다는 두 모금을, 두 모금보다는 세 모금을 마실 때 갈증은 점차 해소되며 어느 단계에 이르면 "어휴, 이제 살 것 같다"라는 기분을 경험한 적이 있을 것이다. 이처럼 갈증이 완전히 해소되고 물의 필요성을 더 이상 느끼지 않을 때 물에 대한 총효용은 최대값을 갖는다.

2. 한계효용

총효용은 재화의 소비량이 늘어날수록 증가하지만 그 증가분은 감소한다. 다시 말해 총효용은 재화의 소비량이 늘어남에 따라 감소하는 비율로 증가한다. 따라서 재화의 소비량을 계속 증가시킨다고 해서 총효용 또한 무한정 증가하는 것은 아니며, 어느 단계에 이르러 총효용이 극대화되고 나면 재화의 소비량을 늘릴수록 총효용은 오히려 감소한다.

왜 이런 현상이 나타나는 것일까? 소비자는 자신이 원하는 재화를 가능한 한 많이 소비하기를 원한다. 그러나 소비자가 원하는 재화일지라도 소비량이 점차 늘어날수록 같은 재화를 추가로 소비하고자 하는 욕구는 점차 감소하기 때문이다. 여러분의 이해를 돕기 위해 소주를 예로 들어 설명하기로 하자. 주량이 소주 한 병(소주 여덟 잔)인 소비자가 소주 한 잔을 마실 때보다는 두 잔, 두 잔보다는 세 잔을 마실 때 총효용은 점차 증가한다. 이 소비자는 주량인 소주 여덟 잔까지 마실 때 기분이 가장 좋은 상태, 즉 소주에 대한 총효용이 극대화한 상태에 도달한다. 이 과정에서 소비자가 한 잔을 추가할 때마다 느끼는 만족감은 첫 번째 잔보다는 두 번째 잔이, 두 번째 잔보다는 세 번째 잔이 점점 더 작게 느껴지며 마지막 여덟 번째 잔을 마실 때 느끼는 추가적인 만족감은 0이다. 만약 소비자가 주량을 초과하여 어쩔 수 없이 아홉, 열, … 번째 잔을 마셔야 한다면 추가적인 만족감은 음(−)의 값을 갖게 되어 총효용은 오히려 감소하게 된다. 다시 말해 소비자가 어떤 재화의 소비량을 한 단위 추가할 때마다 총효용은 증가하지만 그 증가율은 감소한다는 것을 의미한다. 이때 어떤 재화를 한 단위 더 소비함으로써 추가적으로 얻는 만족감을 경제학에서는 한계효용(marginal utility)이라고 정의한다. 따라서 총효용은 한계효용을 전부 합한 값과 일치하며, 한계효용이 0일 때 최대값을 갖는다. 한계효용을 수식으로 나타내면 다음과 같이 소비량의 증가분에 대한 총효용의 증가분으로 정의할 수 있다.

$$\text{한계효용} = \frac{\text{총효용 증가분}}{\text{소비량 증가분}}$$

CHAPTER 03

예를 들어 사과의 소비량을 2개에서 3개로 늘렸더니 사과의 소비로부터 얻는 총효용이 10에서 13으로 증가했다면 이때 사과의 한계효용은 3[=(13−10)/(3−2)]이다.

어떤 재화를 추가로 소비하려는 욕구가 감소한다는 것은 그 재화의 추가적인 소비로부터 얻는 추가적인 만족감, 즉 한계효용이 감소하기 때문이다. 일반적으로 한계효용은 재화를 소비(또는 소유)하려는 욕망의 강도에 정비례하고 재화의 소비량(또는 존재량)에 반비례한다. 이처럼 재화의 소비량이 증가함에 따라 한계효용이 감소하는 원리를 경제학에서는 한계효용체감의 법칙(law of diminishing marginal utility)이라고 부른다. 물론 재화의 소비량이 감소하면 반대로 한계효용은 체증한다.

〈표 3−1〉은 갑이 1년 동안 구입한 어떤 재화의 소비량에 따라 갑의 총효용과 한계효용이 어떻게 변하는가를 나타낸다. 해당 재화를 첫 번째 소비할 때 총효용과 한계효용은 각각 12이다. 두 번째 소비할 때 총효용은 12에서 20으로 증가하므로 이 재화를 한 개 더 소비함으로써 추가로 얻는 만족감인 한계효용은 8(=20−12)이다. 이 재화를 여섯 번째 소비할 때 총효용(30)은 다섯 번째 소비할 때 총효용(30)과 동일하므로 여섯 번째 소

표 3−1 | 총효용과 한계효용의 관계

소비량	총효용	한계효용
0	0	0
1	12	12
2	20	8
3	25	5
4	28	3
5	30	2
6	30	0
7	28	−2

▼그림 3-1

총효용곡선과 한계효용곡선

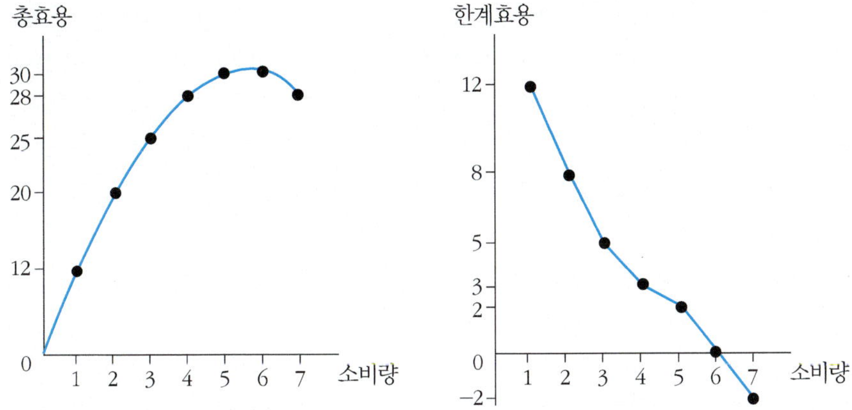

(a) 총효용곡선 **(b) 한계효용곡선**

비할 때 한계효용은 0(=30−30)이다. 한계효용이 0일 때 총효용의 최대값은 30이며 한계효용의 총합은 총효용과 일치하는(30=12+8+5+3+2+0)) 것을 알 수 있다.

[그림 3-1]은 〈표 3-1〉의 자료를 이용하여 도출한 총효용곡선과 한계효용곡선을 나타낸다. 총효용곡선이 x축을 향하여 오목한 형태를 보이는 것은 소비량을 늘릴수록 한계효용이 체감하는 것을 반영하기 때문이다. 다시 말해 소비량을 늘릴수록 총효용은 증가하지만 감소하는 비율로 증가하는 것을 나타내기 위해서는 총효용곡선은 [그림 3-1]과 같이 x축을 향하여 오목한 형태로 그려야 한다. 재화나 서비스의 소비량을 0단위부터 한 단위씩 늘릴수록 총효용은 증가하지만 감소하는 비율로 증가하다가, 즉 한계효용은 체감하다가 소비량이 6단위일 때 한계효용은 0이며 총효용은 최대값인 30의 값을 갖는다. 만약 소비자가 6단위를 초과하여 소비할 경우 한계효용은 마이너스 값을 갖기 시작하며 따라서 총효용도 감소하기 시작한다.

CASE STUDY 사례연구 3-1

올림픽 출전 선수가 메달을 딴 후 느끼는 행복감의 크기는 금-은-동 순서일까?

올림픽 출전 선수들이 메달을 딴 후 느끼는 행복감은 금메달, 은메달, 동메달 순서일 것 같지만 그렇지 않은 경우가 많다고 한다. 미국 코넬대학교 연구팀이 1992년 바르셀로나 올림픽 메달리스트들을 상대로 메달별 행복감을 조사한 결과 은메달리스트보다는 동메달리스트의 행복감이 더 컸다고 한다. 최고 행복감을 10점 만점으로 할 때 은메달리스트들이 느끼는 행복감은 4.8점에 그친 반면에 동메달리스트들이 느끼는 행복감은 7.1점으로 훨씬 더 높았다. 미국에서 발간하는 과학 잡지인 Scientific American에 따르면 2004년 아테네 올림픽 당시에도 유도 은메달리스트들 중 메달 색깔이 결정되었을 때 미소를 지은 사람은 단 한 명도 없었다고 한다. 거의 대부분은 경기 직후 슬픔과 아쉬움의 표정을 지었다고 한다.

왜 그럴까? 은메달리스트는 이미 은메달을 확보한 상태에서 1위를 놓고 겨루지만 동메달리스트는 확보한 메달이 없는 상태에서 3위를 놓고 겨루기 때문이다. 다시 말해 동메달리스트는 첫 동메달을 따지만 은메달리스트는 심리적으로는 두 번째 은메달을 따는 것과 다를 바 없다. 올림픽 수영 1,500m 경기에서 다른 종목에서 이미 3관왕을 차지한 선수가 추가로 금메달을 딴 것과 다른 선수가 첫 금메달을 딴 것 사이에 만족감(한계효용)은 누가 더 클까? 올림픽에서 처음으로 금메달을 딴 우리나라 선수는 1968년 멕시코 올림픽에서 레슬링 종목에 출전한 양종모 선수이다. 양종모 선수는 귀국 후 온 나라가 들썩거릴 정도로 대대적인 환영을 받았다. 근자에는 우리나라 선수들이 여러 종목에서 다수의 금메달을 획득하고 있지만 우리 선수가 첫 금메달을 땄던 때와는 비교할 수 없을 정도로 국민들의 감동도 식어 있다. 우리 선수가 양궁이나 태권도에서 금메달을 딴 것보다 수영이나 피겨스케이팅에서 금메달을 딸 때 국민들의 감동이 훨씬 더 큰 이유는 무엇 때문일까? 올림픽 메달에도 경제원리가 숨어 있는 것을 보면 경제학은 실생활에 반드시 필요한 학문임에 틀림없다.

CASE STUDY 사례연구 3-2 왜 연예인들은 끊임없는 변신을 추구할까?

우리나라 청소년들 사이에 부는 연예인 열풍은 시대가 바뀌어도 식을 줄 모르는 것 같다. 그러나 연예인이라는 직업만큼 현실과 이상의 괴리가 큰 직업도 찾기 힘들 것이다. 그만큼 연예인이 되는 길은 멀고 험난하다는 뜻이다. 그럼에도 불구하고 각종 방송국 오디션 프로그램이 난무하고 기획사 설립이 붐을 이루고 있다. 실력을 인정받아 기회가 주어진다고 해도 스타가 되려면 피나는 노력과 엄청난 행운이 따라야 한다. 스타가 되었다고 안주할 수 있는 것도 아니다. 치열한 경쟁에 내몰리면서 끊임없는 변화를 시도하지 않을 경우 스타로서의 위치를 유지하기 어렵기 때문이다. 팬들의 성원에 영원할 것만 같던 인기도 어느 한 순간 팬들의 뇌리에서 사라지고 마는 것이 엄연한 현실이다.

연예인의 활동은 생산자로서 서비스의 공급에 해당한다. 연예인이 공급하는 서비스 또한 한계효용체감의 법칙에서 자유로울 수 없다. 아무리 듣기 좋은 노래라 하더라도 한두 번이지 매번 듣는다면 곧 식상할 수밖에 없다. 국민배우라고 열광하던 은막의 스타들도 하나 둘 스크린에서 사라진지 오래다. 아무리 감동적인 연기라 하더라도 반복하면 이내 식상하는 것이 인간의 본성이다. 대중의 마음이 변덕스러운 탓도 있지만, 여기에는 일반 재화나 서비스처럼 연예인의 서비스에 대해서도 한계효용체감의 법칙이 적용되고 있기 때문이다. 연예인이 스타가 되어서도 끊임없는 변신을 도모해야 하는 이유가 바로 여기에 있다. 실제로 많은 가수들은 창법을 바꾸거나 노래 장르를 바꾸기도 한다. 많은 배우들은 기존의 연기 영역을 넓혀 팬들에게 굳어진 이미지를 탈피하려고 노력한다. 이도저도 안될 경우 연예인들이 가장 많이 활용하는 방법은 대중의 뇌리에서 잠시 사라지는 휴식기를 갖는 것이다. 흔히들 "재충전의 시간을 갖는다"라는 말은 그동안의 서비스에 대한 한계효용체감의 원리를 깨닫고 이를 극복하기 위해 대중에게 새로운 모습으로 나타나겠다는 자기변신의 선언이라고 할 수 있다.

CASE STUDY 사례연구 3-3

돈에 대해서도 한계효용체감의 법칙을 적용할 수 있을까?

호주의 공공정책 연구소인 '호주연구원'이 호주인을 대상으로 수입과 부, 생활에 대한 태도를 조산한 적이 있다. 조사 결과 예상과는 달리 가구당 연소득이 높을수록 자신이 부유하다고 인식하는 비율보다는 오히려 가난하다거나 그럭저럭 살아가고 있다고 인식하는 비율이 더 높았다고 한다. 생활에 대한 만족도 역시 비슷한 성향을 보임으로써 "사람들이 부유해질수록 자신들의 수입에 쉽게 만족하지 못한다"는 결론을 내렸다. 그 이유는 무엇 때문일까? 그것은 돈에 대해서도 한계효용체감의 법칙이 작용하기 때문이다. 돈에 대해서 한계효용이 체감한다는 것은 수중에 돈이 추가로 들어올 때 추가한 돈에 대해 느끼는 가치, 즉 한계효용은 점차 감소한다는 것을 의미한다. 돈에 대한 한계효용은 돈의 보유량에 반비례하므로 수중에 돈을 많이 갖고 있는 사람일수록(부유한 사람일수록) 돈에 대한 한계효용은 더욱 더 크게 감소하는 경향이 있다. 여러분 지갑에 50만원이 있을 때와 1만원이 있을 때 1,000원에 대해 느끼는 소중함은 동일할까? 소득 10만원이 추가로 발생할 때 대기업 회장과 신입직원이 느끼는 10만원에 대한 한계효용은 동일할까? 분명 돈에 대해서도 한계효용체감의 법칙이 작용한다는 것을 알 수 있다.

CASE STUDY 사례연구 3-4 왜 나이가 들수록 시간이 더 빨리 흐르는 것처럼 느낄까?

나이가 들수록 시간이 빨리 흘러가는 것처럼 느끼는 이유는 무엇 때문일까? 네덜란드 그로닝겐 대학 다우베 드라이스마 교수는 그의 저서 『나이 들수록 왜 시간은 빨리 흐르는가』에서 정신의학, 생물학, 철학 등 다양한 분야의 연구 성과를 바탕으로 그 이유를 밝히고 있다. 저자에 따르면 인간 몸속에는 삶의 리듬과 박자를 조율하는 수십 가지의 생리적 시계가 내장되어 있으나 나이가 들면 이 시계에 이상이 생긴다는 것이다.

나이가 들수록 시간이 빨리 흐르는 현상은 경제원리를 이용해서 설명할 수도 있다. 재화나 서비스와 마찬가지로 돈에 대한 한계효용이 체감하듯이 시간에 대한 한계효용도 체감한다. 하루 종일 뒹굴면서 할 일이 없는 백수가 느끼는 1시간의 소중함과 일에 쫓기는 직장인이 느끼는 1시간의 소중함은 누가 더 클까? 1시간에 대한 소중함, 즉 시간의 한계효용은 백수보다는 직장인에게 훨씬 더 크게 나타날 것이다. 하루 종일 할 일 없이 집에서 뒹구는 백수에게 시간은 지루하고 느리지만 일에 쫓기는 직장인에게 시간은 쏜살같이 빠르게 지나간 것처럼 느낄 것이다. 왜, 어린이들은 빨리 성인이 되기를 바라고 반대로 노인들은 “그때가 참 좋았어”라고 자조석인 말을 하면서 학창시절을 그리워할까? 왜 어른들은 젊은이들에게 황금 같은 시간을 낭비하지 말라고 충고할까? 젊은이와 노인 중 인생의 남은 시간은 누가 더 많은가? 시간에 대한 한계효용 또한 재화나 서비스처럼 소유욕에 정비례하고 보유량에 반비례하는 것이 틀림없다.

제2절 소비자의 선택기준

경제학에서 총효용과 한계효용을 구별하는 이유는 무엇 때문일까? 이에 대한 대답을 얻기 위해 여러분에게 다음과 같은 두 가지 질문을 던져 보기로 하자. 첫째, 여러분이 갖고 있는 돈 모두를 지출하여 쌀과 사과 중 어느 한 재화만 선택할 수 있다면 여러분은 어느 재화를 선택할 것인가? 이 질문은 전액 사과만 구입했을 때 얻는 총효용과 전액 쌀만 구입했을 때 얻는 총효용은 어느 것이 더 큰가를 묻는 질문이다. 물론 여러분 모두 쌀을 구입하겠노라고 대답할 것이다. 왜냐하면 쌀은 필수품으로서 쌀의 소비로부터 얻는 총효용이 사과의 소비로부터 얻는 총효용보다 훨씬 크게 나타날 것이기 때문이다. 둘째, 사과의 소비를 하나 줄이는 대신 쌀 1kg을 더 소비하는 것과 반대로 쌀의 소비를 1kg 줄이는 대신 사과를 하나 더 소비하는 것 중에서 여러분은 어느 방법을 선택할 것인가? 이 질문은 쌀을 한 단위 더 소비할 때 얻는 한계효용과 사과를 한 단위 더 소비할 때 얻는 한계효용은 어느 것이 더 큰가를 묻는 질문이다. 이에 대한 여러분의 대답은 각각의 기호에 따라 다르게 나타날 것이다. 어떤 사람은 사과를 하나 더 소비하려고 하고 어떤 사람은 사과 대신 쌀을 한 단위 더 소비하려고 할 것이다. 더욱이 이들의 선택은 현재 소비하고 있는 쌀이나 사과의 보유량이 풍족한가, 혹은 부족한가에 따라 영향을 받게 될 것이다.

이상의 두 가지 질문 중에서 여러분이 일상생활에서 직면하는 문제는 두 번째 질문과 연관되어 있다. 왜냐하면 일상생활에서 여러분은 수많은 재화들을 소비하고 있으며 제한된 소득으로 어느 재화를 얼마만큼 소비할 것인가와 같은 의사결정을 수시로 내려야 하기 때문이다. 따라서 한계효용이론은 소비자의 행동을 설명하는 데 있어서 매우 중요한 개념이다. 왜 소비자는 가격이 쌀수록 소비량을 늘리려고 할까? 소비자가 어떤 재화의 소비량을 늘릴수록 추가로 얻는 만족감, 즉 한계효용은 체감한다. 따라서 전과 동일한 가격을 지불하면서 이 재화를 추가로 구매하려는 소비자의 욕구 또한 감소할 수밖에 없다. 생산자 입장에서는 이 재화의 판매량을 늘리기 위해서는 소비자의 낮아진 구매 욕구를 부추길 필요가 있으며 이를 위해 가격인하를 단행한다고 볼 수 있다.

CASE STUDY 사례연구 3-5 재화나 서비스를 필요 이상으로 구매할 때 덤으로 더 받거나 가격을 할인받은 경험이 있는가?

어느 한 소비자가 효용을 극대화하기 위해 사과 한 개당 3,000원을 지불하고 3개의 사과를 구매하려고 한다. 4개의 사과를 구매하지 않는 이유는 사과 3,000원어치를 추가로 소비해서 얻는 한계효용이 다른 재화 3,000원어치의 소비를 줄임으로써 잃게 되는 한계효용보다 작아서 소비자의 총효용이 감소하기 때문이다. 따라서 이 소비자는 동일한 가격을 지불하고서는 더 이상 사과의 소비량을 늘리려고 하지 않을 것이다. 사과의 가격이 하락하여 다른 재화의 소비를 포기함으로써 발생하는 효용의 감소분을 줄이지 않는 한 소비자는 사과를 추가로 소비해야 할 이유가 없다. 실제로 가게에서 사과를 팔 때 1개에 3,000원을 받지만 10개에는 30,000원을 받는 대신 그보다 싼 값으로 파는 경우를 자주 보게 된다. 마찬가지로 소비자들도 "27,000원에 10개를 주시든지 아니면 그냥 3개만 주세요"하면서 흥정하는 것을 자주 목격했을 것이다. 이처럼 생산자가 보다 많은 재화를 팔려고 할 때 기꺼이 값을 깎아주려고 하고 소비자도 필요 이상으로 많은 양을 구매할 때는 값을 깎아줄 것을 전제로 하는데, 그 이유는 생산자나 소비자 모두 소비량을 증가시킬수록 한계효용이 체감한다는 것을 느끼고 있기 때문이다.

결론적으로 재화의 소비량이 증가할수록 한계효용이 체감한다는 것은 소비자가 동일한 재화를 추가로 구입하기 위해 기꺼이 지불할 의사가 있는 금액 또한 점차 감소한다는 것을 의미한다. 이러한 특성은 바로 소비자들이 수요의 법칙을 준수함으로써 수요곡선을 우하향하는 형태로 그려야 하는 이유를 설명해준다.

제 3 절 가치의 역설: 물보다 다이아몬드가 훨씬 비싼 이유

초창기의 경제학자들은 재화의 가치가 어떻게 결정되는가를 규명하려고 많은 노력을 기울였다. 애덤 스미스(Adam Smith)는 그의 저서 「국부론」에서 재화의 가치란 사용가치(use value)와 교환가치(exchange value) 두 종류로 분류하며 사용가치가 큰 재화는 교환가치도 크다고 정의했다. 여기서 사용가치란 재화의 사용으로부터 얻는 만족감, 즉 총효용의 크기를 나타내며 교환가치란 어떤 재화로 다른 재화를 구매할 수 있는 능력을 말한다.

일반적으로 쌀이나 고기, 농기구, 가구류 등과 같이 사용가치가 높은 재화들은 폐품이나 고장 난 농기구처럼 사용가치가 낮은 재화에 비해 교환가치가 높다. 그러나 이와 같은 정의에 하나의 모순을 발견할 수 있다. 그것은 물은 우리 인간에게 없어서는 안 될 소중한 재화로서 사용가치가 매우 크지만 교환가치는 거의 없고 반대로 다이아몬드는 사용가치가 거의 없음에도 불구하고 교환가치가 매우 높다는 사실이다. 이처럼 사용가치와 교환가치가 서로 일치하지 않는 모순을 애덤 스미스의 역설(Adam Smith's paradox) 혹은 가치의 역설(paradox of value)이라고 부른다.

그 후 애덤 스미스의 역설을 해명하려는 노력들이 계속되었는데, 그 중의 하나가 재화의 가치란 총효용이 아니라 한계효용의 크기에 의해 결정된다는 한계효용가치(value of marginal utility) 이론이다. 이 이론에 의하면 다이아몬드의 가격이 물의 가격보다 훨씬 비싼 이유는 다이아몬드의 한계효용이 물의 한계효용보다 훨씬 크기 때문이다. 왜 다이아몬드는 물에 비해 한계효용이 더 크게 나타날까? 그 이유는 물은 거의 무한대로

▶그림 3-2
물과 다이아몬드의 가격

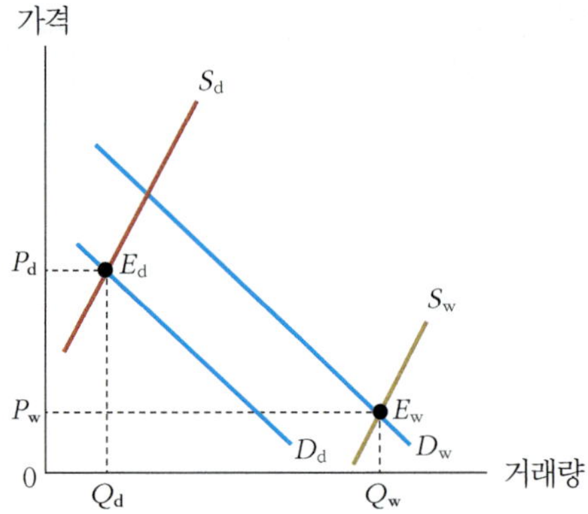

존재하지만 다이아몬드는 희소하기 때문이다. 앞에서 설명했듯이 한계효용이란 재화의 보유량에 반비례하기 때문에 보유량이 무한한 물의 한계효용은 거의 0에 가까우며, 따라서 물의 교환가치는 거의 존재하지 않는다. 반대로 다이아몬드는 그 보유량이 매우 희소하기 때문에 한계효용은 매우 크며, 따라서 교환가치도 매우 높게 나타난다. 만약 사막에서 다이아몬드는 널려 있는데 물은 거의 찾을 수 없다면 사막에서도 다이아몬드의 가격이 물의 가격보다 비쌀 수 있을까? 이와 유사한 사례로서 석유와 물의 관계를 들 수 있다. 만약 국제무역이 차단되어 있는 폐쇄경제라면, 석유 매장량은 풍부하지만 물이 귀한 사우디아라비아와 물은 풍부하지만 석유가 나지 않는 한국에서 물과 석유의 교환가치는 동일할까? 사우디아라비아에서는 물의 교환가치가, 반대로 한국에서는 석유의 교환가치가 훨씬 크게 나타날 것이다.

애덤 스미스의 역설은 [그림 3-2]를 이용하여 설명하면 보다 명확히 이해할 수 있다. 물은 다이아몬드에 비해 사용가치가 훨씬 크기 때문에 물에 대한 수요곡선 D_w는 다이아몬드에 대한 수요곡선 D_d보다 원점으로부터 훨씬 멀리 떨어져 있다. 마찬가지로 물의 보유량은 다이아이몬드의 보유량에 비해 훨씬 많기 때문에 물의 공급곡선 S_w 역시 다이아몬드의 공급곡선 S_d보다 원점으로부터 훨씬 멀리 떨어져 있다. 따라서 소비자들이 다이아몬드보다는 물을 훨씬 소중하게 여기고 있음에도 불구하고 물의 공급량이 훨씬 많기 때문에 물의 가격은 거의 0에 가까운 P_w의 값을 갖는다. 반면에 다이아몬드는 물에 비해 사용가치가 거의 없음에도 불구하고 공급량이 매우 적기 때문에 다이아몬드 가격은 물의 가격보다 훨씬 비싼 P_d의 값을 갖는다.

CASE STUDY 사례연구 3-6 한정판의 유혹에 넘어가시렵니까?

자신만의 만족을 위해 시간과 비용을 쓰는 일명 욜로(YOLO)족 등 가치소비를 중시하는 소비자들이 늘면서 화장품 업체들이 소장가치를 높이는 한정판 제품 출시에 나서고 있다. 화장품의 한정판 제품은 '완판 효자'로 불릴 만큼 소비자들 사이에 인기가 높다. 이러한 한정판 제품들은 비단 화장품에서만 출시되고 있는 것은 아니다. 한때 남성들의 자존심으로 여겼던 손목시계는 말할 것도 없고 성공한 비즈니스맨의 상징물이었던 만년필이나 볼펜 등 대부분의 유명 브랜드들은 소비자들의 심리를 파고들어 한정판 제품들을 출시한지 이미 오래다. 요즈음은 간단한 소장품뿐만 아니라 위스키, 의류, 스포츠용품, 가전제품, 승용차 등 업종을 가리지 않고 확산하는 분위기이다. 한정판 제품들은 희소성과 소비자들의 소장 욕구를 등에 업고 비싼 가격에 팔린다는 공통점이 있다.

'무소유'의 정신을 주창하신 법정스님이 타계하시면서 "그동안 출간한 저서들을 절판하라"는 유언이 세상에 알려지자 책 한 권의 가격이 100만원으로 폭등한 적이 있었다. 이처럼 책 가격이 단 기간에 폭등한 이유는 무엇 때문일까? 수백 년 전에 생산한 조선시대 백자보다 최근에 생산한 백자의 품질이 훨씬 더 뛰어남에도 불구하고 조선시대의 백자 가격이 비교할 수 없을 정도로 비싼 가격에 거래되는 이유는 무엇 때문일까? 그것은 바로 희소성에 기인한다. 다이아몬드처럼 사용가치가 거의 없음에도 불구하고 비싼 가격으로 거래되는 재화는 희소성의 특성을 지니고 있다. 비트코인과 같은 암호화폐도 이러한 범주에 속한다고 볼 수 있다. 반대로 물처럼 사용가치가 매우 높음에도 불구하고 무상 또는 저렴한 가격으로 거래되는 재화는 존재량이 풍부하다는 특성을 지니고 있다.

제4절 소비자잉여: 지불용의가격과 실제지불가격

어떤 소비자가 재화 10단위를 1만원에 구매했다면 재화 한 단위당 실제로 지불한 금액은 1천원이다. 만약 이 소비자가 재화를 한 단위씩 차례로 구매한다면 첫 번째부터 마지막 10번째 단위에 이르기까지 매 단위마다 1천 원씩 지불한 셈이 된다. 그리고 10단위를 초과해서 구매하지 않은 것은 11번째 단위를 구매하기 위해 1천원을 지불할 의사가 없다는 것을 의미한다. 다시 말해 재화의 가격이 1천원보다 싸지 않는 한 11단위 이상은 구매하지 않겠다는 것을 의미한다. 그 이유는 무엇 때문일까? 그것은 앞에서 설명했듯이 재화의 소비량이 늘어날수록 한계효용이 체감함으로써 재화를 추가로 구매할 욕구가 감소했기 때문이다.

재화의 소비량을 늘릴수록 한계효용이 체감한다는 것은 반대로 재화의 소비량을 줄일수록 한계효용이 체증한다는 것을 의미한다. 따라서 소비자가 재화 10번째 단위에 대해 기꺼이 지불하고자 하는 금액이 1천원이라면 9번째 단위에 대해서는 1천원보다 더 비싼 가격을 기꺼이 지불할 의사가 있음을 알 수 있다. 그러나 소비자가 실제로 지불한 금액은 1천원이며 기꺼이 지불하고자 하는 금액과 차이가 난다. 그리고 8번째, 7번째, …와 같이 재화의 구매량이 적을수록 한계효용이 크게 나타나기 때문에 재화 한 단위당 기꺼이 지불하고자 하는 금액과 실제 지불한 금액 사이의 차이는 점점 커진다. 이와 같이 소비자가 재화 10단위를 차례로 구매하는 동안 기꺼이 지불하고자 하는 금액과 실제로 지불한 금액 사이에 발생한 차이의 총합을 소비자잉여(consumer's surplus)라고 부른다.

▶그림 3-3
소비자잉여

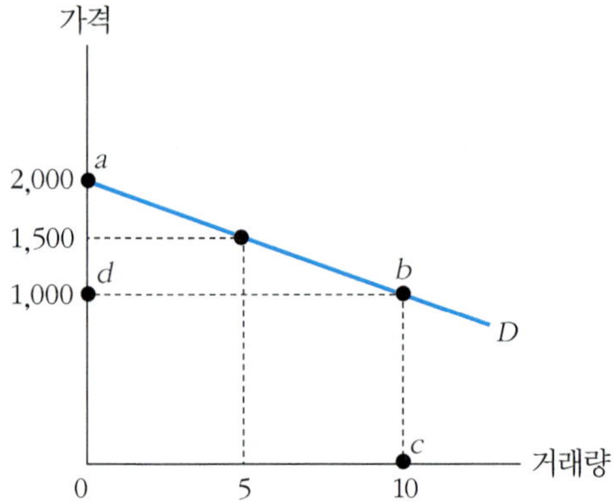

소비자잉여를 [그림 3-3]의 수요곡선을 이용하여 자세히 설명하기로 하자. 어떤 재화의 가격이 1,500원일 때 소비자가 기꺼이 구매하고자 하는 수요량은 5단위이며 가격이 1,000원일 때는 10단위이다. 다시 말해 현재 소비자가 재화 10단위를 한 단위당 1,000원씩 1만원에 구매하고 있지만, 어떤 이유로 인해 만약 5단위밖에 구매할 수 없다면 이 소비자는 재화 한 단위당 1,500원을 기꺼이 지불할 의사가 있다. 소비자가 기꺼이 지불하고자 하는 금액은 재화의 구매량이 0단위일 때의 2,000원에서부터 10단위일 때인 1,000원에 이르기까지 점차 감소하는데, 그 이유는 재화를 추가로 구매할수록 한계효용이 체감하기 때문이다.

소비자가 이 재화를 0단위부터 10단위까지 차례로 구매한다고 가정하면 기꺼이 지불하고자 하는 금액의 총합은 사다리꼴 면적인 *oabc*(=15,000원)로 나타난다. 그러나 재화 10단위를 구매하면서 소비자가 실제로 지불한 금액은 사각형 면적인 *odbc*(=10,000원)에 불과하다. 따라서 소비자는 삼각형 면적인 *abd*(=5,000원)만큼의 순이익을 얻는데, 이를 소비자잉여라고 부른다. 만약 이 재화의 가격이 1,500원이라면 이때 발생하는 소비자잉여는 1,250[=(1/2)×5×500]원이며, 2,000원일 때는 구매량이 전혀 없기 때문에 소비자잉여는 발생하지 않는다. 그러므로 소비자잉여는 재화의 가격이 하락할수록 더욱 더 크게 나타난다는 것을 알 수 있다.

실제로 여러분은 어떤 물건을 구매하고 나서 "야, 정말 싸다"라고 느낀 적이 있을 것이다. 이것은 여러분이 기꺼이 지불하려고 예상했던 금액보다 실제로 지불한 금액이 훨씬 작다는 것을 의미하며 그 차액만큼 소비자잉여를 얻고 있다고 볼 수 있다. 만약 정부가 재화의 거래에 대해 세금을 부과한다면 재화의 가격이 상승하고 구매량은 감소하므로 소비자잉여는 감소한다.

CASE STUDY 사례연구 3-7 소비자잉여를 빼앗아가는 상술

필자가 학생들을 인솔하여 중국을 여행한 적이 있었다. 그 당시 만리장성 주변에서 중국 상인들의 독특한 흥정 방식을 목격했다. 어떤 재화의 거래가 이루어질 때 판매자가 원하는 가격을 먼저 제시한 후 구매자가 지불할 의향이 있는 가격을 제시하면서 흥정이 이루어지는 것이 일반적이다. 그러나 그 당시 중국 상인들은 상품 가격을 터무니없이 비싸게 매겨 놓고 역으로 얼마를 지불할 의향이 있는지를 우리에게 물었다. 이것은 상대방의 주머니 사정이나 해당 재화에 대한 선호도를 먼저 파악한 후 실제 판매가격을 결정하겠다는 뜻을 내포하고 있다. 그 당시 같은 시간대에 같은 상점에서 동일한 상품을 구매했음에도 불구하고 학생들마다 제각기 다른 가격을 지불한 것을 나중에 확인할 수 있었다. 이러한 상술은 우리나라 전통시장에서도 가끔 목격할 수 있다. 가격표가 붙어 있는 상품에 대해서도 소비자가 "너무 비싼 것 같아요, 좀 깎아주세요"라고 하면 상인들이 "얼마나 깎아주기를 원하시는데요?"라고 역으로 묻는 말이 귀에 익숙할 것이다. 여기에는 상인들의 놀라운 상술이 숨어 있다. 소비자의 지불용의가격을 미리 파악한 후 비슷한 수준의 가격을 제시함으로써 가능한 한 소비자잉여는 줄이는 대신 판매자의 이익은 늘리려는 수법인 것이다.

CASE STUDY 사례연구 3-8

항공사 간 합병은 누구에게 이득일까?

코로나 바이러스가 전 세계에 걸쳐 확산하자 여행 수요가 급감하면서 항공업계의 도산이 속출했다. 우리나라도 예외는 아니었으며 문을 닫는 저가항공사들이 늘어났다. 우리나라에는 두 개의 대형항공사, 즉 대한항공과 아시아나항공이 있다. 코로나 바이러스 팬데믹 이전에도 재무적 어려움을 겪고 있었던 아시아나항공은 결국 도산했으며, 경쟁업체인 대한항공이 아시아나항공을 인수했다. 두 항공사의 합병으로 소비자들은 얻은 것보다 잃은 것이 더 많다. 그동안 노선이 겹치는 구간에서 대한항공과 아시아나항공이 승객 유치를 위해 치열한 경쟁을 벌이면서 항공요금 인하 또는 상승 억제 요인으로 작용했었다. 그러나 생산성 또는 효율성을 이유로 대한항공은 두 항공사 간에 겹치는 노선에 대해 어느 한 항공사의 노선을 아예 폐지하거나 운항 횟수를 크게 줄일 것이 뻔하다. 치열하게 경쟁하던 두 항공사의 합병으로 잉여 공급이 줄어들면 가격은 자연스럽게 상승할 것이다. 두 항공사 간 합병에 따른 가격 상승효과는 때마침 불어 닥친 인플레이션과 우크라이나 전쟁으로 유가가 폭등하면서 우리들의 관심에서 멀어진지 오래다. 우연의 일치인지는 모르나 비행기 탑승권 가격은 두 항공사 간 합병 이전에 비해 두 배 이상 폭등한 것이 사실이다. 탑승권 가격의 상승은 소비자들의 여행횟수를 줄임에 따라 그만큼 소비자잉여는 감소할 수밖에 없다.

C·H·A·P·T·E·R

04

기업의 선택: 이윤 극대화

제1절 기업가 정신

기업(enterprise)이란 생산요소를 고용하고 생산한 재화와 서비스를 시장에 내다 팔며 주식을 발행하는 조직체를 말한다. 자본주의경제에서 기업이 차지하는 위상은 매우 높으며 한 나라의 경제를 좌우하는 중요한 역할을 떠맡고 있다. 오늘날 기업은 외형상으로는 사기업(私企業)에 속하지만 그 중요성을 감안할 때 사실상 국민의 기업이라고 말할 수 있다. 따라서 기업가는 사회에 대한 윤리와 책임의식을 가져야 하며, 사회는 국민적인 지원을 바탕으로 기업을 건전하게 육성시켜 나가야 할 필요가 있다.

기업가(enterpriser)는 근면 성실해야 하며 스스로 절제할 줄 아는 생활이 몸에 배어야 한다. 특히 우리나라의 경우 과거 많은 기업들이 특혜금융이나 문어발식 확장 등과 같은 정경유착을 통해 성장한 것으로 국민들이 인식하고 있는 마당에, 사회에 대한 윤리적 책무를 다 하지 못한다면 국민들로부터 원성의 대상이 되고 말 것이다. 무절제한 생활로 위화감을 불러일으키거나, 생산 활동에 주력하기보다는 재산증식에 몰두하거나, 게임의 룰을 무시하는 불공정거래행위 등을 계속한다면 기업가에 대한 사회적 반발과 마찰은 계속될 것이다. 따라서 건전한 자본주의경제를 육성하기 위해서는 기업가의 지나친 탐욕을 규제할 법적·제도적 장치가 필요하다. 실제로 우리나라를 포함한 대부분의 선진국에서는 독점금지법이나 공정거래법과 같은 여러 제도들을 시행하고 있다. 또 한편으로는 사회적 여망과 압력을 모아 기업인들로 하여금 경제 기사도정신을 발휘하도록 유도할 필요가 있다.

자본주의경제에서 기업을 지나치게 규제할 경우 기업가들이 투자의 욕을 상실하므로 경제성장의 저해요인이 된다는 것을 국민들도 깨달아야 한다. 기업가들의 창의정신과 노력, 그리고 근면함과 탐욕스러움이 한데 어우러져 자본주의경제의 효율성을 높일 때 경제성장을 주도한다는 사실을 결코 간과해서는 안 될 것이다. 그러므로 사회는 기업의 활동에 대해 공평한 게임 룰을 정한 후 지나치게 부도덕한 행위를 하는 기업에 대해서는 일벌백계로 다스리되, 지나친 간섭과 규제는 배제해야 할 것이다.

최근 ESG 경영이 중요한 화두로 떠오르고 있다. ESG(Environment Social Governance)는 친환경, 사회적 책임, 지배구조의 앞 글자들을 따서 만든 용어이다. 이것은 기업이 친환경, 사회적 책임, 지배구조 개편 등을 중심으로 투명 경영을 펼칠 때 지속 가능한 발전을 이룰 수 있다는 경영철학을 담고 있다. 기업의 성과를 평가할 때, 과거에는 결과물인 이익의 크기가 중심이었다면 최근에는 이익을 창출하는 과정에 대해서도 중시하려는 경향이 나타나고 있다. 다시 말해 기업이 이익을 창출하는 과정에서 투명한 방법으로 사회 구성원들과 공존할 수 있는 책임을 감당하라는 것이다. 금융기관들이 "ESG 경영을 도입하지 않는 기업에 대해서는 앞으로 투자를 하지 않겠다"라는 발표로 주가에 큰 영향을 미치면서 ESG 경영은 중요한 트렌드로 자리 잡고 있다.

CASE STUDY 사례연구 4-1

이 시대가 요구하는 기업가 정신은 무엇일까?

1980년대 일본 기업들이 세계시장을 주도하면서 암흑기를 지냈던 미국 경제가 1990년대 이후 오늘에 이르기까지 승승장구하는 이유는 무엇 때문일까? 미국이 갖는 세계 제1의 군사력과 기축통화로서의 달러의 위력을 맨 먼저 손꼽을 수 있을 것이다. 그러나 이것만으로 미국 경제의 탄탄한 저력을 설명하기에는 한참 부족하다. 천연자원, 전 세계에서 몰려오는 인재, 대학의 연구 기반, 첨단 기술 등과 같은 여러 요인들이 결합해서 오늘날 미국 경제의 힘을 보여주고 있다. 그러나 그 중에서도 빼놓을 수 없는 한 가지는 미국 경제를 이끄는 엔진이라고 할 수 있는 기업가 정신이다. 미국 기업가들은 미국인들의 근간에 흐르는 청교도정신을 바탕으로 정당하게 부를 축적하고 그 과실을 사회와 나누려 한다. 사회는 이들의 성공을 인정하고 존경한다.

미국에서 부자는 존경의 대상이지 멸시나 비난의 대상은 아니다. 미국에서는 재산 형성 과정이 투명하기 때문이다. 탈세를 저지르며 축적한 부를 2세들에게 변칙적으로 상속하는 기업인들을 찾기 힘들다. 우리나라에서도 기업가에 대한 평가가 과거의 부정적인 시각에서 조금씩 벗어나고 있는 것은 다행스러운 일이다. 언론도 일방적으로 기업가에 대한 부정적인 면을 부각시키는 데서 벗어나 긍정적인 면을 다루는 데 조금씩 문을 열고 있는 것처럼 보인다. 이제는 우리나라 기업가들도 공정하게 평가를 받을 때가 되었다는 것을 시사한다. “미국 부자, 한국 졸부”라는 말이 무색할 정도로 우리 기업가들도 글로벌 스탠더드에 걸맞게 투명 경영은 물론 이윤을 사회에 환원할 줄 아는 정도 경영의 길을 가야 할 것이다.

제2절 기업의 재원 조달 방식

기업의 재원 조달 방식은 기업의 유형에 따라 다르다. 기업은 크게 개인회사, 합명회사, 주식회사 세 가지 유형으로 분류할 수 있다. 개인회사(proprietorship)란 어느 한 사람이 소유하는 기업으로서 수많은 소규모 기업들이 이에 속한다. 여러분 주변 사람들로부터 회사를 경영하고 있다는 말을 자주 듣는다면 그들 회사의 대부분은 개인회사에 속한다. 개인회사의 사주(社主)는 자신이 필요로 하는 자금을 직접 조달하며 이익과 손실이 모두 자신에게 귀속한다. 또한 회사운영으로부터 발생하는 부채(debts)에 대해 자기의 자산 전부를 처분해서라도 무한책임을 져야 한다. 합명회사(partnership)란 두 사람 이상이 하나의 기업을 소유하는 형태로서, 동업자들은 일정 지분(equity)을 갖고 있으며 출자지분에 따라 이윤을 배당받고 손실을 부담한다.

주식회사(corporation)란 소유와 경영이 분리되어 있으며, 회사가 발행한 주식을 소유하고 있는 주주(shareholder)들로 구성한 회사를 말한다. 주식(stock)이란 주식회사의 소유권을 확인하는 증서로서 현금과 교환이 가능하며 보통 한 주당 한 표의 투표권을 행사할 수 있다. 주식회사가 투자 재원을 조달하는 방법은 여러 가지가 있으나 그 중에서도 주식과 회사채의 발행이 가장 일반적인 방식이다.

주식은 특성에 따라 보통주와 우선주로 분류한다. 보통주(common stock)란 주식회사의 소유권을 확인하는 증서로서 보통주를 소유하고 있는 사람들이 주식회사의 주주가 된다. 이들은 보유 주식 수에 비례해서 이익금을 배당받는다. 우선주(preferred stock)란 주식회사의 소유권을 확인하는 특별한 형태의 증서로서 주식에 명기된 금액 이상으로 배당받을 수 없다. 우선주의 소유자를 보호하기 위해 이들에게 이익금의 배당을 먼저 지급한다. 다시 말해 이익금의 배당은 우선주의 소유자에게 명기된 금액을 완전히 지급하고 난 후 비로소 보통주의 소유자에게 지급한다. 따라서 우선주는 보통주보다 위험성이 더 작다고 볼 수 있다. 그러나 주식회사의 이윤이 아무리 크더라도 우선주는 주식에 명기된 금액만을 배당받기 때문에 보통주보다 수익성이 떨어진다는 것을 알 수 있다.

회사채(bond)란 채권의 만기가 도래할 때 원금과 함께 약속한 이자를 지불하겠다는 일종의 지급보증서이다. 회사채는 주식과 판이하게 다르며 기업의 부채에 해당한다. 회사채의 소유자는 회사의 주주가 아니며 채권자로서 이자를 지급받을 뿐 배당을 받지는 못한다. 그러므로 투자자의 입장에서 볼 때 보통주보다는 우선주가, 우선주보다는 회사채가 덜 위험한 투자 수단이라는 것을 알 수 있다.

CASE STUDY 사례연구 4-2 왜 우리 기업들은 미국 기업들의 자금 조달 시스템을 부러워하는가?

미국 기업들의 자금 조달은 주로 직접금융시장인 주식시장과 채권시장을 통해 이루어진다. 기업의 이윤이 증가하면 투자자는 보유 주식 수에 따라 높은 배당금을 받는다. 투자자들은 더 높은 배당수익을 기대하면서 배당금을 주식에 재투자하는 선순환 방식이 이루어지고 있다. 채권은 주식에 비해 투자수익률이 상대적으로 낮은 편이지만 위험성도 그만큼 낮다. 이러한 특성을 반영하여 경기침체기에는 투자자금이 주식시장에서 채권시장으로, 경기호황기에는 채권시장에서 주식시장으로 이동하는 경향이 있다. 기업들이 경기변동과 상관없이 안정적으로 자금을 조달할 수 있다는 점에서 미국의 주식시장과 채권시장은 상호 보완기능을 잘 유지하고 있다고 볼 수 있다.

미국은 주식과 채권을 거래하는 증권시장뿐만 아니라 벤처캐피털시장이 자금조달시장의 중요한 축을 이루고 있다. 특히 벤처캐피털시장은 신생기업들에게는 자금의 중요한 공급원이자 투자자들에게는 고수익을 기대할 수 있는 새로운 투자의 장이다. 벤처기업에 투자하는 것은 고수익을 기대하는 만큼 위험도 크다. "세상에 공짜 점심은 없다"라는 말처럼 "고위험 고수익, 저위험 저수익"이 철저히 적용되는 곳이 바로 벤처캐피털시장이다. 신생기업들은 특별한 아이디어만 있으면 벤처캐피털시장에서 용이하게 투자자금을 유치할 수 있다. 아이디어가 시장성이 있는 것으로 평가받을 때 신생기업은 첨단 벤처기업들의 요람이라고 할 수 있는 나스닥시장에 상장하며, 투자자들은 고수익을 보장받는다. 결론적으로 미국 기업들은 유아기에는 벤처캐피털로 인큐베이터에서, 소년기에는 나스닥에서, 장년기에는 뉴욕증권거래소에서 체급에 맞는 자금을 용이하게 조달할 수 있는 시스템이 잘 갖춰져 있다.

우리나라 기업들의 자금 조달 창구는 주로 간접금융시장인 은행 대출을 통해 이루어진다. 기업이 주식 발행을 통해 자금을 직접 조달하는 방식은 자본금을 증가시킬 뿐 기업의 부채를 증가시키지는 않는다. 따라서 기한 내 상환 부담이 없으며 이자비용도 발생하지 않는다. 반면에 은행 대출은 기한 내 상환 압박을 받으며 이자비용도 발생한다. 특히 유아기의 많은 벤처기업들이 투자처를 찾지 못해 날개조차 펴지 못하고 중도하차하는 경우가 많다. 우리 기업들이 미국 기업들의 자금 조달 시스템을 부러워할 수밖에 없는 이유가 바로 여기에 있다.

제3절 기업의 이윤 극대화 전략

1. 이윤이란?

기업이 창출하는 이윤(profit)은 총수입에서 총비용을 뺀 값과 일치한다. 총수입(total revenue)은 기업이 생산하는 재화의 가격에 총생산량(총판매량)을 곱한 값과 일치하며, 총비용(total cost)은 재화를 생산하기 위해 투입한 생산요소들로부터 발생하는 비용을 말한다.

이윤 = 총수입 − 총비용 = 가격 × 총생산량 − 총비용

기업이 이윤을 늘리는 방법으로서 총수입을 늘리거나 혹은 총비용을 줄이는 방법을 선택할 수 있다. 기업이 총수입을 늘리기 위해서는 가격을 올릴 수도 있고 총생산량(총판매량)을 늘릴 수도 있다. 그러나 다수의 기업들이 참여하고 있는 경쟁적인 시장에서 어느 한 기업만 가격을 올릴 경우 총생산량이 급격히 감소할 수 있으므로 기업들이 총수입을 늘리기 위해 마음 놓고 가격을 올리는 것이 그리 쉬운 일은 아니다. 여러분은 앞에서 수요의 가격탄력성에 대해 공부한 바 있다. 만약 수요의 가격탄력성이 탄력적인 재화라면 재화의 가격 상승률보다 판매량(생산량) 감소율이 더 크기 때문에 가격 인상으로 총수입이 오히려 감소할 수 있다. 기업이 총수입을 확실히 늘리기 위해서는 총생산량을 늘려야 하며, 이를 위해 대부분의 기업들은 마케팅 부서를 운영하고, 광고를 내보내며, 소비자들의 마음을 사로잡기 위해 끊임없이 노력한다. 그러나 기업이 총생산량(총판매량)을 늘린다고 해서 반드시 이윤이 증가하는 것은 아니다. 왜냐하면 총생산량을 늘릴수록 총비용도 따라서 증가하기 때문이다. 따라서 기업이

이윤을 극대화할 수 있는 생산량을 찾아내기 위해서는 생산과 비용에 대해 먼저 공부해야 한다.

2. 이윤의 기능

일반적으로 경제학자들은 기업이 추구하는 바는 이윤을 극대화하는 데 있다고 가정한다. 물론 대부분의 기업들은 많은 돈을 벌기 위해 수단과 방법을 가리지 않는다. 그러나 기업들의 목표가 단지 이윤추구에만 있다고 단정 지을 수만은 없다. 어떤 기업은 지역사회의 발전에 기여하는 것이 기업 설립의 목표라고 주장하기도 하고, 또 어떤 기업은 문화사업의 선도적 역할을 담당하고 있다고 반론을 제기하기도 한다. 기업의 이러한 주장을 받아들인다면 기업이 적어도 단기적으로 이윤추구에만 관심이 있는 것은 아니라는 것이 명백해진다. 그럼에도 불구하고 경제학에서 기업의 행동 목표는 이윤 극대화에 있다고 가정하는 이유는 이러한 가정을 바탕으로 만들어진 경제모형이 기업의 행동원리를 분석하는 데 매우 유용하게 이용될 수 있기 때문이다.

기업에 투자하는 자본가들은 보통 은행 금리보다 높은 이윤을 발생시킨다. 그 이유는 첫째, 자본가가 투자한 기업이 독점력을 형성할 경우 시장의 지배가 가능하기 때문에 높은 이윤이 발생한다. 둘째, 위험 부담의 대가로서 높은 이윤이 발생한다. 예를 들어 석유탐사 작업은 성공보다는 실패할 확률이 훨씬 높다. 그러나 운 좋게 커다란 시행착오를 거치지 않고도 석유탐사에 성공했다면 위험 부담으로부터 발생하는 이윤은 매우 크게 나타날 것이다. 셋째, 기술혁신의 대가로서 높은 이윤이 발생한다. 소비자들이 원하는 신상품을 개발하거나 생산비를 절감할 수 있는 새로운 생산기술을 도입한 기업은 그 대가로 커다란 이윤을 보장받는다.

많은 사람들이 이윤에 대해 부정적인 시각을 갖고 있는 것이 사실이다. 심지어는 이윤이란 부도덕한 방법으로 욕심을 채우려는 데서 비롯한다고 몰아붙이려는 경향도 있다. 그러나 이러한 생각은 근본적으로 이윤의 존재가치를 부정하려는 극단적인 논리이거나 이윤의 존재가치에 대한 정확한 인식이 부족한 데서 비롯한 것으로 볼 수 있다.

자본주의 시장경제에서 이윤은 다음과 같은 세 가지의 중요한 역할을 담당한다. 첫째, 이윤과 손실은 자원이 어느 곳에 더 필요하고 어느 곳에 지나치게 많이 투입되어 있는가를 알려주는 신호로 작용한다. 어떤 산업에서 경제적 이윤이 발생하고 있다는 것은 자원이 이 산업으로 보다 많이 투입되어야 한다는 것을 의미하며, 반대로 경제적 손실이 발생하고 있다는 것은 자원이 과도하게 투입되고 있다는 것을 나타낸다고 볼 수 있다.

둘째, 이윤은 기술혁신의 동기를 제공하며 위험 부담을 촉진함으로써 미래의 산업발전에 크게 기여한다. 이윤은 투자자들로 하여금 위험 부담을 감수하면서 사회에 유익한 신상품을 개발하거나 새로운 생산기술을 개발하도록 하는 촉매제와 같은 역할을 한다. 그러나 투자가 잘못 이루어질 경우 사회는 투자자에게 손실이라는 무거운 벌칙을 부여한다.

셋째, 이윤은 생산에 있어서 효율성을 제고시키는 역할을 한다. 비효율적인 생산방식을 이용하거나 최적 생산량을 산출하지 못하는 기업은 손실을 입어 도태하지만, 효율적인 생산방식과 적절한 생산량을 유지하는 기업은 이윤이라는 대가를 받는다. 더욱이 이윤은 기업가로 하여금 새로운 사업들을 착수할 수 있도록 지원하며 이윤을 기대하는 기업가들의 투자 의욕을 부추기는 역할을 한다.

이와 같이 자본주의 시장경제에서 이윤의 경제적 역할은 매우 중요하며 그 중요성을 의도적으로 과소평가해서는 안 된다. 그러나 모든 이윤을 사회적으로 정당화할 수 있다는 것은 아니다. 시장경제를 제한함으로써 발생하는 독점이윤이라든가, 부동산투기처럼 사회적 관점에서 볼 때 비도덕적인 방법으로 창출하는 이윤, 혹은 부정한 방법으로 정보를 획득한 이윤은 어떠한 이유로도 정당화할 수 없다.

CASE STUDY 사례연구 4-3 기업의 이윤 창출과 기업가의 경제 기사도정신은 양립할 수 없는가?

흔히들 기업경영의 목적은 이윤 추구와 주주의 이익을 극대화하는 데 있다고 정의한다. 그러나 전국경제인연합 등 여러 기관에서 실시한 우리 국민들의 '시장경제 인식도 조사'에 따르면 "기업이 얻은 이윤은 사회에 환원해야 한다"는 인식이 아직은 강하게 자리 잡고 있는 것처럼 보인다. 이러한 의식이 바탕에 깔려 있기에 우리 국민들은 연말이면 어떤 기업이 얼마나 많은 기부금을 냈는가에 관심을 갖는다. 가뭄, 홍수, 태풍 등과 같은 자연재해가 발생할 때마다 대기업을 비롯한 많은 기업들의 기부 행렬이 줄을 잇는다.

기업은 이윤 창출이 가능할 때 도전과 혁신을 주도하며 생산과 고용, 그리고 납세를 담당하는 자본주의경제의 주역으로 우뚝 설 수 있다. '준조세' 형태로 사회에 많은 기부금을 내왔으나 결국은 도산한 기업에 대해 이 사회를 위해 헌신하다 파산한 기업이라고 감사의 박수를 보낼 수 있을까? 아니면 사회에 기부금은 내지 않았어도 성실경영으로 많은 이윤을 창출하고 법에 따라 성실납세를 실천하며, 많은 고용을 창출하는 기업에 대해 탐욕스러운 기업이라고 비난할 수 있을까? 현재 우리나라에서 가장 큰 이윤을 내는 기업은 삼성전자이다. 여러분은 삼성전자와 부실덩어리인 공기업 중 어느 것이 국민기업에 가깝다고 생각하는가? 1997년 외환위기 전후 한보, 대우자동차 등과 같은 수많은 대기업들이 부실경영으로 파산지경에 몰렸다. 그 당시 "외국기업에 국민기업을 헐값으로 넘기느니 우리 손으로 국민기업을 살리자"라는 여론이 확산한 적이 있었다. 여러분은 부실덩어리인 대기업이 국민기업이라고 생각하는가? 흔히들 주식시장은 경제의 거울이라고 한다. 주식시장에서 가격이 오르는 우량주는 매출액은 증가하지만 지속적인 손실이 발생한 기업인가, 아니면 순이익이 지속적으로 증가한 기업인가? 기업경영의 제1의 목적은 이윤 창출이라는 데 이론의 여지가 없을 것이다.

그렇다고 이윤 창출만이 기업경영의 목적이라는 것을 강조하는 것은 아니다. 요즈음 기업경영의 목적은 지속가능성을 추구하는 것이 대세이다. 스위스 다보스포럼에서는 해마다 '지속가능한 세계 100대 기업' 명단을 발표한다. 세계 100대 기업들 중 절반 정도는 100년 이상 존속한 기업들이라고 한다. 지속가능성을 추구하는 기업이 성공하며 장수한다는 결론이다. 지속가능성을 추구하는 기업이 반드시 '착한 기업'이라는 등식이 성립하는 것은 아니다. 기업이 사회사업에 관심을 갖고 사회에 공헌할 수 있는 사업을 대규모로 시행한 결과 기업이 심각한 적자상태에 빠졌다면 이 기업은 지속가능한 기업으로 성장할 수 있을까? 자본주의경제에서 착한 기업이 많을수록 건강한 사회를 이룰 수 있다는 데 반론을 제기할 사람은 없을 것이다. 그렇다면 착한 기업일수록 더 많은 이윤을 창출할 수 있도록 유인할 줄 아는 것은 소비자의 몫이라는 것을 명심할 필요가 있다.

3. 총생산

기업은 재화를 생산하기 위해 어떠한 생산방식을 이용할까? 노조 활동의 강화로 임금이 상승했으니 노동의 투입량을 줄이는 대신 비싼 기계를 보다 많이 도입해야 할 것인가, 생산량을 확대하기 위해서는 현재와 같은 생산방식을 계속 유지할 것인가, 아니면 새로운 방식을 모색하는 것이 바람직할 것인가? 이러한 문제들에 대해 어떤 기업이 합리적인 의사결정을 내렸다면, 이 기업은 생산요소의 최적 투입량을 선택함으로써 이윤을 극대화시키고 있다고 말할 수 있다.

생산요소(factor of production)란 기업이 생산 과정에서 사용하는 것으로서 모든 생산요소는 고정요소와 가변요소 두 종류로 구분한다. 고정요소(fixed factor)란 단기간에 투입량이 변할 수 없는 것으로서 건물이나 기계와 같은 생산설비 등이 이에 속한다. 경제학에서는 건물이나 기계와 같은 생산설비들을 자본(capital)이라고 부른다. 반면에 가변요소(variable factor)란 단기간에도 투입량이 변할 수 있는 생산요소로서 노동, 원료, 연료 등을 들 수 있다.

생산요소의 투입량을 조절하는 방법은 단기와 장기에 따라 다르다. 단기간 동안에는 기업이 건물이나 생산설비 등과 같은 시설규모를 변경시킬 수는 없지만 노동이나 원료 등의 투입량을 조절하여 생산량을 변화시킬 수 있다. 반면에 장기간에 걸쳐서는 생산설비를 포함한 기업이 사용하는 모든 생산요소들의 투입량을 조절하여 생산량을 변화시킬 수 있다. 예를 들면 현대자동차가 생산량을 늘리기 위해 노동자들의 시간외 근무 시간(잔업)을 늘리는 방식으로 노동 투입량을 늘리거나 노동자를 추가로 고용할 수도 있다. 노동 투입량의 조정은 하룻밤 사이에도 가능하기 때문에 단기적인 조정에 해당한다. 그러나 생산설비를 늘리거나 공장 부지를 새로 매입하여 건물을 짓는 것은 오랜 시일이 걸리기 때문에 장기적인 조정에 해당한다.

기업이 생산요소의 최적 투입량을 결정하기 위해서는 생산요소의 한계생산이 어떻게 결정되는가를 알아야 한다. 한계생산(marginal product)이란 다른 생산요소들의 투입량이 일정할 때 어느 한 생산요소의 투입량을 한 단위 늘릴 때 추가적으로 늘어나는 총생산의 증가분을 말한다. 여기서 총생산(total product)이란 기업이 주어진 고정요소와 가변요소를 결합하여 생산할 수 있는 재화의 최대량을 말한다. 따라서 노동과 자본의 한계생산은 다음과 같이 나타낼 수 있다.

$$\text{노동의 한계생산} = \frac{\text{총생산 증가분}}{\text{노동 투입량 증가분}}$$

$$\text{자본의 한계생산} = \frac{\text{총생산 증가분}}{\text{자본 투입량 증가분}}$$

단기적으로 시설규모는 고정되어 있는데 노동 투입량만 늘린다면 노동의 추가 투입으로부터 발생하는 추가 생산량, 즉 노동의 한계생산(marginal product of labor)은 점차 감소한다. 그 이유는 노동 투입량을 계속 증가시킬 경우 일정하게 고정되어 있는 생산설비를 사용하기 위해서는 노동자들이 자기 차례를 기다려야 하며, 추가로 투입하는 노동은 점점 덜 중요한 일에 배치할 것이기 때문이다. 만약 시설규모가 일정하게 고정되어 있는 상태에서 노동 투입량을 계속 늘린다면 일할 수 있는 공간이 점차 줄어들고 급기야는 일하는 데 방해가 되므로 전체 생산량은 오히려 감소할 수도 있다. 이처럼 생산요소의 투입량이 증가할수록 한계생산이 점차 감소하는 현상을 한계생산체감의 법칙(law of diminishing marginal product) 또는 수확체감의 법칙(law of diminishing returns)이라고 부른다. 따라서 기업이 자본은 일정하게 고정시킨 상태에서 노동 투입만 계속 늘린다면 총생산은 증가하지만 감소하는 비율로 증가한다.

노동 생산성(labor productivity)이란 노동 투입량 1단위당 평균생산량을 말하며 총생산량을 노동 투입량으로 나눈 값과 일치한다.

$$\text{노동의 평균생산} = \frac{\text{총생산량}}{\text{노동 투입량}}$$

산업자원부는 분기별 우리나라 제조업의 노동생산성지수를 발표한다. 노동생산성지수(labor productivity index)란 전년 동기의 노동 생산성을 100으로 할 때 금년 동기의 노동 생산성을 지수로 나타내는 것이다. 예를 들어 금년 1/4분기의 노동생산성지수가 110이라면 전년 1/4분기에 비해 노동 생산성이 10%[=(110−100)/100] 증가했다는 것을 의미한다.

CASE STUDY 사례연구 4-4 우리나라 노동 생산성 하락은 노동자들만의 탓일까?

언론 보도에 따르면 2023년 기준 현대자동차의 미국 앨라배마 공장은 시간당 58대의 차를 생산하지만, 현대차의 본거지인 울산 공장은 45대 정도에 불과하다고 한다. 한국 내 공장의 노동 생산성이 미국의 2/3 수준에 불과하다는 것이다. 노조와 합의를 해야만 단위 생산량을 조정할 수 있다고 규정한 단체협약이 경영 효율성을 저해하고 있다는 분석이다. 더 나아가 반도체, 전기차, 인공지능(AI) 등 첨단산업분야에서 경쟁하는 미국, 일본 등 해외 선진국 대비 경영환경이 월등히 떨어지고 있다고 한다.

그렇다면 노동 생산성 하락은 노동자들만의 탓으로 돌릴 수 있을까? 앞에서 공부했듯이 노동 생산성이란 총생산량을 노동 투입량으로 나눈 노동의 평균생산을 의미한다. 노동 생산성이 하락한 이유는 분자의 값인 총생산량이 줄었거나, 분모의 값인 노동 투입량이 늘었거나, 총생산량과 노동 투입량 모두 감소했지만 총생산량이 노동 투입량보다 상대적으로 더 많이 감소했거나, 혹은 총생산량과 노동 투입량 모두 증가했지만 총생산량보다는 노동 투입량의 증가가 상대적으로 더 큰 경우 네 가지를 생각할 수 있다.

노동 생산성 하락을 노동자들만의 탓으로 돌릴 수 없는 이유는 다음과 같다. 첫째, 총생산량이 감소하면 노동 생산성은 하락하지만, 그렇다고 총생산량 감소의 원인을 노동자들만의 탓으로 몰아가는 것은 지나친 논리적 비약이다. 총생산량 감소는 경기침체로 인해 해당 재화에 대한 수요가 감소한 데 기인하는 경우가 보다 일반적이기 때문이다. 둘째, 기업이 자본 투입량을 늘리지 않은 채 노동 투입량만 늘린다면 노동 생산성이 하락하는 것은 불을 보듯 뻔하다. 이 경우 자본 투입량을 늘리지 않은 사실은 간과한 채 노동 투입량 증가만 직시한다면 지나친 편견이 아닐 수 없기 때문이다.

4. 총비용

기업이 생산요소를 추가로 투입하면 비용(예를 들면, 임금)이 증가한다. 따라서 생산요소의 최적 투입량을 결정하기 위해서는 생산요소의 투입으로부터 발생하는 비용도 함께 고려해야 한다. 총비용(total cost)이란 생산 과정에서 발생하는 비용을 전부 합한 값을 말한다. 따라서 기업의 총비용은 생산량이 늘어날수록 증가한다. 그러나 기업이 생산 활동을 시작하기 전이라도, 즉 생산량이 0일 때에도 비용은 발생한다. 예를 들면 차입금에 대한 이자비용이라든지 건물의 임대료, 그리고 생산설비의 감가상각비 등은 생산이 이루어지지 않더라도 비용으로 발생한다. 이처럼 생산량과 관계없이 일정하게 발생하는 비용을 고정비용(fixed cost)이라고 부른다. 흔히들 초기투자비용이라고 말하는 것은 바로 고정비용을 의미한다.

기업이 생산을 시작하면 또 다른 비용들이 발생하는데, 이러한 비용들은 생산량의 증가와 더불어 점점 늘어나기 시작한다. 예를 들면 노동과 원료의 투입으로부터 발생하는 비용은 생산량이 늘어날수록 더욱 더 증가한다. 이처럼 고정비용을 초과해서 생산량의 증가와 함께 늘어나는 비용을 가변비용(variable cost)이라고 부른다. 따라서 생산 활동으로부터 발생하는 기업의 총비용은 고정비용과 가변비용의 합으로 나타난다.

$$\text{총비용} = \text{고정비용} + \text{가변비용}$$

평균비용(average cost)이란 생산량 한 단위당 생산비를 말하며 총비용을 총생산량으로 나눈 값과 일치한다. 매스컴에서는 평균비용이라는 말 대신 생산단가라는 말을 주로 사용한다.

$$\text{평균비용} = \frac{\text{총비용}}{\text{총생산량}} = \frac{\text{고정비용}}{\text{총생산량}} + \frac{\text{가변비용}}{\text{총생산량}}$$

$$= \text{평균고정비용} + \text{평균가변비용}$$

한계비용(marginal cost)이란 재화 한 단위를 추가로 생산할 때 추가로 늘어나는 비용을 말하며, 총생산량의 증가분에 대한 총비용의 증가분으로 표시한다.

$$\text{한계비용} = \frac{\text{총비용 증가분}}{\text{총생산량 증가분}}$$

일반적으로 한계비용은 생산량이 증가함에 따라 체증하는데, 그 이유는 노동의 한계생산이 체감하기 때문이다. 한계비용은 총비용의 증가분을 총생산량 증가분으로 나눈 값인데, 총생산량의 증가분이란 바로 한계생산을 의미하기 때문에 한계생산이 체감할 때 분모의 값이 작아지므로 한계비용은 체증한다.

CASE STUDY
사례연구 4-5

저가 항공사들이 살아남을 수 있는 비결은 무엇일까?

국내 저가 항공사와 대형 항공사 간 국내선 주중 요금은 30~40% 정도 차이가 난 것으로 알려져 있다. 국내 저가 항공사들이 이처럼 저렴한 요금을 책정하고도 살아남을 수 있는 비결은 무엇일까? 첫째, 저가 항공사는 대형 항공사에 비해 기내 서비스 수준을 상대적으로 낮춤으로써 비용을 절감할 수 있기 때문이다. 둘째, 승객 한 명을 더 추가할 때마다 발생하는 추가비용, 즉 한계비용이 무시해도 좋을 정도로 극히 작은 금액에 불과하기 때문이다. 모든 항공사들은 빈자리를 놓아둔 채 운항하기보다는 승객을 한 명이라도 더 태우려고 한다. 왜냐하면 항공기를 한 번 더 운항하는 데 발생하는 추가비용(항공기 매입 또는 임대비용, 승무원 및 지상근무요원 인건비, 연료비 등)은 거의 일정하므로 주중에는 저가라도 승객을 더 많이 태울수록 이익이 크기 때문이다.

그렇다면 주말에도 주중처럼 저가 항공사와 대형 항공사 간 국내선 요금의 차이가 30~40% 정도로 크게 나타날까? 그렇지 않다. 주말에는 가격 차이가 10~15% 수준으로 대폭 줄어든다. 왜 그럴까? 주말에는 항공기 좌석의 공급보다 수요가 많아 비록 저가 항공사라고 하더라도 굳이 주말에 요금을 대폭 할인할 이유가 없기 때문이다.

5. 이윤 극대화 조건

평균비용과 한계비용의 개념은 기업에게 중요한 의미를 갖는다. 평균비용이란 생산량 한 단위당 생산비를 의미하기 때문에 기업이 초과이윤을 달성하기 위해서는 판매가격이 최소한 평균비용보다는 높은 수준에서 결정되어야 한다. 한계수입(marginal revenue)이란 재화 한 단위를 추가로 판매할 때 추가로 얻는 수입을 말한다. 한계비용이란 재화 한 단위를 추가로 생산하는 데 추가로 발생하는 비용이므로 한계수입이 한계비용을 초과하는 한 추가 생산으로부터 추가 이윤이 발생한다. 기업은 추가 생산으로부터 추가 이윤이 발생하는 한 생산량을 계속 늘릴 것이다. 반대로 한계비용이 한계수입을 초과할 경우 추가 생산으로부터 추가 손실이 발생하므로 기업은 생산량을 계속 줄일 것이다. 그러므로 기업이 이윤을 극대화하기 위해서는 한계수입과 한계비용이 일치하는 선에서 생산량을 결정해야 한다.

한계수입 > 한계비용 ⇒ 이윤↑ ⇒ 생산량↑
한계수입 < 한계비용 ⇒ 이윤↓ ⇒ 생산량↓
한계수입 = 한계비용 ⇒ 이윤 극대화 생산량

기업이 단기적으로 생산량을 조절하려면 노동 투입량의 변화를 통해 가능하다. 기업은 노동 투입량의 변화를 위해 노동자 수 또는 노동 시간을 조절할 수 있다. 어떤 기업이 이윤을 극대화하기 위해서는 노동 투입량을 어떻게 결정해야 하는가를 〈표 4-1〉의 가상적인 방한복 생산업체를 예로 들어 설명하기로 하자. 이 기업은 노동자의 수를 늘리는 방식으로 노동 투입량을 조절하고 있으며 방한복 한 벌의 가격은 10만원, 노동자의 임금은 100만원으로 일정하다고 가정하자. 설명을 간단히 하기 위해 노동

표 **4-1** | **노동 투입량과 방한복 생산량의 변화**

노동 투입량	총생산	한계생산	한계수입	한계비용(임금)
13	265	18	1,800,000	1,000,000
14	279	14	1,400,000	1,000,000
15	291	12	1,200,000	1,000,000
16	301	10	1,000,000	1,000,000
17	307	6	600,000	1,000,000
18	310	3	300,000	1,000,000
19	310	0	0	1,000,000
20	308	−2	−200,000	1,000,000

주: 임금 100만원, 방한복 가격 10만원
한계수입=한계생산×방한복 가격

자 1명을 추가로 투입할 때 추가로 발생하는 비용, 즉 한계비용은 임금뿐이라고 가정한다. 방한복 생산업체가 노동자 1명을 추가로 투입할 때 추가로 늘어나는 방한복 생산량, 즉 노동의 한계생산은 방한복 총생산의 증가분과 일치한다. 노동자 1명을 추가로 투입할 때 기업이 추가로 얻는 판매수입, 즉 한계수입은 추가 투입 노동자의 한계생산에 방한복 가격을 곱한 값과 일치한다.

〈표 4-1〉에서 방한복의 한계생산은 13번째 노동을 투입했을 때 18벌로 가장 크며, 노동투입량을 1단위씩 늘려갈수록 한계생산이 체감하는 것을 알 수 있다. 이 기업이 14번째의 노동을 투입하고 있다가 15번째의 노동을 추가로 투입한다고 가정하자. 노동자 1단위를 추가로 투입할 때 발생하는 한계생산은 12벌이다. 방한복 한 벌에 10만원씩 받고 한계생산량인 12벌을 내다 팔면, 노동 1단위를 추가로 투입함으로써 기업이 얻게 되는 추가수입, 즉 한계수입은 120(=12×10)만원이 된다. 이때 기업에게 발생하는 한계비용은 임금 100만원이지만 한계수입은 120만원이므로, 이

기업은 노동을 추가로 투입함으로써 20(=120−100)만원의 추가 이윤을 발생시킨다. 노동 투입량을 15단위에서 16단위로 1단위 더 투입할 경우 기업의 한계비용 100만원과 한계수입 100만원은 정확히 일치하므로 노동 투입량 증가를 통한 추가 이윤은 더 이상 발생하지 않는다. 만약 이 기업이 노동 투입량을 1단위 더 늘려 17단위를 고용할 경우 추가 이윤은 −40(=60−100)만원이 되기 때문에 임금이 60만원 이하로 하락하지 않는 한 17번째의 노동을 고용하려고 하지 않을 것이다. 결국 이 기업이 이윤을 극대화할 수 있는 노동 투입량과 총생산량은 각각 16단위와 301벌이며, 이때 발생하는 최대 이윤은 총수입에서 총비용을 제외한 값인 1,410만원이다.

총수입: 3,010(=301×10)만원

총비용: 1,600(=16×100)만원

총이윤: 1,410(=3,010−1,600)만원

CASE STUDY 사례연구 4-6

왜 이동통신사들은 스마트폰 구입비용을 지원하지 못해 안달일까?

우리나라 이동통신 서비스 시장을 양분하고 있는 SKT와 KT의 가입자 유치 경쟁이 뜨겁다 못해 사활을 거는 모습이다. 한때 신규 가입자들에게 스마트폰 구입비용을 전액 지원하는 '공짜폰'이라는 말이 우리 귀에 익숙할 정도로 두 업체 간 경쟁은 사활을 건다는 말이 틀린 표현은 아니다. 오죽하면 방통위원장이 나서서 마케팅 경쟁을 지양하는 것을 골자로 하는 공동선언문을 발표하도록 종용했을까. 요즈음은 방통위가 통신사들의 매출액 대비 마케팅비 비중을 일정 수준 이하로 제한함으로써 공짜 단말기 판매는 많이 줄었으나 각종 방법을 동원한 보조금 지원은 여전히 활개치고 있다.

그렇다면 이동통신사들이 신규 가입자는 늘리고 기존 가입자는 지키는 데 사활을 거는 이유는 무엇 때문일까? 이동통신사들이 소비자들에게 이윤의 일부를 돌려주기 위해 단말기 구입비용을 지원하고 기존 가입자들에게는 다양한 요금 할인 패키지를 제공하는 것일까? 분명 이동통신사는 자선단체가 아니며 끊임없이 이윤 극대화 전략을 추구하는 기업이다. 이동통신사들이 서비스를 제공하기 위해서는 기지국 설치와 같은 초기투자비용, 즉 고정비용이 발생한다. 이동통신사업은 그 어느 사업과도 비교할 수 없을 정도로 초기투자비용이 크게 발생하는 사업이다. 반면에 이동통신사들이 신규 가입자를 추가로 유치하는 데 들어가는 비용, 즉 한계비용은 거의 0에 가깝다. 왜냐하면 기지국 설치 등과 같은 초기투자비용은 1명이 이용하든 100만 명이 이용하든 동일하게 발생하기 때문이다. 따라서 이동통신사 입장에서는 신규 가입자에게 단말기를 공짜로 지급하는 대신 이 가입자가 1년 동안 단말기 보조금보다 더 많은 통화료를 부담한다면 추가 이윤이 발생한다. 이동통신사는 서비스 중단을 요청하는 절차를 까다롭게 하거나 최소 1~2년 동안의 의무 가입 기간을 설정하는 안전장치를 마련하는 것이 일반적이다. 결론적으로 이동통신사들의 사활을 건 고객 유치 경쟁은 고정비용이 천문학적으로 발생하고 한계비용이 0에 가까운 이동통신사업의 구조적 특성에 기인한다.

제4절 규모의 경제

일반적으로 어떤 산업, 예를 들면 자동차산업, 조선산업, 철강산업 등의 초기투자비용이 매우 크다는 말은 대지 조성이나 생산설비 등에 투자하는 비용과 같은 고정비용(fixed cost)이 매우 크다는 것을 의미한다. 일반적으로 중소기업보다는 대기업의 고정비용이 크게 나타나며, 고정비용이 큰 대기업들이 평균비용, 즉 생산단가를 줄이기 위해서는 생산량 증대가 선행되어야 한다. 대기업들이 생산량을 늘리기 위해서는 판매량 증가가 뒤따라야 하므로 대기업들은 시장 점유율 확대에 사활을 걸 수밖에 없다. 결과적으로 고정비용이 큰 대기업들은 중소기업에 비해 생산량 조절 능력이 떨어지기 때문에 시장규모가 작을 때는 대기업에 비해 중소기업이, 시장규모가 클 때는 중소기업에 비해 대기업이 가격 경쟁력을 가질 수 있다는 것을 알 수 있다.

생산단가를 의미하는 평균비용(average cost)은 총비용을 총생산량으로 나눈 값과 일치한다. 앞에서 설명했듯이 총비용(total cost)은 고정비용(fixed cost)과 가변비용(variable cost)의 합으로 나타나므로 평균비용은 다음과 같이 나타낼 수 있다.

$$\text{평균비용} = \frac{\text{총비용}}{\text{총생산량}} = \frac{\text{고정비용}}{\text{총생산량}} + \frac{\text{가변비용}}{\text{총생산량}}$$

$$= \text{평균고정비용} + \text{평균가변비용}$$

기업이 경쟁력을 갖추기 위해서는 생산단가인 평균비용을 절감해야 한다. 총비용 중 고정비용은 초기투자비용으로서 생산량과 관계없이 일정하므로 상수의 값을 갖는다. 따라서 기업이 총생산량을 늘릴수록 평균 고정비용(=고정비용÷총생산량)이 감소하므로 생산단가인 평균비용을 크게 낮출 수 있다. 특히 총비용 중에서 고정비용이 차지하는 비중이 큰 산업(예를 들면 자동차, 조선, 철강, 석유화학, 통신 등)의 경우 총생산량을 늘릴수록 생산단가를 떨어뜨리는 효과는 더욱 더 크다. 예를 들어 현대자동차가 신차를 개발하는 데 투자한 개발비가 9,000억원이라면 이 개발비는 신차의 생산량이 0이든 1,000대이든 상관없이 일정하게 발생하는 고정비용에 속한다. 만약 현대자동차가 신차를 1대만 생산한다면 대당 개발비는 9,000억원이다. 그러나 10대를 생산하면 대당 개발비는 900억원으로 감소하며 30만대를 생산하면 대당 개발비는 300만원으로 감소한다. 이처럼 초기투자비용인 고정비용이 큰 사업일수록 생산량 증대는 곧 생산비 절감과 직결되므로 기업은 사활을 걸고 시장 점유율을 확대하려고 한다.

여러분은 고정비용이 토지나 건물, 그리고 생산설비 등과 같은 고정생산요소의 투입으로부터 발생하는 비용이라는 것을 앞에서 공부한 바 있다. 또한 고정생산요소를 경제학에서는 통틀어 자본이라고 부른다는 것을 설명한 바 있다. 가변비용은 노동, 원료, 연료 등과 같은 가변생산요소의 투입으로부터 발생하는 비용이라는 것도 기억하고 있을 것이다. 이들 가변생산요소들 중에서 가장 중요한 생산요소는 노동이며 노동을 고용하는 데 발생하는 비용인 임금은 가변비용에서 가장 큰 비중을 차지한다. 만약 어떤 기업의 총비용 중 고정비용이 차지하는 비중이 월등히 크다면 이 기업은 자본집약적 산업(capital intensive industry)에 속하며 반대로 가변비용이 차지하는 비중이 매우 크다면 이 기업은 노동집약적 산업(labor intensive industry)에 속한다고 볼 수 있다. 일반적으로 글로벌 금융위기나 코로나 팬데믹과 같은 경제위기가 발생할 때 기업의 매출액은 크게 감소한다. 기업들은 이윤 대신 적자가 발생할 때 총비용을 줄이는 전략을 추진한다. 그 중에서도 총가변비용의 비중이 높은 노동집약적인 기업들은 정리해고나 명퇴 등을 통해 노동비용, 즉 임금을 줄이려는 경향이 있다. 반대로 자본집약적인 기업들은 계획했던 생산설비의 증설을 취소하거나 연기하고 때로는 생산설비의 일부를 분할매각하거나 아예 경쟁기업과 합병을 추진하기도 한다.

전술한 바와 같이 고정비용은 단기에는 생산량과 관계없이 일정하게 발생하는 비용으로서 생산량이 증가할수록 평균고정비용이 감소하므로 평균비용도 감소한다. 그러나 시설규모가 일정한 상태에서 노동 투입량만 계속 늘릴 경우 노동의 추가 생산량은 감소, 즉 한계생산은 체감한다. 따라서 시설규모를 고정시켜 놓은 채 1일 3교대 등과 같이 노동 투입량만 계속 늘린다면 평균가변비용이 급격히 증가하므로 오히려 평균비용을 상승시킨다. 이 경우 기업은 장기적으로 생산설비를 늘리고 공장을 새로 짓는 등 시설규모를 확대함으로써 장기평균비용을 줄이는 전략을 선택한다. 이처럼 시설규모를 늘릴수록 장기평균비용이 지속적으로 감소하는 현상을 규모의 경제(economy of scale)가 발생한다고 말한다. 그러나 기업이 시설규모를 무한정 늘릴 수는 없는데, 그 이유는 시설규모를 지나치게 확대할 경우 생산설비의 과잉투자로 장기평균비용이 계속 증가하기 때문이다. 이처럼 기업의 시설규모가 최적수준을 벗어나 지나치게 확장할 때 기업의 장기평균비용이 증가하는 현상을 규모의 불경제(diseconomy of scale)가 발생한다고 정의한다.

어떤 재화가 거래되는 시장규모가 작을 때는 중소기업이 대기업보다 저렴한 비용으로 재화를 생산할 수 있다. 그러나 시장규모가 확대될수록 시설규모를 늘릴 수 있는 여력이 있는 대기업은 규모의 경제를 달성할 수 있으므로 중소기업보다 절대적으로 유리한 위치에 있는 것을 알 수 있다. 김치, 어묵, 소프트웨어 등과 같이 신제품이 개발된 초기에는 중소기업들이 시장을 주도하다가 시장규모가 어느 수준 이상으로 확대되면 대기업들이 기존의 시장에 침투함으로써 중소기업이 퇴출되는 경우를 종종 볼 수 있다. 최근에는 대기업 할인마트가 동네 상권까지 진출을 시도하고 있어 영세 상인들과의 마찰이 끊이지 않고 있다. 과거 정부는 중소기업을 보호하기 위해 중소기업 고유 업종을 별도로 지정하여 대기업의 무분별한 침투를 막아왔지만, 경쟁국으로부터 자유무역을 헤친다는 비판에 직면하면서 이 제도를 폐지하였다.

CASE STUDY 사례연구 4-7 정부가 친환경차 구입 보조금을 지급하는 목적은 공기 질 개선에만 국한할까?

친환경차란 에너지 소비 효율이 우수하고 무공해 또는 저공해 기준을 충족하는 자동차를 말한다. 대표적인 예로서 전기자동차, 수소자동차, 태양광자동차, 하이브리드자동차, 천연가스 자동차 등을 들 수 있다. 우리나라를 비롯한 세계 여러 나라에서 전기자동차와 같은 친환경차를 구입할 경우 보조금뿐만 아니라 각종 세제 혜택을 베푸는 이유는 무엇 때문일까? 두말 할 것 없이 공기의 질을 개선하려는 데 목적이 있다. 그러나 이러한 정책은 단지 친환경정책 측면의 효과만을 기대하고 시행하는 것은 아니다. 2022년 미국에서 통과한 인플레이션 감축 법안, 일명 IRA법안(Inflation Reduction Act)을 두고 한국을 비롯한 여러 선진국들이 심각한 우려를 표명한 적이 있었다. IRA법안은 대기업 증세 등으로 확보한 7,400억 달러를 기후변화와 인플레이션에 대응하기 위해 전기차 보급을 늘리는 데 초점을 맞춘 법안이다. 이 법안이 시행되는 2023년부터 전기차 중고차에 대해서는 최대 4,000달러, 신차에 대해서는 7,500달러의 세액공제 혜택을 부여하기 시작했다.

전기차 보급을 확대해 대기 질을 개선하겠다는 미국의 정책에 대해 한국을 비롯한 여러 선진국들이 우려를 표명했다. 그것은 미국 정부의 의도 여부와 상관없이 IRA법안에는 놀라운 경제원리가 숨어 있기 때문이다. 이 법안은 사실상 미국에서 제조한 전기차에만 혜택을 부여하므로 미국산 전기차는 한국산 전기차에 비해 7,500달러 정도 싼 가격으로 판매할 수 있는 길이 열려 있다. 그렇지 않아도 전기차 선두주자인 테슬라와 경쟁하기도 버거운 마당에 미국 정부까지 발 벗고 나서 미국차 지원을 공개적으로 선언한 셈이다. 이것은 미국 안방에서 내준 가솔린차시장 주도권을 전기차시장에서는 더 이상 내주지 않겠다는 결연한 의지를 담고 있다고 볼 수 있다. 한국도 미국의 IRA법안 시행에 대응하여 전기차 보조금 지원을 국내산 전기차에만 국한하는 방식으로 전환하였다.

전기차는 친환경차로서 지구 환경을 보호하기 위해 기존의 가솔린차를 대체하는 수단으로 등장하였다. 그러나 세계 자동차시장은 여전히 가솔린차가 장악하고 있으며 전기차의 생산량은 초기 단계를 벗어나고 있는 수준이다. 가솔린차는 대량생산으로 규모의 경제를 달성하고 있으나 전기차는 규모의 경제를 달성하는 데 더 많은 시간이 필요하다. 그 결과 전기차는 가솔린차에 비해 생산단가가 훨씬 높아 가격경쟁력에서 밀릴 수밖에 없다. 정부가 전기차에 대해 보조금을 지원하지 않는다면 비싼 가격 때문에 대다수 소비자들은 전기차를 외면할 것이다. 지구 환경을 보호하기 위해 전기차 보조금을 지원하는 정책을 시행하는 것이라면 국내산과 수입산을 차별할 이유는 없다. 미국이 국내산 전기차에 대해서만 보조금을 지원하는 IRA법안을 제정한 것은 환경보호를 빙자한 신보호주의의 태도이라는 비난을 피하기는 어려울 것 같다.

제 5 절 기회비용이 중요한 이유

경제학에서 정의하는 비용은 회계학에서 정의하는 비용에 비해 보다 포괄적인 개념을 갖는다. 경제학과 회계학에서 정의하는 비용이 어떻게 다른가를 살펴보기 위해 〈표 4-2〉에 나타나 있는 어떤 기업의 가상적인 월간 경영실적을 토대로 설명하기로 하자. 갑은 A회사에서 월 500만원의 임금을 받다가 사업을 하기 위해 다니던 회사를 그만두고 받은 퇴직금 2억원과 은행 융자금 1억원을 투자해 회사를 설립하였다. 회계학적 비용을 기준으로 하면 월간 총수입은 1억 3천 4백만 원이고 총비용이 1억 2천 8백만 원이므로 월간 600만원의 이익을 발생시키고 있다. 따라서 이 기업의 경영 상태는 양호한 것으로 평가할 수 있다.

그러나 좀 더 신중히 생각해 보면 비록 갑이 직접 지불은 하지 않았

표 4-2 | 경제학적 비용과 회계학적 비용의 비교

(단위: 만원)

경제학적 비용		회계학적 비용	
총수입	13,400	총수입	13,400
총비용	13,500	총비용	12,800
명시적 비용		명시적 비용	
종업원 임금	2,000	종업원 임금	2,000
원료비	10,000	원료비	10,000
연료비	200	연료비	200
임대료	500	임대료	500
이 자	100	이 자	100
암묵적 비용			
갑의 임금	500		
이 자	200		
경제적 이윤	−100	회계이윤	600

지만 비용 속에 포함해야 할 항목들이 있다는 것을 알 수 있다. 첫째, 갑이 직접 지불하는 비용인 명시적 비용(explicit cost) 속에는 갑 자신이 받아야 할 임금은 포함하지 않고 있다. 갑이 회사를 운영하기 전에 A회사로부터 받은 월급이 500만원이라면 이에 해당하는 금액만큼 갑의 월급으로 계상하여 비용으로 처리해야 한다. 그러나 갑의 호주머니에서 실제로 빠져나가는 금액이 아니므로 명시적 비용 속에는 포함하지 않고 있다.

둘째, 사업을 하기 위해 은행으로부터 대출받은 1억원에 대한 월 1%의 이자비용인 100만원은 명시적 비용에 포함하고 있으나, 퇴직금 2억원을 투자함으로써 발생하는 비용은 명시적 비용 속에는 포함하지 않고 있다. 갑이 사업을 하지 않고 퇴직금 2억원을 월 1%의 금리로 은행에 예금할 경우 받을 수 있었던 200만원을 포기한 것도 사업에 따른 비용임에도 불구하고 명시적 비용 속에는 포함하지 않고 있다.

갑 자신의 임금이나 퇴직금으로부터 발생할 수 있는 이자소득을 포기한 데 따른 비용은 갑의 호주머니에서 직접 지출하는 비용이 아니라는 점에서 암묵적 비용(implicit cost)이라고 부른다. 또한 암묵적 비용은 사업을 하기 위해 포기할 수밖에 없었던 소득으로부터 발생하는 비용이라는 점에서 기회비용(opportunity cost)에 속한다. 따라서 갑은 회계학적 비용만을 고려할 경우 월 600만원의 회계이윤이 발생하지만, 암묵적 비용을 포함한 경제학적 비용을 고려할 경우 오히려 100만원의 적자가 발생한다는 것을 알 수 있다. 대다수의 사람들은 호주머니에서 직접 지불하지 않는 기회비용을 미처 생각하지 못하는 경향이 있는데 이 경우 경제마인드가 부족한 사람이라는 평을 들을 수밖에 없다.

CASE STUDY
사례연구 4-8

왜 요즈음 젊은이들은 출산을 기피할까?

우리나라 출산율이 세계에서 가장 낮다는 것은 익히 알고 있는 사실이다. 역대 정부는 출산율을 높이기 위해 보육비 지원 등에 200조원이 넘는 천문학적인 금액을 지출했지만 해를 거듭할수록 출산율은 오히려 떨어지고 있다. '백약이 무효'라는 말은 이럴 때 쓰는 것 같다. 이처럼 출산율이 낮은 데에는 젊은이들이 출산을 기피할 만한 확실한 이유가 있기 때문이 아닐까? 우리나라의 저출산문제는 정부의 노력만으로 해결할 단계는 이미 지났다. 출산에 따른 명시적 비용, 예를 들면 영유아 보육료, 양육비, 보육수당 등을 지원한다고 출산이 늘어날리 만무하다. 이제 정부뿐만 아니라 기업, 그리고 사회 구성원 모두가 나서 출산에 따른 암묵적 비용을 최소화해야 한다. 명시적 비용이든 암묵적 비용이든 출산의 기회비용을 획기적으로 줄이지 않는 한 저출산문제는 해결이 불가능할 것이다.

그동안 정부가 보육비 지원을 강화하면서 출산의 기회비용 중 눈에 보이는 명시적 비용은 줄었으나 경제활동을 하는 여성의 경우 눈에 보이지 않는 암묵적 비용은 오히려 증가하고 있다. 최근 여성 소득이 증가하면서 출산율이 오히려 떨어지는 이유는 무엇 때문일까? 그것은 여성들의 소득이 증가할수록 출산으로 인한 여성 직장인들의 기회비용이 점점 더 커지기 때문이다. 출산으로 인해 여성 직장인들에게 발생하는 대표적인 기회비용은 다음의 두 가지를 들 수 있다. 첫째, 전업주부로의 전환에 따른 기회비용을 생각할 수 있다. 자의든 타의든 출산으로 인해 여성 직장인이 전업주부로 전환했다면 이에 따른 금전적 기회비용은 향후 직업을 유지할 경우 받게 될 총임금과 일치한다. 따라서 여성 임금이 오를수록 향후 받게 될 총임금도 따라서 증가하므로 출산에 따른 기회비용은 그만큼 상승한다. 둘째, 출산과 육아에 따른 불이익으로부터 발생하는 기회비용을 생각할 수 있다. 만약 기업 내 분위기가 여성들의 출산이나 육아에 대해 부정적이라면 승진 등과 같은 인사에서 불이익을 받을 수 있다고 생각하기 때문에 능력 있는 여성 직장인일수록 출산의 기회비용을 크게 생각할 수 있다. 따라서 저출산문제를 해결하려면 눈에 보이는 명시적 기회비용뿐만 아니라 눈에 보이지 않는 암묵적 기회비용에 대해서도 보상할 수 있는 방안을 강구할 때라고 생각한다.

CASE STUDY 사례연구 4-9 나에게 주어진 시간의 기회비용은 얼마나 될까?

우리는 흔히 "할 일 없으면 잠이나 자라"라고 말한다. 그 말의 본뜻은 소중한 시간을 할 일 없이 낭비하지 말고 그 시간에 차라리 '잠'이라는 여가를 즐기거나 재충전하라는 말일 것이다. 어떤 사람이 경제학적 사고를 바탕으로 행동하는가의 여부는 시간의 기회비용을 제대로 이해하고 실생활에 적절히 활용하고 있는가를 보면 쉽사리 판단할 수 있다. 노동자의 시간당 기회비용은 노동자가 받는 시간당 임금이라고 말할 수 있다. 따라서 기업에서 핵심 역할을 수행하는 사람, 즉 급여가 높은 사람일수록 시간의 기회비용도 따라서 올라간다. 여러 기업들이 생산성을 높이기 위해 '초관리 운동'을 전개하는 이유도 바로 시간의 기회비용을 절실히 느끼고 있기 때문이다. 아래의 글은 익명의 네티즌이 필자에게 이메일로 보낸 글이다. 시간의 기회비용을 깨우치는 소중한 글이기에 여기에 소개한다.

매일 아침 당신에게 86,400원이 입금된다면 …

매일 아침 당신에게 86,400원을 입금해 주는 은행이 있다고 상상해 보세요.
그 계좌는 당일이 지나면 잔액이 남지 않습니다.
매일 저녁 당신이 그 계좌에서 쓰지 못하고 남은 잔액은 그냥 지워져 버리죠.
당신이라면 어떻게 하시겠어요? 당연히!!! 그날 모두 인출해야죠!!!

시간은 우리에게 마치 이런 은행과도 같습니다.
우리는 매일 아침 86,400초를 부여받고,
매일 밤 우리가 좋은 목적으로 사용하지 못하고 버려진 시간은
그냥 없어져 버릴 뿐이죠. 잔액은 없습니다. 더 많이 사용할 수도 없어요.

매일 아침 은행은 당신에게 새로운 돈을 넣어주죠.
매일 밤 그 날의 남은 돈은 남김없이 불살라집니다.
그날의 돈을 사용하지 못했다면, 손해는 오로지 당신이 보게 되는 거죠.
돌아갈 수도 없고, 내일로 연장시킬 수도 없습니다.
단지 오늘 현재의 잔고를 갖고 살아갈 뿐입니다.

건강과 행복, 그리고 성공을 위해 최대한 사용할 수 있을 만큼 뽑아 쓰십시오!
지나가는 시간 속에서 하루는 최선을 다해 보내야 합니다.

1년의 가치를 알고 싶으시다면, 학점을 받지 못한 학생에게 물어보세요.
한 달의 가치를 알고 싶다면, 미숙아를 낳은 어머니를 찾아가세요.
한 주의 가치는 신문 편집자들이 잘 알고 있을 겁니다.
한 시간의 가치가 궁금하다면, 사랑하는 이를 기다리는 사람에게 물어보세요.
일 분의 가치는 열차를 놓친 사람에게,
일 초의 가치는 아찔한 사고를 순간적으로 피할 수 있었던 사람에게,
천 분의 일 초의 소중함은, 아깝게 은메달에 머문 그 육상선수에게 물어보세요.

당신이 갖는 모든 순간을 소중히 여기십시오.
또한 당신에게 너무나 특별한, 그래서 시간을 투자할 만큼 그렇게 소중한 사람과
시간을 공유했기에 그 순간은 더욱 소중합니다.

시간은 아무도 기다려 주지 않는다는 평범한 진리.
어제는 이미 지나간 역사이며, 미래는 알 수 없습니다.
오늘이야말로 당신에게 주어진 선물이며,
그래서 우리는 현재(present)를 선물(present)이라고 부릅니다.

C·H·A·P·T·E·R

05

시장구조와 경쟁의 원리

제 1 절 시장구조

1. 시장구조의 분류

시장구조(market structure)란 기업들이 참여하고 있는 시장의 경쟁 상태를 말한다. 시장구조가 경쟁적인가, 혹은 비경쟁적인가를 구별하는 기준은 시장에 참여하는 개별 기업들이 어느 정도 시장 지배력을 행사하고 있는가에 달려 있다. 만약 개별 기업들이 시장을 지배할 수 있다면, 기업은 생산량을 조절함으로써 재화의 가격에 영향을 미칠 수 있다. 이때의 시장구조는 비경쟁적 시장구조(noncompetitive market structure)로서 독과점기업들이 여기에 속한다. 일반적으로 시장에서 판매 경쟁이 심하다는 것은 개별 기업들의 행동이 상호 경쟁적이라는 것을 의미할 뿐, 시장구조가 경쟁적이라는 것을 의미하는 것은 결코 아니다. 예를 들어 삼성전자와 LG, 그리고 현대차와 GM은 치열한 판매 경쟁을 벌이고 있지만 가전제품 시장과 자동차시장이 경쟁적인 시장구조를 갖고 있는 것은 아니다. 왜냐하면 삼성전자나 LG 두 회사는 각각 생산량을 조절함으로써 가전제품 가격을 인상시킬 수도 있으며, 현대차와 GM 역시 자동차 가격에 영향을 미칠 수 있기 때문이다. 따라서 기업들 간에 서로 판매 경쟁을 벌이고 있다 하더라도 가전제품이나 자동차처럼 개별 기업들이 시장을 지배할 수 있는 산업은 비경쟁적 시장구조를 갖고 있다고 말한다.

반대로 무수히 많은 기업들이 시장에 참여함으로써 개별 기업들이 시장을 전혀 지배할 수 없다면, 어느 한 기업이 생산량을 조절하더라도 재화의 가격에 전혀 영향을 미칠 수 없다. 이때의 시장구조를 경제학에서는 경쟁적 시장구조(competitive market structure)라고 부른다. 전라도에서 쌀을 생산하는 농부와 충청도에서 쌀을 생산하는 농부는 쌀을 팔기 위해 아무런 경쟁을 하고 있지 않으며 경쟁을 할 필요도 없다. 왜냐하면 어느 한 농부가 쌀 생산량을 줄였다고 해서 쌀 가격이 올라가는 것은 아니기 때문이다. 다시 말해 어떤 농부도 쌀시장을 지배할 수 없으며 시장의 수요와 공급에 의해 형성된 쌀 가격을 그대로 받아들일 수밖에 없으므로 기업(농부)들 간에 상호 경쟁을 벌일 필요도 없다.

일반적으로 경제학에서는 시장구조를 완전경쟁시장, 독점시장, 과점시장, 그리고 독점적 경쟁시장 등 네 가지 유형으로 분류한다. 그러나 과점시장과 독점적 경쟁시장은 본 교재의 범위를 벗어나므로 여기서는 완전경쟁시장과 독점시장의 개념에 대해서만 다루기로 한다.

2. 시장구조의 경제적 의의

재화에 대한 시장수요곡선과 시장공급곡선은 재화의 가격을 결정하는 데 중요한 요소이다. 그러나 이들 두 요소만 가지고 재화의 가격 결정 과정을 정확히 설명하는 데 한계가 있으며, 이들 두 요소가 시장에서 어떻게 결합할 것인가에 대한 가정이 필요하다. 소비자의 입장에서 볼 때 시장이란 재화를 생산해서 판매하는 기업들로 이루어져 있고, 기업의 입장에서 볼 때 시장이란 자기들이 생산한 재화를 구매할 소비자들로 이루어져 있다. 그리고 상호 유사한 재화들을 생산하고 있는 기업들이 모여 하나의 산업(industry)을 형성하며 시장수요곡선은 한 산업에서 생산한 재화에 대한 수요곡선을 의미한다.

어떤 재화를 생산하고 있는 기업이 같은 산업 내의 다른 기업들과 경쟁하고 있다고 가정하자. 이윤을 극대화하고 있는 이 기업이 자사제품에 대한 수요곡선을 정확히 알고 있다면, 이 기업은 재화의 생산량 변화에 따른 재화의 가격 변화와 그로 인한 총수입의 변화를 알 수 있을 것이다. 더 나아가 생산비를 알고 있다면 이 기업은 이윤을 극대화할 수 있는 생산량을 선택할 수 있을 것이다. 이와는 대조적으로 어떤 기업이 생산비와 재화에 대한 시장수요곡선은 알고 있으나 자사제품에 대한 수요곡선을 알지 못한다면, 이 기업은 가격 변화에 따른 총수입의 변화를 예측하기 어려울 것이다.

기업이 가격 변화에 따른 총수입의 변화를 예측하기 위해서는 같은 산업 내의 다른 기업들이 가격 변화에 어떻게 대응할 것인가를 알아야 한다. 만약 어떤 기업이 재화의 가격을 10% 인하했을 때, 다른 기업들이 가격을 그대로 유지한다면 시장에는 어떤 변화가 나타날까? 만약 다른 기업들도 이에 대응하여 일률적으로 10%씩 인하한다면 어떻게 될까? 만약 다른 기업들이 10% 이상 인하하거나, 혹은 10% 미만으로 인하한다면 어떻게 될까? 분명히 이 기업의 판매량과 총수입, 그리고 이윤에 미치는 가격 인하의 효과는 각각의 경우에 따라 서로 다른 결과를 보일 것이다.

이상에서 제기한 의문은 한 마디로 개별 기업의 수요곡선과 시장수요곡선이 어떠한 관계를 갖는가에 대한 질문이며, 이에 대한 대답은 시장에 참여하는 기업의 수와 기업들이 생산하고 있는 재화의 특성 등과 같은 변수들에 의해 영향을 받는다. 다시 말해 시장구조의 형태에 따라 그 결과는 서로 다르게 나타난다. 예를 들어 삼성전자와 LG처럼 가전제품시장에 두 개의 기업만 존재하는 비경쟁적인 시장구조에서는 삼성전자가 가격을 인하하면 LG도 따라가지 않을 수 없다. 만약 LG가 가격 인하에 동참하지 않는다면 LG는 시장 점유율 하락에 직면할 수 있기 때문이다. 그러나 무수히 많은 기업들이 난립해 있는 의류시장과 같은 경쟁적인 시장구조에서는 어느 한 기업이 가격을 인하한다고 해서 다른 기업들이 좇아가지는 않을 것이다. 왜냐하면 어느 한 기업의 가격 인하가 다른 기업들의 시장 점유율에 별다른 영향을 미치지 못하기 때문이다. 결론적으로 어느 한 산업 내의 기업의 행동은 해당 기업이 참여하고 있는 산업의 시장구조가 경쟁적인가, 혹은 비경쟁적인가에 따라 커다란 영향을 받는다는 것을 알 수 있다.

CASE STUDY
사례연구 5-1

자본주의 시장경제는 왜 경쟁적인 시장구조를 추구하는가?

시장경쟁원리란 냉엄한 경쟁에 의해 재화를 생산하고 배분하자는 원리를 말한다. 그런데 기업들이 무차별 경쟁을 하면, 부실기업은 도산하고 그러한 기업에 종사하는 사람들은 실직하게 된다. 시장경쟁원리는 그러한 도산과 실직을 부당한 것으로 보지 않는다. 반면에 온정주의를 신봉하는 사람들은 도산이나 실직이 당사자들에게는 너무나 큰 불행이기 때문에, 이들을 그러한 나락으로 내몰게 하는 시장경쟁원리를 부당한 것으로 볼 수 있다.

그러나 여기서 간과해서는 안 될 것은 시장에서 기업들의 경쟁은 다른 기업들을 인위적으로 퇴출시키기 위한 경쟁이 아니라, 어떻게 하면 소비자에게 질 좋은 재화와 서비스를 값싸게 제공할 것인가의 경쟁이어야 한다는 점이다. 이를 위해 기업들은 스마일운동도 벌리고 때로는 위험을 무릅쓰고 뼈를 깎는 혁신운동을 추진하기도 한다. 그 결과 소비자들이 원하는 질 좋은 재화와 서비스를 값싸게 제공하는 데 성공한 기업들은 이윤이라는 보너스를 얻는 반면에 그렇지 못한 기업들은 도산한다.

만약 우리가 온정주의에 입각해서 소비자로부터 배척당한 기업들을 긍휼히 여겨 구제금융을 지원한다면 그 기업들은 부실한 재화와 서비스를 계속 공급할 수 있을 것이다. 그러한 기업에 종사하는 사람들은 일자리를 잃지 않겠지만 우리 경제는 큰 비용을 부담하게 된다. 왜냐하면 귀중한 자원이 우량기업에 공급되는 것이 아니라 부실기업의 구제에 쓰이고, 그 결과 더 많은 부실기업들이 양산될 수 있기 때문이다. 부실기업 규모가 클수록 도산에 따른 충격이 너무 크기 때문에 도산시키기 어렵다. 따라서 부실기업은 부실규모가 커지기 전에 도산시켜야지 이를 미루면 국가가 부실기업의 생존을 담보하게 될 가능성이 크다. 우리는 이러한 결과를 이미 외환위기와 글로벌 금융위기 때 몸소 체험한 바 있다. 시장경쟁원리가 냉혹하기는 해도 사회적으로 공익적 기능을 수행하고, 온정주의가 비록 따스하기는 하지만 경제를 파국으로 몰아간다는 이 기막힌 아이러니가 시장경쟁의 기본원리인 것이다.

CASE STUDY 사례연구 5-2 대형할인마트의 '국내 최저가' 경쟁은 누구를 위한 경쟁인가?

우리나라 대형할인마트산업에는 이마트, 롯데마트, 코스트코, 홈플러스 등이 참여하면서 치열하게 경쟁하고 있다. 그렇다고 대형할인마트산업의 시장구조가 경쟁적인 것은 아니다. 어느 한 기업이 시장 지배력을 갖고 가격에 영향을 미칠 수 있기 때문이다. 반면에 의류산업처럼 산업 내에 수많은 기업들이 참여하고 있는 경쟁적인 시장구조에서는 어느 한 기업이 시장 지배력을 가질 수 없으며 가격에 영향을 미칠 수도 없다. 따라서 대형할인마트산업은 기업 간 경쟁은 치열하나 시장구조 자체는 비경쟁적인 시장구조를 갖는다고 말한다.

대형할인마트산업의 시장구조가 비경쟁적이라 하더라도 산업에 참여하고 있는 기업 간 경쟁은 치열하다. 이들이 경쟁에 내몰리는 것은 한 마디로 시장 지배력을 확대하려는 전략에서 비롯한다. 시장 지배력을 확대할수록 가격 지배력을 높일 수 있으며 이를 통해 이윤을 극대화할 수 있기 때문이다. 여러분은 대형할인마트사 간 최저가 경쟁을 벌이는 것을 심심치 않게 목격했을 것이다. 어느 한 기업이 '상시 최저가 판매'를 선언하자 다른 기업은 "경쟁사보다 단돈 10원이라도 더 싸게 팔겠다"라고 선언하는 등 기업 간 경쟁은 치열하다. 그렇다면 대형할인마트사가 시장 지배력 확대에 사활을 거는 이유는 무엇 때문일까? 그것은 첫째, 대형할인마트산업 자체의 시장 확장성이 제한적이기 때문이다. 이마트, 롯데마트 등이 중국에 진출했다 철수했듯이 산업의 특성상 해외에 진출하는 것이 쉽지 않아 국내 시장을 놓고 기업 간 쟁탈전을 벌일 수밖에 없다. 둘째, 시장 지배력의 상실이나 심각한 위축은 규모의 경제 달성에서 멀어지면서 가격 경쟁력 상실로 나타날 수 있기 때문이다. 셋째, 온라인 쇼핑몰과 같은 산업 외부의 새로운 경쟁자들이 등장함으로써 대형할인마트산업 자체가 설 자리를 점차 잃고 있기 때문이다.

대형할인마트사의 가격 경쟁은 승자와 패자를 확실히 결정짓는 치킨게임이 아니라 경쟁에 참여한 기업 모두의 매출액을 늘리는 결과로 귀결될 가능성이 크다. 그 이유는 가격 인하에 따른 할인 상품에 대한 수요가 증가할 뿐만 아니라 산업 외부 경쟁자들의 고객을 산업 내로 유인할 수 있기 때문이다. 그러나 기업의 목적은 매출액 극대화가 아니라 이윤 극대화라는 것을 여러분은 알고 있다. 그렇다면 대형할인마트사는 진정 소비자들을 위한 자선사업단체란 말인가? 대형할인마트사가 판매하는 재화들은 누가 생산할까? 자체 생산보다는 십중팔구 협력사들을 통해 납품을 받고 있다. 최저가 판매라는 무한 경쟁 속에서 해당 재화들을 납품하는 협력사들은 전과 동일한 가격으로 납품할 수 있을까? 대형할인마트사의 최저가 경쟁은 물량 부족, 납품업체들의 노골적 반발은 물론 대형할인마트 주변 지역을 중심으로 한 영세 중소상인들의 피해에 이르기까지 부정적 파장이 클 수밖에 없다. 고래 싸움에 새우 등이 터진 셈이다.

제2절 완전경쟁시장과 독점시장

1. 완전경쟁시장

완전경쟁시장(perfectly competitive market)이란 한 산업 내에 무수히 많은 기업들이 참여하고 있어 어느 한 기업이 생산량을 조절하더라도 가격을 변화시킬 수 없는 시장구조를 말한다. 따라서 완전경쟁시장에 참여하는 기업들은 시장에서 수요와 공급에 의해 형성된 가격을 그대로 받아들이면서 생산량을 결정한다. 완전경쟁시장이 성립하기 위해서는 다음과 같은 네 가지의 조건들을 충족시켜야 한다.

첫째, 재화의 동질성. 시장에 참여하는 모든 기업들은 완전히 동질적인 재화를 생산하여 공급한다. 다시 말해 시장에 참여하는 기업들이 생산하는 재화들 사이에 어떠한 차이도 없으며, 소비자 또한 공급자가 누구이든 전혀 개의치 않는다.

둘째, 무수히 많은 생산자와 소비자. 시장에 참여하는 생산자와 소비자의 수가 많을수록 어느 한 생산자나 소비자가 재화의 가격에 미치는 영향력은 그만큼 작아진다. 완전경쟁시장은 무수히 많은 소비자와 생산자가 시장에 참여하는 것을 가정하기 때문에, 어느 한 생산자가 생산량을 조절하거나 어느 한 소비자가 소비량을 조절하더라도 시장가격에는 아무런 영향을 미칠 수 없다. 따라서 완전경쟁시장에 참여하는 생산자와 소비자는 시장에서 형성된 가격을 그대로 받아들인다는 의미에서 이들을 가격 수취자(price taker)라고 부른다.

셋째, 자유로운 진·출입. 완전경쟁시장에서는 경제적 유인에 따라 기업들의 진·출입이 자유롭다. 어떤 산업에서 경제적 이윤(economic profit)이 발생한다면 기업들은 이 산업에 진입하려고 할 것이며 반대로 경제적 손실(economic loss)이 발생한다면 전출을 시도할 것이다.

넷째, 완전한 정보. 생산자와 소비자는 시장에 대한 완전한 정보를 갖고 있으며 그 정보를 바탕으로 행동한다. 완전한 정보란 시장에 참여하는 모든 경제주체들이 지역별 재화의 가격이나 가격의 변화를 완전히 그리고 즉시 알 수 있다는 것을 의미한다.

현실경제에서 완전경쟁시장이란 존재하지 않으며 추상적인 시장에 불과하다. 그럼에도 불구하고 완전경쟁시장 모형은 효율적인 자원배분을 위해서는 경제가 어떤 형태의 시장을 지향해야 하는가에 대한 기준을 제시한다는 점에서 중요한 의미를 갖는다.

CASE STUDY 사례연구 5-3 인터넷 혁명은 완전경쟁시장의 출현을 예고하는가?

인터넷 혁명이 우리 생활에 깊숙이 침투하면서 구글드(Googled)라는 신조어가 탄생했다. 이 단어의 뜻은 '구글당하다' 또는 '구글되다' 정도로 해석할 수 있을 것이다. Google이 우리 생활에 미치는 영향력이 그만큼 크다는 것을 한 마디로 집약한 것이다. 이제는 단 하루도 Google의 영향에서 벗어날 수 없는 시대가 되었다.

21세기에 접어들면서 세계경제는 유례없는 저물가 시대를 경험한 적이 있다. 2020년 이후 코로나 팬데믹과 우크라이나 전쟁으로 자원과 물자의 공급에 제약이 있기 전까지 20년 이상 저물가 또는 디플레이션 상태가 지속되었다. 장기간에 걸친 저물가 원인을 두고 많은 논쟁이 있었다. 공통된 의견은 세계화로 노동력을 포함한 자원과 물자가 자유롭게 이동하면서 생산단가가 하락했다는 것과 세계 공장으로 급부상한 중국 경제의 성장으로 공급 능력이 크게 상승했다는 것이다. 여기에 더해 필자는 인터넷 혁명으로 시장구조가 독과점 또는 독점적 경쟁에서 완전경쟁으로 보폭을 넓히고 있는 현상을 주시한다.

여러분은 매일 인터넷을 통해 얼마나 많은 정보를 얻고 있는가? 인터넷을 통해 얻은 정보는 여러분의 경제 활동에 얼마나 큰 영향을 미치고 있는가? 여러분은 재화나 서비스를 구매할 때 오프라인과 온라인 쇼핑몰 중 어느 것을 더 자주 이용하는가? 인터넷 혁명은 교통과 통신의 제약으로 생산자와 소비자에게 완전한 정보를 제공할 수 없었던 벽을 일거에 무너뜨리고 있다. 그동안 수입품에 대한 정보를 독점함으로써 국내 소비자들에게 터무니없는 가격을 매겼던 수업업자들의 민낯이 드러나고 있다. 출고가 대비 10배가 넘는 폭리를 취하는 뻥튀기도 있다고 한다. 소비자들은 소위 '호갱(호구 고객)' 탈출을 위해 해외 직구(해외 직접 구매)로 눈을 돌리고 있다.

인터넷 혁명은 우리 경제를 완전경쟁시장으로 한 발짝 더 다가가도록 함으로써 재화나 서비스의 가격 상승을 억제하는 역할을 톡톡히 하고 있다. 세계화 물결을 타고 국가 간 일일 생활권에 접어든지 오래다. 오로지 쇼핑만을 위해 해외여행에 나서는 사람들도 부쩍 늘어나고 있다. 온라인을 통해 외국 상품을 직접 구매하는 소위 '직구'도 자연스러운 소비 패턴으로 자리를 잡고 있다. 국가 간 지리적 국경만 존재할 뿐 경제적 국경은 무너진 지 오래다. 그만큼 재화나 서비스에 대한 소비자들의 선택의 폭이 넓어졌다는 것을 의미한다. 소비자들은 인터넷을 통해 수많은 정보들을 실시간으로 얻고 있으며 정보를 활용할 줄 아는 현명한 소비자로 거듭나고 있다. 자본주의 시장경제는 인터넷망을 타고 완전경쟁시장을 향해 전진하고 있는 것이 틀림없다.

2. 독점시장

앞에서 설명했듯이 완전경쟁시장에는 무수히 많은 기업과 소비자들이 참여하므로 어느 한 기업이나 소비자가 재화의 가격에 영향을 미칠 수 없다. 그러나 현실경제에서 완전경쟁시장이란 존재하지 않으며 오히려 독과점시장이나 독점적 경쟁시장이 보다 일반적인 형태라고 말할 수 있다. 독점이라는 어원은 원래 그리스어의 monos polein으로부터 파생되었다. monos란 하나(single)를 의미하며 polein이란 파는 것(to sell)을 의미하므로 독점(monopoly)이란 시장에서 판매하는 기업이 하나인 경우를 말한다. 독점시장(monopoly market)에서는 단지 하나의 기업만 존재하므로 시장공급곡선과 시장수요곡선은 독점기업의 개별공급곡선 및 개별수요곡선과 일치한다. 그러므로 독점기업은 생산량을 조절함으로써 재화의 가격에 상당한 영향을 미칠 수 있으며, 그런 의미에서 독점기업을 가격 결정자(price maker)라고 부른다.

독점이 발생하는 원인은 다음의 네 가지로 요약할 수 있다. 첫째, 생산요소나 생산기술에 대한 지배가 가능한 경우. 어떤 기업이 생산에 필수적인 원료 공급원을 독점적으로 지배하고 있다면 다른 기업들은 원료를 획득할 수 없으므로 원료 공급원을 독점하고 있는 하나의 기업만이 시장에 참여하게 된다. 마찬가지로 어떤 기업이 신상품이나 생산 과정에서 획기적인 기술을 보유하고 있다면, 이 재화를 다른 기업들이 생산할 수 없으므로 이 재화가 판매되는 시장은 독점시장구조를 갖는다.

둘째, 정부가 법으로 독점을 규정한 경우. 어떤 재화를 하나의 기업만이 판매할 수 있도록 법으로 규제하는 경우로서 우편서비스, 수도, 전기 등 공공재가 여기에 속한다. 일반 재화나 서비스 중에서는 정부가 가끔 시내 또는 시외 버스노선에 대한 독점 운행권을 규정하는 경우도 있다.

셋째, 담합(collusion)에 의한 경우. 한 산업 내의 기업들이 재화의 가격을 인상시키기 위해 서로 담합을 함으로써 하나의 기업처럼 행동할 경우 독점과 같은 효력을 발생하게 된다.

넷째, 규모의 경제가 발생하는 경우. 규모의 경제가 발생한다는 것은 생산량이 증가할수록 평균비용이 계속 감소한다는 것을 의미한다. 어떤 기업이 한 산업 내에서 규모의 경제를 달성하고 있을 경우 가격 경쟁력이 있기 때문에 새로운 기업들이 이 산업에 진입하기가 어렵다. 비록 새로운 기업들이 진입하여 생산을 한다고 할지라도, 규모의 경제를 달성하기 전까지는 평균생산비가 기존 기업에 비해 훨씬 높기 때문에 기존 기업과 경쟁을 하기 위해서는 손실을 감수해야 한다. 이처럼 규모의 경제가 발생함으로써 저절로 형성되는 독점을 자연독점(natural monopoly)이라고 부른다.

CASE STUDY 사례연구 5-4 우리나라 영화산업은 경쟁원리가 제대로 작동하고 있는가?

우리나라 멀티플렉스 3사(CGV, 롯데시네마, 메가박스)의 스크린 점유율은 95%가 넘는다고 한다. 멀티플렉스 3사는 시장 지배적 지위를 남용하여 그룹 계열사 등에서 제작한 영화에만 상영관 시간을 늘려주고 있다고 자주 비난을 받는다. 때로는 이들의 시장 지배적 남용 혐의에 대해 공정거래위원회로부터 징계를 받기도 하지만 근본적인 문제는 해결될 기미가 보이지 않는다. 이러한 현상에 대해 한 중견 영화감독은 "영화도 수요와 공급 원리에 따라 관객이 많으면 영화관을 열고 없으면 닫는 게 시장질서인데 지켜지지 않아 작은 영화들이 피해를 보고 있다"라고 주장한다.

영화시장의 참여주체를 살펴보면, 공급자측면은 영화를 생산하는 제작사, 생산한 영화를 공급하는 배급사, 영화를 상영하는 영화관으로 구성되어 있다. 반면에 영화관에서 상영하는 최종 수요자는 소비자, 즉 영화 관람객이다. 만약 영화산업이 경쟁적인 시장구조라면 영화시장은 소비자가 원하는 영화를 중심으로 거래될 수밖에 없는 소비자 우위의 시장으로 재편될 수 있다. 영화관은 소비자가 원하는 영화를 집중적으로 상영하므로 영화를 공급하는 배급사로부터 소비자 선호를 고려한 영화를 구입한다. 영화 배급사 또한 좋든 싫든 제작사로부터 소비자가 원하는 영화를 구매할 수밖에 없다. 이러한 나비효과는 제작사들이 소비자가 원하는 영화를 집중적으로 제작하도록 하는 파생효과를 유발한다.

그러나 우리나라 영화산업은 대기업이 투자 및 제작부터 배급, 그리고 상영에 이르기까지 완전 수직계열화를 이루고 있다. 이러한 특수 관계를 이용하여 제작사는 아무런 경쟁 없이 계열사인 배급사에 영화를 공급하고, 배급사는 다시 계열사인 멀티플렉스사에 영화를 공급한다. 따라서 우리나라 영화산업은 비경쟁적인 시장구조인 독과점시장에 속한다. 이처럼 거대자본이 영화시장을 장악하면서 수직계열화가 지속되는 한 우리나라 영화산업의 진입 장벽을 허무는 것은 불가능하며, 독립영화처럼 작은 영화가 설 자리는 갈수록 축소될 수밖에 없을 것이다.

제 3 절 독점의 장점과 폐해

많은 사람들은 완전경쟁에 비해 독점이 사회적으로 바람직하지 않다고 믿는다. 재화는 우리의 욕망을 충족시켜 주기 때문에, 경제의 과제 가운데 하나는 되도록 많은 재화를 생산하는 것이다. 그런 의미에서 생산량의 크기는 매우 중요한 의미를 갖는다. 일반적으로 독점은 완전경쟁에 비해 생산량이 훨씬 적으며, 이로 인해 재화의 가격이 비싸다는 비난을 받는다. 그러나 이러한 주장은 동일한 재화를 수많은 기업들이 생산할 때와 독점기업 홀로 생산할 때 생산비가 서로 동일하다는 것을 전제로 한 것이므로 주의해서 받아들여야 한다. 만약 어느 한 기업이 산업 내 생산을 독점함으로써 규모의 경제(economy of scale)가 발생한다면 독점은 생산비 감소를 가져올 수 있다. 자금 여력을 충분히 확보한 독점기업이 장기적인 기술개발 투자로 생산성이 향상된다면 독점이 완전경쟁보다 더 많은 양을 생산할 수도 있다..

대다수의 사람들은 독점기업이 의도적으로 생산량을 제한하여 높은 가격을 받고 있다고 생각한다. 다시 말해 독점기업이 누리는 높은 이윤은 높은 가격을 지불하는 소비자들의 희생으로부터 발생한다고 주장한다. 독점기업은 경쟁적인 기업에 비해 분명히 높은 가격을 책정하며 높은 이윤을 얻는 것이 사실이다. 만약 선량한 독점기업이 이윤을 사회에 환원시킨다는 차원에서 가난한 사람들에게 초과이윤을 되돌려 준다면 독점기업은 사회적으로 바람직하다고 말할 수 있을까? 그렇지 않다. 왜냐하면 독점기업은 높은 가격을 받기 위해 시장에서 필요로 하는 양보다 적게 생산하는 경향이 있으며 그 결과 분배의 문제를 발생시키기 때문이다.

독점에 대한 이와 같은 비난에도 불구하고 새로운 시각에서 독점을 옹호하는 사람들도 있다. 슘페터(Schumpeter)와 갈브레이드(Galbraith) 같은 일부 경제학자들은 확고한 독점력은 오히려 기술혁신과 기술의 변화를 촉진시킨다고 주장한다. 이들은 경쟁적인 기업들이 독점기업보다 상대적으로 낮은 이윤을 발생시키므로 연구개발에 투자할 수 있는 재원조달이 어렵다고 생각한다. 어떤 기업이 기술혁신으로부터 보상을 받기 위해서는 기업이 시장을 지배할 수 있어야 한다. 그렇지 못할 경우 경쟁적인 기업들은 기술을 쉽사리 모방하므로 위험을 감수하면서 기술혁신에 많은 비용을 투자할 기업이 나타나기는 쉽지 않다. 따라서 경쟁적인 기업들보다는 독점기업이 오히려 기술혁신을 촉진시킨다고 주장한다.

독점은 폐해도 있는 반면에 장점도 있기 때문에 독점의 장점은 살리되 독점의 폐해는 제거하는 방향으로 정책을 펴는 것이 바람직하다. 소비자들을 보호하기 위해서는 독점가격을 직접 규제하거나 국유화 조치를 취할 수 있다. 소비자와 생산자 모두를 보호하기 위해 독점금지법을 제정함으로써 MS사처럼 기존의 독점기업을 몇 개의 기업으로 분할시키거나, 몇 개의 기업들이 담합하여 독점기업처럼 행동하는 것을 방지하기도 한다. 전기나 수도 등과 같이 국가경제의 중요한 기간산업들은 독점을 유지하고 있는 경우가 많다. 이러한 공공재(public goods)에 대해서는 정부가 가격을 직접 규제하고 있다. 현실적으로 지하철과 같은 독점기업이 많은 적자를 내고 있음에도 불구하고 요금을 대폭 인상시키지 못하는 것은, 사회적 관점에서 볼 때 독점가격의 규제가 가격을 안정시키고 생산량을 증대시킴으로써 자원배분의 효율성을 제고시킨다고 믿기 때문이다.

CASE STUDY 사례연구 5-5

독점은 무조건 악이요, 경쟁은 무조건 선일까?

일반적으로 독점시장에서는 생산자가 생산량을 통제하는 방식으로 이윤을 극대화하므로 가격은 비싸고 소비자 잉여(consumer's surplus)는 감소한다. 그 결과 흔히들 독점은 악이고 경쟁은 선이라는 이분법적 사고에 빠지기 쉽다. 그러나 전술한 바와 같이 규모의 경제로부터 발생하는 자연독점(natural monopoly)은 생산비를 절감하고 자원을 효율적으로 배분하는 긍정적인 효과를 갖는다. 철도, 수도, 전기처럼 공공재를 독점 생산하여 정부가 규제 가격으로 공급할 경우 저소득층까지 저렴한 가격으로 소비할 수 있다는 장점도 있다. 따라서 독점은 무조건 악이며 경쟁은 무조건 선이라는 극단적인 주장은 옳지 않다.

미스릴 캐피털 매니지먼트(Mithril Capital Management) 창업자인 피터 틸(Peter Thiel)은 그의 저서 『Zero to One』에서 "경쟁의 함정에 빠지지 말고, 독점기업이 되어야 성공할 수 있다"라고 주장한다. '0에서 1'은 무에서 유를 창조하는 것을 의미한다. 기존의 성공 사례를 따라가면 세상에 익숙한 것이 하나 더 늘어날 뿐 one of them에 불과하다는 것이다. 피터 틸은 다양한 사례를 들어 "독점은 시장경제에 해롭다"는 기존의 주장을 정면으로 반박한다. 더 나아가 경쟁을 통해 경제가 발전한다는 생각은 경제학자와 교육시스템이 만들어낸 이데올로기일 뿐이라고 신랄하게 비판한다. 과연 그럴까? 필자는 피터 틸의 주장 또한 "독점은 무조건 나쁘다"는 주장에 대한 반발로 "독점은 무조건 좋다"는 극단적인 주장의 범주를 벗어나지 못한다고 생각한다. 피터 틸의 주장은 소비자의 입장은 도외시 한 채 생산자의 입장만 반영하는 극단적인 주장에 불과하다. 왜냐하면 독점은 생산자에게는 성공의 지름길이지만 소비자에게는 '호갱'의 지름길이 될 수도 있기 때문이다.

모든 시장에는 생산자와 소비자가 참여하며 상호 힘겨루기를 통해 가격이 형성된다. 시장에서 공정한 힘겨루기가 이루어질 때 가격 기능을 통해 부족한 자원을 가장 효율적으로 배분할 수 있다는 것을 제2장에서 설명한 바 있다. 현실 경제에서 시장은 마치 기울어진 운동장처럼 공급자에게 일방적으로 유리한 시장구조를 형성하고 있다. 일반적으로 독과점시장에는 수많은 소비자들이 참여하여 구매 경쟁을 벌이고 있지만 생산자들은 극소수이거나 하나만 참여하여 판매 경쟁을 벌일 필요가 없기 때문이다. 설사 시민단체들이 앞장서서 불매운동을 벌인다고 해도 수많은 소비자 개개인에게 돌아가는 혜택은 무시해도 좋을 만큼 작은 금액에 불과하다. 반면에 극소수의 생산자들이 담합하여 가격을 통제할 경우 그들이 얻는 혜택은 끊임없이 단합의 유혹에 빠질 정도로 큰 금액이다. 그래서 우리나라를 비롯한 대부분의 선진국들은 기울어진 운동장을 조금이나마 보완하는 방식으로 공정거래위원회를 설치하여 운영하고 있다. 공정거래위원회의 임무는 소비자를 감시하는 것이 아니라 생산자를 감시하는 것이라는 사실만 보더라도 시장은 생산자에게 일방적으로 유리한 구조라는 것을 짐작할 수 있다. 따라서 독점을 평가할 때는 생산자와 소비자 어느 한 편에 치우치지 않고 균형 잡힌 시각을 갖는 것이 중요하다.

제4절 기업의 가격차별 전략

기업은 가끔 가격차별을 통해 이윤을 확대한다. 가격차별(price discrimination)이란 생산비에 차이가 없는 동일한 재화나 서비스에 대해 판매 지역이나 판매 대상, 혹은 판매 시간대에 따라 서로 다른 가격을 부여하는 것을 말한다. 기업이 가격차별을 통해 이윤을 확대할 수 있는 이유는 기업이 직면하는 수요곡선이 우하향하는 형태로 나타나기 때문이다. 다시 말해 생산량을 감소시킬 경우 현재의 가격보다 더 비싼 가격을 기꺼이 지불하려는 사람들이 있기 때문이다. 만약 기업들이 구매자들을 시간대와 고객 군에 따라 분류할 수 있다면 각각의 구매자들에게 기꺼이 지불할 의사가 있는 최고가격을 매김으로써 이윤을 상당 수준 확대할 수 있다.

기업이 가격차별을 실시하기 위해서는 첫째, 판매자가 독점기업이거나 어느 정도 독점력을 갖고 있어야 한다. 왜냐하면 경쟁 기업이 있을 경우 가격을 인상하면 소비자들은 유사한 재화로 대체하기 때문이다. 둘째, 판매자는 시장을 분할할 수 있어야 한다. 다시 말해 재화에 대한 수요의 가격탄력성이 탄력적인 소비자와 비탄력적인 소비자로 구분하여 비탄력적인 소비자에게 상대적으로 비싼 가격을 부여할 수 있어야 한다. 셋째, 구매자는 그 재화를 자신이 소비할 뿐 싼 가격으로 구매하여 비싼 가격으로 재판매할 수 없어야 한다.

현실적으로 가격차별은 여러분이 생각하는 것보다 자주 발생하고 있다. 예를 들어 의사나 변호사가 부유한 사람에게는 비싼 가격을 매기는 대신 가난한 사람들에게는 싼 가격으로 서비스를 제공하거나, 백화점에서 동일한 상품이라도 유명 상표를 붙여 비싸게 팔기도 하고, 경우에 따라서는 기획 상품이라 하여 자기회사 상표를 붙여 싸게 팔기도 한다. 영화관에서 이른 아침과 주중 심야 시간대에 입장료를 할인해 주지만 주말 심야 시간대에는 할인 혜택을 없애기도 한다. 한국전력도 시장을 분할하고 있다. 낮 시간대와 심야 시간대의 요금 산정률이 다르며 기업과 일반 가정에 대한 요금 산정률도 서로 다르다. 일반 가정은 전기를 대체할 수 있는 수단을 갖고 있지 않기 때문에 상대적으로 높은 요금률을 적용하지만, 기업의 경우 자체 발전시설을 갖고 있기 때문에 산업용 전기라 하여 상대적으로 낮은 요금률을 적용한다. 철도화물 요금도 톤당·km당 요금 산정률이 재화의 종류에 따라 다르다. 특히 요금 산정률이 재화의 시장가격에 비례하는 경향이 있는데, 예를 들면 전자제품이나 가구류 등과 같은 고가품들은 비싼 요금률을 적용하는 반면에 석탄과 같은 저가품은 낮은 요금률을 적용하는 경향이 있다.

CASE STUDY 사례연구 5-6

이케아가 한국에서만 비싼 가격을 책정할 수 있었던 이유는 무엇 때문일까?

저렴한 가격으로 생활 용품을 대량으로 판매하면서 박리다매 전략을 추구하고 있는 글로벌 기업 이케아가 2014년 한국에 문을 열었다. 이케아의 코리아 오픈을 손꼽아 기다리던 한국 소비자들은 이케아의 가격차별 전략에 실망하지 않을 수 없었다. 박리다매를 추구한다는 이케아의 경영전략과는 달리 한국에서는 상품별 특성을 반영한 고가전략을 추구하는 것으로 나타났기 때문이다. 일부 제품의 경우 다른 국가들과 비교할 때 크게는 2배 가까이 비싼 가격을 책정했다. 그렇다면 이케아가 한국 소비자들에 대해서만 비싼 가격을 책정하는 가격차별(price discrimination) 전략을 추구할 수 있었던 이유는 무엇일까? 이에 대해 "이케아는 한국시장의 분석을 바탕으로 인기 제품을 정한 후 판매할 제품의 수량과 가격을 책정했다"라면서 "한국 사람들이 좋아하는 제품에 대해서는 가격을 낮게 책정하고 그렇지 않은 제품에 대해서는 다른 국가들보다 가격이 비쌀 수도 있다"라고 대답했다.

이케아의 이러한 답변은 전형적인 가격차별에 대한 설명이라고 볼 수 있다. 첫째, 이케아가 한국에서 인기 제품을 선정했다는 것은 가격을 올리더라도 한국 소비자들의 반응 정도가 낮은 제품, 즉 수요의 가격탄력성(elasticity of price)이 비탄력적인 제품을 선정했다는 것을 의미한다. 둘째, 수량을 책정했다는 것은 높은 가격을 유지하기 위해 공급량을 통제했다는 것을 의미한다. 셋째, 이케아의 주장처럼 한국 사람들이 좋아하는 제품에 대해서는 가격을 낮게 책정했다면 이케아는 이윤을 추구하는 기업이 아니라 자선단체라고 보는 것이 합당할 것이다.

제5절 정보경제학

오늘날 우리는 수많은 정보의 홍수 속에서 살고 있다. 정보에 관한 경제학적인 연구는 1979년 미국의 경제학자인 아커로프(G. Akerlof)의 레몬시장에 대한 연구가 효시이다. 레몬은 오렌지나 귤과 달리 껍질이 단단하여 오래된 레몬도 겉으로 보기에는 싱싱한 것처럼 보인다. 레몬을 판매하는 사람은 레몬의 신선도에 대해 정확한 정보를 갖고 있지만 소비자는 그렇지 못하기 때문에 레몬에 관한 정보는 판매자에게 편중되어 있다. 이처럼 어떤 재화나 서비스의 거래에 필요한 정보가 거래에 참여하는 모든 당사자들에게 공평하게 확보된 것이 아니라 극히 일부의 당사자에게만 편중되어 있는 현상을 정보의 비대칭(asymmetry of information)이라고 부른다.

일반적으로 재화의 품질에 있어서 차이를 객관적으로 비교할 수 있을 경우 재화의 가격은 품질에 따라 달라지게 마련이다. 중고차가 출고 연도 및 차종, 주행 거리, 외관 상태 등이 비슷할 경우 동일한 가격으로 거래하듯이 상당수의 재화와 서비스들은 이와 유사한 특성을 갖는다. 그러나 중고차를 판매하는 사람들은 팔려고 하는 중고차에 대한 성능을 정확히 알고 있지만 중고차를 사려는 사람은 그렇지 못하기 때문에 운이 좋으면 성능이 좋은 중고차를 운이 나쁘면 성능이 나쁜 중고차를 살 가능성이 크다.

그렇다면 중고차시장처럼 정보의 비대칭이 존재할 때 중고차시장에서는 어떤 현상이 나타날까? 중고차를 팔려고 하는 사람들은 일반적으로 성능이 나쁜 중고차의 경우 낮은 가격에라도 처분하려고 하지만 성능이 좋은 중고차의 경우 충분히 높은 가격을 받으려고 할 것이다. 중고차를 사려는 사람들은 중고차의 평균 성능, 예를 들면 2023년형 현대 소나타 중고차는 가격이 1,900만원이며 성능이 좋은 편이라는 정도밖에 모르기 때문에 그 이상의 가격을 지불하려고 하지 않는다. 반면에 자동차 관리를 잘 해온 사람은 자신의 중고차 성능이 매우 좋다고 생각하기 때문에 1,900만원이라는 평균 가격에는 적극적으로 팔 의사가 없다. 반대로 성능이 나쁜 중고차를 소유하고 있는 사람은 평균 가격보다 낮은 가격에라도 중고차를 적극적으로 처분하려고 할 것이다. 따라서 중고차시장에서는 중고차의 가격이 1,900만원 이하로 하락할 경우 성능이 좋은 중고차는 시장에 공급되지 않고 성능이 나쁜 중고차만 시장에 남게 될 것이다. 이처럼 중고차에 대한 정보의 비대칭으로 인해 중고차시장에서 성능이 좋은 중고차는 축출당하고 성능이 나쁜 중고차에 의해 시장이 점유되는 현상을 역선택(adverse selection)이라고 부른다. 역선택이 나타나는 시장은 중고차시장 이외에도 렌터카시장, 보험시장, 금융시장, 주택건설시장, 노동시장 등 수많은 예를 들 수 있다.

재화와 서비스의 거래에서 정보가 판매자에게 편중됨으로써 나타나는 역선택을 완화하기 위해 소비자와 판매자는 다음과 같은 두 가지의 보완 방안을 강구할 수 있다. 첫째, 판매자는 신용을 중시한다. 중고차시장에서 중고차 판매업자는 두 가지의 선택문제에 직면한다. 하나는 중고차를 속여 팔아 단기적으로 큰 이익을 보지만 장기간에 걸쳐 영업을 확대할 수 있는 기회를 포기하는 것이고, 다른 하나는 좋은 신용을 쌓으면서 단기간에는 큰 이익을 보지 못하더라도 장기간에 걸쳐 영업을 확대해 가는 것이다. 실제로 경기도 광명시에 개설한 중고차 경매시장에서는 거래하는 모든 차량에 대해 6개월 동안 품질을 보증하는 제도를 도입하고 있다. 이러한 품질 보증제도는 중고차시장에서 발생 가능한 역선택의 문제를 완화하는 데 크게 기여할 것으로 생각한다.

둘째, 소비자들은 판매자들에 대한 평판을 바탕으로 재화를 구매한다. 판매자의 평판을 반영하여 소비함으로써 역선택의 문제를 해결하는 대표적인 사례로서 주택분양시장을 들 수 있다. 신축아파트의 경우 주택건설업체는 아파트의 성능을 정확히 알 수 있지만 소비자의 경우 아파트의 품질상태를 육안으로 살펴볼 수밖에 없다. 더욱이 형체도 없는 아파트를 미리 분양하고 2~3년 후에 입주하는 현행 선분양제도하에서는 정보의 비대칭으로 인한 역선택, 즉 불량 주택의 공급 가능성이 훨씬 크다고 볼 수 있다. 주택시장의 비대칭적 정보를 보완하기 위해 우리나라 소비자들은 아파트 건설회사에 대한 그동안의 평판을 중심으로 아파트 청약에 참여하는 경향이 있다. 이러한 소비자행동은 아파트 건설회사들이 좋은 평판을 얻기 위해서는 성실하게 시공해야 한다는 신호를 보냄으로써 정보의 비대칭으로 인한 역선택의 문제를 완화하는 데 크게 기여한다.

이와는 반대로 재화와 서비스의 거래에서 정보가 소비자에게 치우쳐 있는 대표적인 예로서 보험시장을 들 수 있다. 보험시장의 경우 건강에 자신이 있는 소비자들은 보험에 가입하는 것을 꺼리는 반면에 건강에 문제가 있는 소비자들은 적극적으로 가입하려고 할 것이다. 따라서 보험회사 입장에서 보면 보험시장은 좋은 고객은 퇴출당하고 나쁜 고객들만 남는 역선택이 나타나는 시장이라고 볼 수 있다. 이러한 역선택의 문제를 해결하기 위해 보험회사는 보험 가입자의 진료 이력을 확인하거나 가입 연령을 제한하는 등 보완방안을 강구하고 있다.

CASE STUDY 사례연구 5-7

공급자와 수요자는 거래에서 발생하는 비대칭적 정보를 어떻게 보완할까?

자본주의 시장경제에서는 재화와 서비스의 거래를 놓고 수요자와 공급자 사이에 힘겨루기가 이루어진다. 수요자는 조금이라도 더 싼 가격을 지불하기를, 반대로 공급자는 조금이라도 더 비싼 가격을 받기를 원한다. 수요자는 보다 싼 가격에 고품질의 재화나 서비스를 원하고 공급자는 보다 비싼 가격에 최대의 이윤을 얻기를 원한다. 이를 위해 수요자와 공급자는 그들만의 방식으로 재화와 서비스뿐만 아니라 상대방에 대한 정확한 정보를 알아내려 노력한다.

시장경제에서 정보가 거래 당사자 어느 한 쪽에 일방적으로 치우쳐 있는 정보의 비대칭(asymmetry of information)이 나타날 경우 어떤 문제가 발생할까? 정보의 비대칭은 품질이나 성능이 좋은 재화나 서비스는 시장에서 추방당하고 성능이나 품질이 나쁜 재화나 서비스만 시장에 남는 역선택(adverse selection)으로 이어질 가능성이 크다. 1960년대 중반 이탈리아에는 해외로 유학을 떠난 딸의 처녀성에 문제가 발생할 경우 부모에게 보험금을 지급하는 기상천외한 보험이 있었다. 그러나 이 보험은 몇 년도 지나지 않아 폐지되었다. 그 당시 상대적으로 정숙한 딸을 두었다고 생각한 부모들은 보험 가입을 기피한 반면에 방종한 딸을 두었다고 생각하는 부모들만 보험 가입을 서두르는 역선택의 문제가 발생했기 때문이다.

그렇다면 거래 당사자들은 정보의 비대칭을 어떻게 보완하려고 할까? 전 세계 어느 나라를 막론하고 금융기관들이 대출을 할 때는 기업이나 고객의 신용 등급을 철저히 따져 차등 금리를 적용한다. 금융기관이 신용 등급과 상관없이 평균 금리를 적용한다면 금리가 높다고 생각하는 고신용자들은 대출을 꺼리는 반면에 금리가 낮다고 생각하는 저신용자들만 적극적으로 대출을 받으려 하기 때문이다. 자동차 보험료 또한 고객의 특성과 상관없이 평균 보험료를 적용한다면 보험료가 비싸다고 생각하는 무사고 경력자들은 보험 가입을 기피하는 반면에 보험료가 싸다고 생각하는 사고 경험자들만 적극적으로 보험에 가입하려고 하는 역선택이 발생한다. 보험회사들은 역선택을 방지하기 위해 연령대별, 직종별, 심지어 사고다발 지역을 반영하는 거주지별 차등 보험료를 적용한다. 더 나아가 무사고 운전 경력, 주행거리, 블랙박스 장착 여부 등을 따져 보험료를 할인한다.

여러분은 공무원 시험이나 기업 채용 면접에 출신 학교를 기재하는 것을 없애야 한다고 생각하는가? 더 나아가 학력 수준(고졸, 대졸, 대학원졸)마저도 없애는 것이 옳다고 생각하는가? 왜 기업들은 신입사원을 채용할 때 면접을 강화하려고 할까? 심지어 어떤 기업들은 1박 2일 동안 면접을 진행하기도 하는데, 기업들은 면접을 통해 무엇을 얻어내려고 하는가? 여러분이 자기소개서를 기술하거나 면접에 참여할 때 여러분의 단점도 소상히 드러낼 것인가? 기업들이 신입사원 선발 방식에 기를 쓰고 매달리는 것은 노동시장에서 정보가 구직자에게 편중되어 있는 데 따른 역선택을 방지하려는 데 목적이 있다. 기업의 입장에서 보면 블라인드 면접은 정보의 비대칭을 보완하려는 수단을 빼앗는 것이라고 생각할 수도 있다.

P·A·R·T 2

국가경제의 이해

제1부 시장원리의 이해

제2부 국가경제의 이해

C·H·A·P·T·E·R

06

국내총생산과 국민총소득

제 1 절 GDP와 GNI

1. GDP의 개념

한 나라의 경제가 어떤 상태에 놓여 있는가를 측정할 수 있는 가장 중요한 경제지표는 국내총생산이다. 국내총생산(Gross Domestic Product: GDP)이란 일정 기간 동안 우리 국내에서 우리 국민과 외국인이 생산한 모든 재화와 서비스의 최종 생산물을 시장가격으로 평가한 총액을 말한다. 우리나라의 경우 GDP 추계는 다음과 같은 원칙과 절차에 따른다. 첫째, 모든 경제주체(가계, 기업, 정부)의 생산 및 지출과 같은 경제 활동을 대상으로 추계한다. 재화는 자가소비 등 판매를 목적으로 하지 않아도 생산에 포함하나 서비스는 가계의 자가소비를 위한 주부의 가사노동 및 개인 서비스 활동은 생산의 범위에서 제외한다. 둘째, GDP 통계는 경제활동별, 분기별로 작성한다. 셋째, GDP 통계는 시장가격 기준으로 평가하며, 당해 연도 가격 기준인 명목GDP(nominal GDP)와 기준년도 가격 기준인 실질GDP(real GDP)로 구분한다. 매년 언론에서 보도하는 경제성장률(economic growth rate)이란 실질 GDP 증가율을 의미한다. 명목GDP와 실질GDP에 대해서는 나중에 자세히 설명하기로 한다. 넷째, GDP는 제조업, 건설업, 도·소매 및 음식·숙박업 등 13종류의 경제 활동으로 분류하여 추계한다.

가계, 기업, 정부 등과 같은 각 경제주체들은 경제적 의사결정을 하는데 GDP 통계를 유용하게 활용할 수 있다. 기업은 국민소득의 변화 추세를 보고 자사 제품의 판매량을 예측하며, 그에 따른 생산 및 판매 계획을 수립하고 더 나아가 생산설비를 확장할 것인지 여부를 검토한다. 정부는 이 통계를 기준으로 거두어들일 세금 규모를 예측함으로써 정부예산 편성 자료로 활용한다. 각 지방정부는 해당 지역 GDP 통계를 활용하여 지방재정 수입 규모를 추정할 수 있다. 언론은 GDP 통계를 이용하여 정부가 경제를 잘 관리하고 있는지를 평가하고, 경제학자는 이 통계를 이용하여 경제이론을 검증한다. GDP의 변동은 경기변동을 예고하는 지표이므로, 증권투자를 하는 사람들은 향후 장세를 전망하는 데 이용할 수도 있다. 따라서 GDP 통계는 모든 사람들이 눈여겨보아야 할 매우 중요한 지표임에 틀림없다.

그러나 GDP 통계는 현실적으로 몇 가지 한계를 안고 있다. 첫째, 방대한 자료를 수집하고 분석하는 데 오랜 시간이 걸리므로 실제GDP와 보고한 GDP 사이에 차이가 발생할 수 있다. 이러한 차이는 연도별 추계에서 분기별 추계로 전환함으로써 어느 정도 조정할 수는 있지만 근본적인 오차는 제거할 수 없다.

둘째, 생산 활동의 특성상 경제 활동 규모를 정확히 추정하기 어려운 한계를 갖는다. 예를 들면 농어촌에서 생산한 생산물 중 일부는 시장에서 거래하지 않고 자신의 가계를 위해 소비하기 때문에 그 규모를 추정할 수밖에 없다.

셋째, 통계상 누락이 발생하는 경제 활동이 존재한다. 예를 들어 시장거래를 통하는 가사도우미의 가사노동은 GDP 통계에 잡히지만 똑같은 가사노동을 주부가 할 경우 그 가치를 추계하기 어렵기 때문에 GDP 통계에서 제외한다. 탈세를 하거나 소득을 과소 신고할 때 발생하는 지하경제 또한 GDP 통계에서 제외한다. 카지노의 도박은 GDP 통계에 포함하지만 가정집에서 벌이는 도박판과 같은 불법적인 생산 활동은 GDP 통계에서 제외한다.

넷째, GDP 통계는 국민후생수준에 큰 영향을 미치는 여가의 가치를 전혀 반영하지 못한다. 예를 들어 주 6일 근무에서 주 5일 근무제로 노동시간이 단축됨에 따라 GDP는 감소할 수 있지만, 여가가 증가하므로 국민후생수준이 감소했다고 단정 지을 수는 없다.

다섯째, GDP 통계는 필요악적 생산 활동을 포함하고 사회적 비용을 감안하지 않는다. 예를 들면 사회범죄가 극성을 부릴수록 국민후생수준은 감소하지만 가스총이나 보안 서비스와 같은 생산 활동 증가로 GDP는 오히려 증가하는 모순이 나타날 수 있다. 그리고 생산이 증가할수록 늘어나는 공해와 같은 사회적 비용을 감안하지 않는다.

CASE STUDY 사례연구 6-1 이혼율이 증가하면 GDP는 증가할까, 혹은 감소할까?

한 나라의 대표적인 생산지표인 GDP는 국민들의 삶의 질을 제대로 반영하지 못하므로 산출 근거를 개편해야 한다는 주장이 끊이지 않고 있다. 경제학자 토빈(Tobin)과 노드하우스(Nordhaus)는 국민후생수준을 나타내는 지표로 GDP에 주부의 가사노동과 여가의 가치를 더하고 공해 비용과 같은 사회적 비용과 필요악적 생산 활동을 차감한 이른바 경제후생지표(measure of economic welfare: MEW)를 만들었다. 이 지표를 이용하여 1929년부터 1965년까지 MEW 성장률을 측정한 결과 연평균 1.1%였으나 같은 기간 미국의 GDP 성장률은 연평균 1.7%인 것으로 나타나 사회적 비용이 얼마나 큰가를 짐작할 수 있다. 그럼에도 불구하고 전 세계 거의 모든 국가들이 MEW 대신 GDP를 사용하는 이유는 공해 비용과 같은 사회적 비용을 정확히 측정할 수 없을 뿐만 아니라 MEW의 각 항목이 사회후생수준에 미치는 크기의 정도를 나타내는 가중치를 객관적으로 산출하는 것이 불가능하다고 보기 때문이다.

요즈음 우리나라도 이혼율이 급격히 증가하고 있다. 이혼율이 증가한다는 것은 국민후생수준이 감소한다는 것을 의미한다. 그렇다면 이혼율이 증가할수록 GDP는 증가할까, 아니면 감소할까? 역설적으로 이혼율이 증가하면 GDP는 증가한다. 이혼은 경제 활동을 촉진하는 데 많은 기여를 한다. 이혼 소송 증가에 따른 변호사 사무실의 생산 활동이 증가한다. 전업주부로서 GDP 추계에 잡히지 않는 가사노동에 종사하던 주부도 이혼으로 새로운 생산 활동에 참가한다. 이혼 전에는 한 가구이지만 이혼 후에는 가구를 분리하므로 주택에 대한 수요가 증가하고 가구 등 부대시설에 대한 수요도 늘어난다. 이혼에 따른 경제주체들의 소득 증가는 소비의 증가를 유발한다. 이혼은 나비효과처럼 경제 활동을 촉진시키고 GDP를 늘리는 효과를 부른다. 모든 국가는 GDP를 늘려 국민후생수준을 높이려고 한다. 그러나 경제성장률은 국민후생수준을 증대시키는 데 만병통치약은 아니다. 우리 주변에는 GDP를 늘리는 생산 활동들이 오히려 국민후생수준을 감소시키는 경우가 허다하다. 그동안 경제성장 제일주의를 외치며 앞만 보고 달려온 우리나라도 이제는 양적 성장에서 벗어나 국민후생수준을 증대시킬 수 있는 질적 성장으로 정책 방향을 전환할 때가 되었다.

2. GNI의 개념

국민총소득(Gross National Income: GNI)이란 1인당 국민소득이나 국가경제 규모 등을 파악하는 데 사용하는 지표로서 우리나라 국민이 국내는 물론 해외에서 생산 활동에 참여한 대가로 벌어들인 총소득을 말한다. 모든 경제는 재화나 서비스를 생산할 때마다 노동, 토지, 자본의 생산요소에 대해 대가를 지불한다. 노동에 대한 대가로 임금(wage)을 지급하고, 토지에 대해서는 지대(rent)를, 그리고 자본에 대해서는 이자(interest)와 이윤(profit)을 지급한다. 만약 한 나라의 경제가 해외와 교역을 전혀 하지 않는 폐쇄경제(closed economy)라면 GDP는 국민총생산이자 국민총소득을 동시에 나타내는 동전의 앞뒷면과 같다. 반면에 현실 경제는 국가 간 교역이 활발히 이루어지는 개방경제(open economy)이므로 GDP는 내국인은 물론 외국인이 우리 국내에서 생산한 것도 포함한다. 따라서 우리 국민이 총생산으로부터 얻는 총소득을 적절히 측정하는 데 한계가 있다.

국민총소득(GNI)은 다음과 같은 절차를 거쳐 측정할 수 있다. 우리 국민이 외국에서 생산 활동에 참여한 결과 받게 된 소득은 GNI에 포함하지만, 외국인이 우리 국내에서 생산 활동에 참여하여 받은 소득은 GNI에 포함하지 않는다. 반면에 우리 국민이 외국에 나가서 벌어들인 소득은 GDP에는 포함하지 않지만, 외국인이 우리 국내에서 생산 활동에 참여하여 받은 소득은 GDP에 포함한다. 그러므로 GNI와 GDP는 다음과 같은 관계를 갖는다.

폐쇄경제: GNI = GDP

개방경재: GNI = GDP + 우리 국민의 국외소득

− 외국인의 우리 국내소득

= GDP + 국외순수취요소소득

최근 선진국을 비롯한 대부분의 국가에서는 경제활동지표로서 GNI 대신 GDP를 사용하고 있다. 국가 간 인적 교류가 거의 없었던 시절에는 GNI와 GDP의 구별은 별 의미를 갖지 못한다. 그러나 미국, 중국, 동남아 등 해외로 진출하는 국내 기업들이 늘어나고 수입 자유화와 자본시장 자유화 등으로 국내에 진출하는 외국 기업들이 늘어난 지금은 두 개념의 구별이 매우 중요한 의미를 갖는다. 일반적으로 우리 국민들의 소득이 어떻게 증감하고 있는가를 파악하고자 할 때는 GNI라는 지표를, 우리나라 경제 활동이 얼마나 활발히 이루어지고 있는가를 파악하고자 할 때는 GDP라는 지표를 이용한다.

미국 등 OECD국가들 대부분은 국내 경제 활동 성과를 보다 정확히 파악하기 위하여 경제성장률을 측정할 때 GDP를 사용하고 있다. 이처럼 선진국들이 경제활동지표를 소득지표인 GNI에서 생산지표인 GDP로 변경한 것은 첫째, GDP는 산업 생산 등 국내 경제 활동에 초점을 맞춘 지표이므로 GNI에 비해 경기 동향 분석이 더 용이하고, 둘째, 우리 국민 국외소득을 포함하지 않으므로 GNI에 비해 추계가 신속하게 이루어질 수 있기 때문이다. 글로벌 외국 기업들의 국내 진출이 갈수록 늘어나는 상황에서 우리나라도 국내 경제에 대한 이들 기업들의 기여도를 측정하기 위해 총생산량 지표를 GNI에서 GDP로 전환하였다.

CASE STUDY 사례연구 6-2 외국자본의 국내 진출은 국부 유출을 초래하는가?

가끔 국내 언론에서 "국내 기업이 외국인 주주에게 지급한 배당금의 급증으로 국민소득이 외국으로 줄줄 샌다"라는 기사를 다루는 것을 볼 때가 있다. 과연 그럴까? 우리 기업들은 해외에서 발생하는 이자나 배당금을 얼마나 국내로 들여올까? 요즈음처럼 우리 기업들의 해외 투자가 활발히 이루어지고 있는 것을 감안하면 우리나라의 국외순수취요소소득은 결코 작은 금액이 아니다. 더욱이 외국 기업들의 국내 진출로 고용 창출 등의 경제적 효과를 고려한다면 외국자본의 국내 진출에 대한 부정적 시각을 유인할 수 있는 자극적 기사는 자제할 필요가 있다. 외국 기업들의 국내 투자가 얼마나 중요한가는 미국 대통령의 세일즈 외교를 보면 알 수 있지 않는가? 우리나라 굴지의 대기업인 삼성전자, 현대차, SK 등이 앞 다퉈 미국 투자를 발표한 것을 보면 자랑스럽기도 하지만 한편으로 안타까운 생각이 들기도 한다. 만약 우리 대기업들이 미국 대신 국내에 그 많은 돈을 투자할 수 있다면 얼마나 많은 고용과 얼마나 큰 경제적 성과를 창출할 수 있을까를 생각하면 말이다.

여러분은 미국에서 생산하고 있는 현대자동차 공장과 한국에서 생산하고 있는 GM자동차 공장 중 어느 것이 우리 경제에 더 큰 기여를 한다고 생각하는가? 미국에서 생산하고 있는 현대자동차 공장에는 우리 노동자들이 몇 명이나 일하고 있을까? 반면에 인천 부평 GM자동차 공장은 우리 노동자들을 몇 명이나 고용하고 있을까? 외국자본의 직접 투자에 따른 노동 분배몫은 어느 나라의 노동자들에게 돌아간다고 생각하는가? 우리나라 대기업은 물론 중소기업들도 저개발 국가인 동남아뿐만 아니라 미국과 같은 선진국에도 대대적인 직접 투자를 시행하고 있다. 해외에 직접 투자하고 있는 우리 기업들 또한 해당국들의 국부 유출에 앞장서고 있다고 생각하는가? 경제문제를 평가할 때는 늘 경제원리를 기반으로 한 균형 잡힌 시각으로 바라보는 것이 중요하다.

제 2 절 소비자물가지수와 GDP 디플레이터

GDP는 일정 기간 동안 한 나라에서 생산한 모든 재화와 서비스의 최종 생산물을 시장가격으로 평가한 금액이다. 따라서 시장가격이 오르면 재화와 서비스의 생산량에 아무런 변화가 없더라도 GDP가 증가하는 모순이 발생한다. 중앙은행은 이러한 모순을 시정하기 위해 당해 연도 가격으로 추계한 명목GDP뿐만 아니라 기준년도 가격으로 추계한 실질GDP를 동시에 발표한다.

소비자물가지수(Consumer Price Index: CPI)란 도시가구가 소비 생활을 영위하기 위하여 구입하는 재화와 서비스의 가격 변동을 종합적으로 파악하기 위하여 작성하는 지수를 말한다. 소비자물가지수는 다음과 같은 기준에 의해 작성한다. 첫째, 소비자물가지수를 작성하기 위해서는 기준년도의 물가지수를 100으로 설정한다. 우리나라의 경우 2020년, 2025년 등과 같이 5년마다 기준년도를 바꿔 소비자물가지수를 작성한다. 둘째, 소비자물가지수는 일정 기준에 따라 선정한 품목만을 대상으로 작성한다. 우리나라의 경우 도시가계의 월 평균 소비 지출액 중 각 품목별 지출액이 0.01% 이상을 차지하는 재화나 서비스를 대상으로 하며 현재 500여개의 품목이 선정되어 있다. 셋째, 가격이 비싼 품목일수록, 구입 빈도가 높은 품목일수록 소비 지출액이 크게 나타나므로 소비자물가지수 산정 시 차지하는 가중치도 그만큼 높게 나타난다.

계산을 간단히 하기 위해 우리나라 소비자들이 매년 쌀 100kg과 쇠고기 10kg만을 소비한다고 가정하자. 따라서 소비자물가지수를 구하기 위한 조사 대상 품목은 쌀 100kg과 쇠고기 10kg이다. 조사 대상 품목의 가

표 6-1 | 소비자물가지수 산정 과정

연도별	조사 대상 품목		가격 총액	물가지수
	쌀(원/kg)	쇠고기(원/kg)		
2025	1,500	16,000	310,000	100
2026	2,000	20,000	400,000	129
2027	2,200	21,000	430,000	139
2028	2,300	23,000	460,000	148
2029	2,500	25,000	500,000	161

격은 통계청에서 직접 방문하여 파악한다. 〈표 6-1〉에서 2025년도의 쌀과 쇠고기의 kg당 가격은 각각 1,500원과 16,000원이며, 2029년도에는 각각 2,500원과 25,000원으로 상승한 것으로 가정하고 있다. 우리나라 소비자들의 쌀과 쇠고기의 연간 소비량은 각각 100kg과 10kg으로 가정하므로 〈표 6-1〉에서 2025년도의 가격 총액은 310,000(=1,500×100+16,000×10)원이며, 2026년도 400,000원, 2027년도, 430,000원, 2028년도 460,000원, 2029년도 500,000원이다. 따라서 2025년도를 기준년도(2025=100)로 설정할 때 2026년도의 소비자물가지수는 129[=(400,000/310,000)×100]이며, 동일한 방식으로 구한 2027년도 이후의 소비자물가지수는 각각 139, 148, 161이다.

이상과 같은 절차를 통해 구한 소비자물가지수는 다음과 같이 연도별 소비자물가 상승률을 구하는 데 이용한다.

$$\text{소비자물가 상승률} = \frac{\text{당해 연도 물가지수} - \text{전년도 물가지수}}{\text{전년도 물가지수}} \times 100$$

소비자물가지수가 변한다는 것은 구매력을 나타내는 통화가치(money value) 또한 변한다는 것을 의미한다. 예를 들어 세금을 제외한 은행 예금금리가 7.0%라면 2029년도의 물가상승률이 8.78%[=(161−148)/148]임을 감안할 때 실질 금리는 −1.78%(=7.0−8.78)이며 1년 동안 그만큼 화폐 자산 가치가 하락했음을 의미한다. 마찬가지로 2029년도 임금 상승률이 10.0%라면 물가 상승률을 감안한 실질임금 상승률은 1.22%(=10.0−8.78)에 불과하다.

GDP 디플레이터(GDP deflator)란 소비자물가지수와 유사한 지표로서 명목GDP와 실질GDP 사이의 비율을 말한다. 즉,

$$\text{GDP 디플레이터} = \frac{\text{명목GDP}}{\text{실질GDP}} \times 100$$

여기서, 명목GDP(nominal GDP)는 당해 연도의 가격을 이용해서 계산한 GDP이며, 실질GDP(real GDP)는 기준년도의 가격을 그대로 적용해서 계산한 GDP이다. 따라서 GDP 디플레이터가 커졌다는 것은 물가가 그만큼 상승했다는 것을 의미한다. 그리고 실질GDP는 물가상승으로 인해 GDP가 늘어나는 모순을 보완하며, 기준년도에 비해 GDP가 실제로 얼마나 증가했는가를 측정하는 지표로 사용한다.

GDP 디플레이터와 소비자물가지수 사이에는 다음과 같은 차이점을 발견할 수 있다. 첫째, 소비자물가지수는 대다수의 소비자가 주로 구입하는 500여개의 재화와 서비스를 대상으로 산출하지만, GDP 디플레이터는 국내에서 생산하는 모든 재화와 서비스를 대상으로 산출한다. 따라서 소비에서 차지하는 비중이 큰 어느 한 품목, 예를 들면 석유 가격의 폭등은 GDP 디플레이터보다는 소비자물가지수에 훨씬 큰 영향을 미칠 수 있다. 둘째, 소비자물가지수는 5년마다 조사 대상 품목을 다시 선정하지만 GDP 디플레이터는 매년 생산하는 모든 품목을 대상으로 한다. 그 결과 소비자물가지수는 국민 생활에 커다란 영향을 미치는 새로운 재화나 서비스의 출현을 제때에 반영할 수 없다. 예를 들어 최근 5년간 새로운 품목, 예

를 들면 정보통신 관련 신제품이나 새로운 서비스들은 소비에서 차지하는 비중이 상당히 크게 나타남에도 불구하고 조사 대상 품목을 5년마다 한 번씩 선정함에 따라 소비자물가지수 산정에 제대로 반영할 수 없는 모순이 나타날 수 있다.

CASE STUDY 사례연구 6-3 중앙은행이 발표하는 소비자물가지수는 소비자들이 체감하는 장바구니 물가를 제대로 반영할 수 있을까?

미국을 비롯한 각국 중앙은행은 매월 소비자물가 상승률을 발표하고 있다. 전반적인 물가가 지속적으로 상승하는 인플레이션 기간 동안에는 정부뿐만 아니라 소비자들도 물가 상승에 신경을 곤두세우는 경향이 있다. 그만큼 인플레이션은 사회 전반에 심각한 부작용을 낳기 때문이다. 대부분의 소비자들은 중앙은행이 발표하는 소비자물가 상승률에 대해 고개를 갸우뚱한다. 중앙은행이 발표하는 소비자물가 상승률과 소비자들이 현장에서 직접 체감하는 소비자물가 상승률 사이에 상당한 괴리가 있기 때문이다.

인플레이션 기간 동안 소비자물가 상승률을 두고 중앙은행과 소비자들 사이에 간극이 발생하는 이유는 무엇 때문일까? 그것은 다음과 같은 세 가지 이유를 들어 설명할 수 있다. 첫째, 소비자물가지수 산정 대상 품목이 서로 다르기 때문이다. 앞에서 설명했듯이 한국은행은 도시가계의 월 평균 소비 지출액 중 각 품목별 지출액이 0.01% 이상을 차지하는 재화나 서비스 500여개 품목을 대상으로 소비자물가지수를 산정한다. 그러나 소비자들이 직접 체감하는 소비자물가는 파, 무, 감자, 양파, 마늘, 고추 등과 같은 채소와 돼지고기, 닭고기 등과 같은 육류 등 극히 한정된 품목만을 대상으로 한다. 소비자들이 체감하는 물가를 소위 '장바구니 물가'라고 부르는 이유도 바로 이러한 특성을 반영한 데 따른 것이다. 둘째, 소비자물가 산정 시 반영하는 가중치가 서로 다르기 때문이다. 중앙은행이 발표하는 소비자물가지수는 가격이 비싼 품목일수록, 구입 빈도가 높은 품목일수록 소비 지출액이 크게 나타나므로 가중치도 그만큼 높다. 반면에 소비자들이 체감하는 장바구니 물가에 결정적인 영향을 미치는 품목들은 500여개 품목들 중 상대적으로 가격이 저렴한 품목들이므로 중앙은행이 발표하는 소비자물가지수에 미치는 영향력은 작을 수밖에 없다. 정부도 중앙은행이 발표하는 소비자물가지수와 소비자들이 몸소 체감하는 장바구니 물가지수 사이의 괴리에 따른 불신을 해소하기 위해 장바구니 물가지수에 해당하는 '신선식품 물가지수'를 따로 발표하고 있다.

C·H·A·P·T·E·R

07

국가경제의 순환

제 1절 국가경제의 순환: 단순경제모형

한 나라 경제가 번영하기 위해서는 경제 활동이 활발히 이루어져야 한다. 경제 활동(economic activity)이란 생산과 소비 활동을 의미한다. 경제 활동이 활발히 이루어진다는 것은 재화와 서비스의 생산과 소비가 활발히 이루어지고 있다는 것을 의미한다. 경제 활동이 활발히 이루어지면 노동자들에게는 일할 기회가 늘어나고 그만큼 소득도 증가한다. 그 결과 노동자들은 소비자로서 다양한 재화와 서비스를 향유할 수 있으므로 삶의 질을 향상시킬 수 있다. 기업가나 주주들도 이윤이나 배당소득을 받을 기회가 확대되므로 소비자로서 보다 나은 삶을 영위할 수 있다. 반대로 경제 활동이 위축되면 기업의 생산과 판매가 부진하기 때문에 실직자가 늘어나고 기업가의 이윤이나 주주의 배당소득도 감소한다. 그 결과 소비 활동이 위축되고 기업의 재고가 누적되며 기업은 다시 고용을 감소시키는 악순환이 반복될 수 있다. 이러한 악순환이 장기화하면 기업의 도산이 늘어나고 경제는 대량 실업의 위험에 빠질 수 있다.

이처럼 한 나라 경제 활동의 활성화 여부는 개인과 국민 전체의 생활수준을 결정하는 데 커다란 영향을 미친다. 따라서 경제 활동에 참여하는 경제주체들이 경제 활동에 영향을 미치는 요인들을 정확히 이해하는 것이 매우 중요하다. 경제 활동에 영향을 미치는 요인들을 파악하기 위해서는 먼저 한 나라의 경제 활동이 어떻게 이루어지는지 살펴볼 필요가 있다. 경제 활동에 참여하는 경제주체(economic subject)는 가계, 기업, 정부, 해외부문 등을 들 수 있으나 설명을 간단히 하기 위해 우선 가계와 기업만 존재하는 가장 간단한 단순경제모형으로부터 설명을 시작하기로 한다.

1. 단순경제모형: 가계와 소비재 기업

여러분의 이해를 돕기 위해 우선 한 나라 경제에 가계와 기업만 존재하고 기업은 소비재만 생산한다고 가정하자. 가계는 기업에 노동, 토지, 자본 등과 같은 생산요소들을 공급하지만, 설명을 간단히 하기 위해 생산요소는 노동만 존재한다고 가정한다. 기업은 노동을 투입하여 생산한 소비재를 생산물시장에 공급하고 가계는 이들에 대한 수요를 결정한다. [그림 7-1]처럼 시계반대방향으로 순환하는 경제흐름을 실물 순환(economic circulation)이라고 부른다. 일반적으로 "실물경제가 나쁘다"는 말은 이와 같은 실물 순환이 원활하지 않다는 것을 의미한다. 다시 말해 노동의 공급이 원활하지 못하면 실업이 늘어나고, 재화의 공급이 원활하지 못하면 기업의 재고가 늘어나 경제가 어려움에 빠진다.

실물 순환은 현금을 매개로 이루어진다. 가계는 생산물시장에서 수요와 공급에 의해 결정된 가격에서 소비재를 구매하는데, 이러한 구매 행위를 소비(Consumption: C)라고 부른다. 가계의 소비지출은 기업의 소득(판매 수입)으로 귀속되며, 기업의 소득에서 임금 등과 같은 생산요소 구입비를 제외한 값이 이윤이다. 이윤은 기업의 소유주인 주주들에게 배당되어 가계 소득으로 귀속한다. 이처럼 시계방향으로 순환하는 경제 흐름을 현금 순환(money circulation)이라고 부른다. "요즈음 돈이 잘 돌지 않는다"는 말은 바로 현금 순환이 원활하지 않다는 것을 의미한다.

한 나라 경제에서 생산한 모든 재화와 서비스의 시장가치를 국내총생산(growth domestic product: GDP)이라고 부른다는 것을 제6장에서 공부한 바 있다. [그림 7-1]의 모형은 소비재만 생산하는 경우를 가정하므로 국내에서 생산한 소비재의 연간 지출액, 즉 소비(C)는 연간 GDP와 일치한다.

▶그림 7-1
생산물과 소득의 순환: 소비재만 생산할 경우

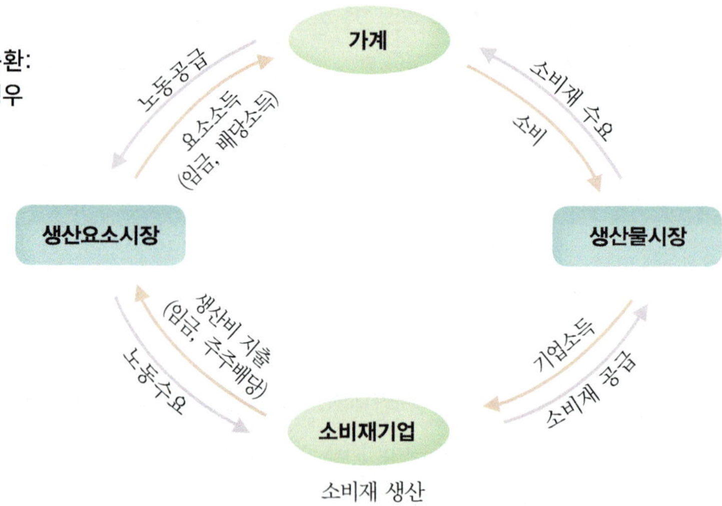

$$GDP = C$$

한 나라 국민들이 연간 벌어들인 소득인 국민총소득(GNI)은 [그림 7-1]에서 보듯이 소비재를 생산하는 기업으로부터 얻는 임금과 이윤으로부터 발생한 배당소득의 총합과 일치한다. 국민총소득은 다시 소비재를 구매하기 위한 소비지출에 사용하므로 국민총소득 또한 소비와 일치한다. 결론적으로 현금 순환은 지출부문(가계의 소비지출, 기업의 생산비 지출)과 소득부문(가계의 요소소득, 기업의 판매 수입) 둘로 나누어지는데, 두 부문은 반드시 일치해야 한다는 것을 의미한다.

$$GNI = C = GDP$$

CASE STUDY 사례연구 7-1 소비는 미덕인가?

우리나라처럼 마음 놓고 소비할 수 없는 사회적 분위기가 강하게 자리 잡고 있는 나라를 찾기란 쉽지 않다. 저축 통장 수십 개를 갖고 있는 어떤 연예인은 칭송의 대상이 되고 해외에서 쇼핑을 즐기는 어떤 연예인은 비난의 대상이 되기도 한다. 요즈음 젊은이들 사이에 "내 돈 내가 벌어 마음대로 쓰는데 무슨 참견이야!"라는 듯 여러 대의 외제차와 호화로운 생활상을 SNS에 자랑스럽게 올리기도 하지만 비난을 자초할 뿐 부러움의 대상이 되기에는 요원하다.

소비에 대한 죄의식을 갖는 것은 어제 오늘의 일만은 아니며 우리 국민들의 DNA 속에 뿌리 깊게 자리 잡고 있다. 어쩌면 조상 대대로 풍요를 누리지 못했던 우리 국민들이 동병상린의 심정으로 약자에 대한 배려심이 지나친 데서 비롯한 것일 수도 있다. 아니면 백의민족임을 자랑스럽게 여기는 우리 국민들의 유별난 평등사상에서 비롯한 것일 수도 있다. 오죽하면 과거 안동에서는 '헛제사'라는 풍습이 있었을까. 양반네 부잣집에서 가난에 굶주리는 백성들 눈치가 보여 거짓제사를 핑계로 기름진 음식을 먹을 수 있었다고 한다. 이런 의식이 남아 있는 탓인지 1980년대까지만 해도 고기 굽는 냄새가 이웃으로 새나가지 않도록 배려 아닌 배려를 했던 시절도 있었다.

요즈음은 경제가 성장하면서 소비의 중요성을 깨닫는 국민들이 늘어나고 있다. 그럼에도 불구하고 "지나친 과소비는 삼가자"라는 구시대적 캠페인이 낯설지 않는 이유는 무엇 때문일까? 오죽하면 2013년 글로벌 금융위기가 한창일 때 심각한 경기침체를 우려한 한국은행이 건물 앞에 "건전한 소비는 장려하자"라는 현수막을 내걸었을까. 경제학에서 과소비라는 용어는 존재하지 않는다. 굳이 용어를 정의하자면 과소비란 소득에 비해 소비가 과하다는 것을 의미하는 것 같다. 그렇다면 언론에서 자주 쓰는 과소비라는 용어는 누구의 소득을 기준으로 한 것이란 말인가? 과연 자본주의경제에서 고소득층과 저소득층의 소비패턴이 동일해야 바람직하다는 말인가? 소비자가 각자의 사정에 따라 그에 맞는 소비를 하는 것은 그냥 소비일 뿐 그 어디에도 건전한 소비와 불건전한 소비를 구분 지을만한 기준은 없다. 마약과 같은 불법적인 소비를 제외하면 말이다.

과거 가난을 겪었던 우리 부모들은 자식들에게 돈의 중요성을 강조하곤 한다. 그러나 돈을 어떻게 벌고 어떻게 모아야 하는가에 대해서만 가르칠 뿐 정작 돈을 어떻게 써야 하는가에 대해서는 가르치지 않는다. 절약을 미덕으로 생각했던 우리 부모들의 의식 속에 소비의 중요성은 안중에도 없었기 때문이다. 반면에 대부분의 미국 초등학교에서는 money market 시간을 따로 두어 돈 쓰는 법을 가르치고 있다. 우리 국민들은 경제의 중요한 축을 담당하고 있는 소비자로서 건전한 소비가 아니라 현명한 소비를 생각할 때이다. 한 나라 경제의 성적표라고 할 수 있는 GDP에서 소비가 차지하는 비중은 미국의 경우 70% 정도, 우리나라도 50% 수준에 이르고 있다. 다시 말해 소비를 늘리지 않는 한 GDP의 증가, 즉 경제성장도 기대할 수 없다는 말이다. 2001년 9월 11일 발생한 뉴욕 무역센터 테러로 미국 경제가 얼어붙자 언론들이 앞장서서 추수감사절부터 크리스마스 사이에 집중적으로 이루어지는 쇼핑을 앞당기자는 캠페인을 벌인 적이 있었다. 왜 소비가 중요한가를 펜으로 보여주고 있다.

2. 단순경제모형: 가계와 소비재 및 자본재 기업

모든 기업은 생산 과정에서 자본재를 필요로 한다. 자본재(capital goods)란 생산 과정에서 사용하는 기계와 같은 생산설비를 말한다. 자본재는 자본재 기업들이 생산하며 소비자보다는 주로 기업에 판매한다. 한 나라 경제에서 공급 가능한 노동력은 한정되어 있으므로 노동자들 중의 일부는 자본재를 생산하는 기업에서, 그리고 나머지는 소비재를 생산하는 기업에서 고용한다. 기업들이 소비재와 자본재 중 어느 것을 얼마만큼 생산할 것인가는 제4장에서 이미 설명했듯이 소비재시장과 자본재시장에서 이윤을 극대화하는 방식, 즉 한계수입(marginal revenue)과 한계비용(marginal cost)이 일치하는 선에서 각각의 생산량을 결정한다.

[그림 7-2]는 [그림 7-1]에 자본재 기업을 추가한 것이다. [그림 7-1]과 같이 소비재만 생산하는 가장 단순한 모형에서는 이윤은 모두 소비재를 생산하는 기업의 주주들에게 배당소득으로 귀속한다. 그러나 보다 현

▶그림 7-2
생산물과 소득의 순환: 소비재와 자본재 모두 생산할 경우

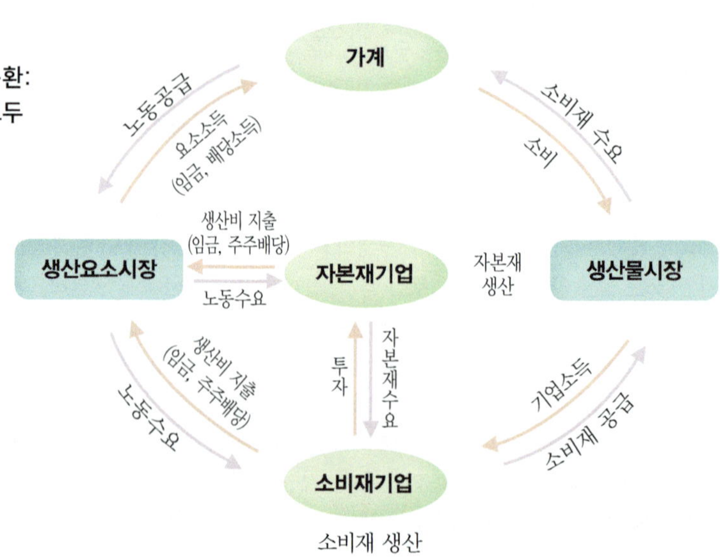

실적으로, 소비재를 생산하는 기업은 노후 생산설비를 교체하는 등 새로운 생산설비를 구입해야 하므로 이윤 모두를 주주에게 배당할 수는 없으며 이윤 중 일부는 자본재를 구입하는 데 지출한다. 이처럼 기업이 생산과정에서 필요한 자본재를 구입하는 행위를 경제학에서는 투자(investment: I)라고 정의한다.

대부분의 사람들은 '투자'라는 단어를 접하면 우선 증권투자나 부동산투자를 떠올릴 것으로 생각한다. 그러나 경제학에서는 투자를 금융투자와 자본투자 두 종류로 구분한다. 어떤 사람이 삼성전자 주식 100주를 샀다면 이것은 금융투자(financial investment)에 해당한다. 만약 현대자동차가 새로운 공장을 짓고 생산설비를 교체했다면 이것은 자본투자(capital investment)에 해당한다. 여러분은 저축주체가 시행하는 금융투자와 기업이 시행하는 자본투자를 정확히 구분할 줄 알아야 한다.

[그림 7-2]에서 보듯이 소비재를 생산하는 기업은 자본재를 생산하는 기업으로부터 자본재를 구입하며, 이러한 행위를 자본재 투자(capital good investment) 또는 투자라고 부른다. 소비재 기업의 투자 금액은 전액 자본재 기업의 소득으로 귀속한다. 이 소득은 다시 임금으로 지출하고 소득에서 임금을 제외한 이윤은 자본재 기업의 주주들에게 배당한다. 따라서 소비재 기업과 자본재 기업이 지출한 임금은 가계의 노동소득인 임금소득(wage income)으로 귀속하며, 소비재 기업과 자본재 기업의 주주배당에 따른 지출은 가계의 배당소득(dividend income)으로 귀속한다.

소비재와 자본재를 모두 생산하는 경제에서 국내총생산(GDP)은 소비재의 시장가치(소비: C)와 자본재의 시장가치(투자: I)를 전부 합한 값과 일치한다.

$$GDP = C + I$$

소비재 기업과 자본재 기업의 소득을 합한 값은 GDP이고 이 소득은 결국 요소소득의 총합인 국민총소득(GNI)으로 귀속하기 때문에, 소비재만을 생산할 경우와 마찬가지로 소비재와 자본재 모두를 생산할 경우에도 GDP와 GNI는 반드시 일치해야 한다.

$$GDP = C + I = GNI$$

CASE STUDY 사례연구 7-2 왜 소비와 투자는 동전의 양면과 같다고 말할까?

소비의 주체는 가계이고 투자의 주체는 기업이다. 여러분은 제1부 시장원리의 이해에서 공부했듯이 소비자(가계)와 생산자(기업)는 가격결정 과정에서 서로 힘겨루기를 하는 진영 간 대결의 주체이기도 하다. 그렇다면 소비와 투자 또한 대립의 관계에 놓여 있을까? 그렇지 않다. 기업의 투자에 결정적인 영향을 미치는 것은 가계의 소비이기 때문이다.

어떤 이유로 가계의 소득이 감소했다면 가계는 소비를 줄일 수밖에 없다. 가계의 소비 감소는 기업의 재고 증가로 나타난다. 기업의 재고가 증가함에 따라 기업들은 적정 재고수준에 도달할 때까지 기업 간 가격인하 경쟁을 벌인다. 재화나 서비스의 가격 하락은 기업의 이윤을 감소시키므로 재화의 생산량을 감소시킨다. 재화의 생산량 감소는 생산설비의 증설을 미루거나 기존 생산설비의 감축으로 나타나 기업의 투자를 감소시킨다. 전술한 바와 같이 가계와 소비재 및 자본재 기업만 존재하는 단순경제모형에서는 GDP는 소비와 투자의 합과 일치하므로 소비와 투자의 축소는 GDP의 감소로 나타난다. GDP는 국민총소득(GNI)과 일치하므로 GDP 감소는 GNI 감소로 나타나고 GNI 감소는 다시 소비를 감소시키는 경제의 악순환이 발생한다. 물론 어떤 이유로 투자가 감소한다면 위에서 설명한 것과 똑같은 과정을 거치면서 소비도 감소하는 악순환이 발생한다. 소비와 투자는 상호 밀접한 관계를 갖고 있으며 어느 것이 먼저 영향을 미치는가는 닭이 먼저냐 달걀이 먼저냐를 묻는 것과 같다. 다만 우리나라의 경우 GDP에 영향을 미치는 요소들 중 소비는 50% 정도를 차지하는 반면에 투자는 30% 정도를 차지하고 있어 그 중요도를 가늠할 수는 있다.

3. 저축과 투자의 연계성

저축(Savings: S)이란 한 나라 국민총소득(GNI)에서 소비지출(C)을 제외한 값을 말한다.

$$S = GNI - C$$

폐쇄경제에서 한 나라의 저축과 투자는 서로 일치한다. 앞에서 설명했듯이 GDP는 GNI와 일치하고 GDP는 소비(C)와 투자(I)의 합과 일치하기 때문에. 저축을 나타내는 식의 우변 GNI에 GDP, 즉 (C+I)를 대입하면 저축과 투자는 반드시 일치해야 한다.

$$S = I$$

한 나라 경제에서 저축과 투자가 일치해야 한다는 것은, 미래의 생산성을 높이기 위해 자본재에 투자하려고 한다면 동일한 금액의 현재 소비를 줄여 그만큼 저축을 늘려야 한다는 것을 의미한다. 위 식에서 우변의 투자가 증가하려면 좌변의 저축이 따라서 증가해야 하며 저축이 증가하기 위해서는 소비가 감소해야 하기 때문이다. 그러나 현실 경제에서 저축과 투자가 정확히 일치하는 경우는 존재하지 않는다. 국가별로 볼 때 선진국은 저축이 투자보다 많고 후진국은 투자가 저축보다 많은 것이 일반적이다. 그 이유는 저축에 가장 큰 영향을 미치는 것은 국민소득 수준인데, 후진국은 소득 수준이 너무 낮아 소득의 대부분을 생계비에 지출하고 나면 저축할 여력이 거의 없기 때문이다.

후진국은 자본재 투자가 제대로 이루어지지 않아 생산 여력이 부족하므로 재화나 서비스의 공급 부족 문제를 겪는 게 일반적이다. 따라서 후진국은 재화나 서비스의 공급을 늘리는 데 필요한 투자수요(investment demand)는 매우 큰 반면에 저축은 매우 낮아 투자에 필요한 자금을 조달하는 데 어려움을 겪고 있다. 일반적으로 후진국 정부는 국민들의 허리띠를 졸라매더라도 어떻게든지 저축을 늘리려는 노력을 게을리 하지 않는다. 우리나라에서도 1980년대까지 초등학교와 중·고등학교에 재학 중인 모든 학생들에게 강제저축을 의무화한 적이 있었다. 한때는 담임 선생님의 능력 평가에서 학급별 저축 실적이 중요한 평가지표가 되기도 하였으며, 각 학급 게시판에는 학생들의 월별 저축 실적을 나타내는 그래프가 붙어 있기도 하였다.

그러나 이러한 저축 노력에도 불구하고 고도성장을 추구하는 후진국에서는 투자에 비해 저축의 규모가 턱없이 부족할 수밖에 없다. 이 경우 정부는 해외로부터 외채를 들여와 투자에 필요한 자금을 조달한다. 이와 같은 외채는 국내 저축과 대비되는 의미에서 해외 저축이라고 부르기도 한다.

국내 저축 + 해외 저축(외채) = 투자

대다수 후진국들은 국가 신용도가 매우 낮은 게 사실이다. 이로 인해 후진국이 해외 저축을 차입할 수 없다면 후진국은 부득이 투자를 줄여 국내 저축에 맞출 수밖에 없다. 그 결과 경제 활동은 위축되고 국민소득도 감소한다. 따라서 경제성장이 절실히 요구되는 후진국 정부가 투자에 필요한 외채를 들여와 경제성장을 촉진시켰다면 이들의 정책은 정당하게 평가받아야 한다. 우리나라에서도 1970년대 선거 때만 되면 '외채 망국론'이 기승을 부렸다. 물론 우리 기업들의 무분별한 외채 조달이 1997년 말 우리나라가 IMF 구제금융을 받는 데 일조한 것은 사실이지만, 그렇다고 "외채는 무조건 나쁘다"는 주장은 자본축적이 덜 되어 있는 후진국 입장에서 볼 때 지극히 위험한 발상임에 틀림없다.

가계와 기업만 존재하는 단순경제에서 저축이 증가하면 그만큼 소비가 감소하므로 저축 자체는 GDP를 감소시킨다. 그러나 가계가 은행에 저축한 돈은 기업들이 대출을 받아 생산설비와 같은 자본재에 투자하므로 투자 증가는 GDP를 증가시킨다. 따라서 경제가 어려울 때 투자 위축으로 저축이 투자보다 크다면 GDP는 감소하고 반대로 경제가 좋을 때 투자 확대로 투자가 저축보다 크다면 GDP는 증가한다. 물론 현실경제에서는 기대할 수는 없지만, 저축과 투자가 정확히 일치한다면 GDP는 불변이다.

$$S > I \Rightarrow \text{GDP 감소}$$

$$S < I \Rightarrow \text{GDP 증가}$$

$$S = I \Rightarrow \text{GDP 불변}$$

CASE STUDY 사례연구 7-3 부동산가격 급등은 GDP 증가에 득일까, 아니면 실일까?

부동산가격이 치솟으면 GDP 증가에 득일까, 아니면 실일까? 한두 번쯤은 생각해 볼만한 질문이다. 결론부터 말하자면 모든 경제문제가 그러하듯 부동산가격 급등 문제도 득과 실이 공존한다. 부동산가격의 급등을 어떤 눈으로 바라볼 것인가는 주택 등과 같은 부동산 소유 여부에 따라 극명하게 갈릴 정도로 정치·경제적 가치관과 밀접하게 결부되어 있다. 그만큼 부동산문제는 풀기 어려운 난제 중의 난제라는 것을 의미한다. 범위를 좁혀 부동산가격 급등이 GDP에 미치는 영향에 대해서만 살펴보기로 하자.

부동산가격 급등은 다음과 같은 경로를 통해 소비와 투자를 늘림으로써 GDP 증가에 기여한다. 첫째, 부동산가격 상승에 따른 소비심리 자극으로 가계의 소비지출이 늘어난다. 둘째, 임대료 상승에 따른 가계의 임대소득 증가로 소비지출이 늘어난다. 셋째, 부동산 매매거래 증가에 따른 연관 산업의 이익 증가로 가계의 임금소득과 배당소득이 늘어나며, 기업의 투자도 증가한다. 넷째, 신축아파트 공급 확대 등 건설경기 호황에 따른 건설투자가 증가한다. 역대 모든 정부들이 경제가 어려울 때 부동산 관련 규제를 풀어 실물경기를 부양하는 이유가 여기에 있다.

반대로 부동산가격 급등은 다음과 같은 경로를 통해 소비와 투자를 위축시킴으로써 GDP 감소에 영향을 미친다. 첫째, 무주택자의 강제저축 증가로 소비는 감소한다. 부동산가격의 급등으로 내집을 마련하는 데 그만큼 시간이 더 걸리며 저축을 더 늘려야 오른 집값을 따라잡을 수 있다는 의미다. 둘째, 임대료 상승에 따른 가계 및 기업의 금융비용 증가로 소비 및 투자가 감소한다. 셋째, 부동산산업의 투자는 증가하나 제조업 등과 같은 일반산업의 투자는 감소할 수 있다. 부동산경기 호황기에 금융기관의 한정된 대출 자원이 부동산산업에 쏠리는 현상은 다른 산업의 대출을 제약하는 요인으로 작용하므로 기업의 투자를 위축시킬 수 있다.

우리나라 헌법은 모든 국민은 의·식·주를 누릴 권리가 있다는 것을 명시하고 있다. 아무리 경제가 성장하더라도 국민의 기본권인 주거문제를 해결하지 않는 한 그 사회는 결코 바람직한 사회라고 말할 수는 없다. 모든 국가, 심지어 사회주의국가들까지 정부가 나서서 주거문제를 적극적으로 해결하려고 노력하는 이유도 바로 여기에 있다. 부동산을 소유하고 있느냐의 여부와 상관없이 일반적으로 부동산가격이 상승할수록 고소득층과 저소득층 사이에 소득 양극화는 더욱 더 커질 수밖에 없다. 부동산가격은 고가의 재화이므로 부동산가격이 상승할수록 저소득층의 내집 마련 기회는 점차 사라진다. 설사 주택을 소유하고 있다고 하더라도 고가주택과 저가주택의 오름폭은 갈수록 벌어진다. 예를 들어 모든 아파트 가격이 10% 상승했다고 가정할 때 50억짜리 아파트는 5억이 오른 반면에 5억짜리 아파트는 5천만 원만 올라 상승 전에 비해 고가와 저가 아파트 가격 차이는 4억 5천만 원만큼 더 벌어진다. 반대로 10% 하락할 경우 가격 차이는 4억 5천만 원만큼 줄어든다. 부동산가격 급등은 계층 간 이동 수단인 사다리를 걷어차는 것과 동일한 효과를 갖는다.

제2절 국가경제의 순환: 혼합경제모형

1. 세금과 정부지출

[그림 7–2]의 생산물과 소득의 순환 모형은 한 나라 경제에서 가계와 기업만 있는 가장 단순한 모형이다. 그러나 현실 경제에서는 정부라는 경제주체가 경제 활동에 참여하고 있다. 가계와 기업만이 존재하는 단순경제에서 기업은 이윤 중의 일부를 자본재에 투자하고 나머지는 모두 주주들에게 배당하는 것으로 가정하였다. 마찬가지로 가계소득의 총합인 국민총소득은 일부는 저축하고 나머지는 모두 소비하는 것으로 가정하였다. 그러나 현실 경제에서 정부는 가계의 소득으로부터 소득세(income tax) 등을, 그리고 기업의 소득으로부터 법인세(corporate tax) 등과 같은 각종 세금을 징수한다. 정부는 가계와 기업으로부터 세금을 징수할 뿐만 아니라 소비 활동도 하는데, 이와 같은 정부의 소비 활동을 정부지출(Government expenditure: G)이라고 말한다.

단순경제모형에서 국내총생산(GDP)은 소비재의 시장가치(소비: C)와 자본재의 시장가치(투자: I)를 전부 합한 값과 일치한다는 것을 설명한 바 있다. 그러나 정부가 참여하는 혼합경제에서는 소비재와 자본재 중의 일부는 정부가 소비한다. 따라서 기업들이 생산해서 시장에 내다 판 총액인 국내총생산은 소비와 투자, 그리고 정부지출의 총합으로 나타난다.

$$GDP = C + I + G$$

가계와 정부의 소비지출로부터 발생한 기업의 소득은 법인세 등과 같은 각종 세금을 납부한 후 임금과 주주 배당 등을 통해 가계소득으로 귀속한다. 가계는 소득 중의 일부를 세금으로 납부한 후 소비지출하며 나머지를 저축한다. 따라서 소비재 기업과 자본재 기업이 생산 활동을 통해 벌어들인 국민총소득(GNI)은 법인세와 소득세 등과 같은 각종 세금(Tax: T)으로 정부에 귀속하고 나머지는 소비와 저축으로 사용한다.

$$GNI = C + S + T$$

경제순환모형에서 국내총생산(GDP)과 국민총소득(GNI)은 서로 일치하므로 두 식을 서로 일치시키면 투자(I)와 정부지출(G)의 합은 저축(S)과 세금(T)의 합과 반드시 일치해야 한다.

$$GDP = GNI \Rightarrow C + I + G = C + S + T$$
$$\Rightarrow I + G = S + T$$

만약 민간부문(가계와 기업)에서 저축(S)은 늘어나는 반면에 투자(I)는 정체되어 있거나 감소한다면 그만큼 소비와 투자가 감소하므로 국내총생산이 감소하고 국민총소득도 따라서 감소한다. 이 경우 민간부문의 저축과 투자의 불균형(I<S)으로 위 식의 우변의 값(S+T)이 좌변의 값(I+G)보다 크다. 이를 시정하기 위해, 즉 우변과 좌변의 값을 일치시키기 위해 정부는 첫째, 세금(T)을 감면시키거나, 둘째, 정부지출(G)을 늘리거나, 셋째, 세금을 감면시키고 정부지출을 늘리는 확대정책을 시행할 수 있다. 그러나 세 가지 정책 모두 정부의 부채를 증가시키는 재정적자 문제를 발생시킨다.

반대로 민간부문에서 저축은 정체되어 있거나 감소하는 반면에 투자는 계속 늘어난다면 소비와 투자가 증가한 만큼 국내총생산이 늘어나고 국민총소득도 따라서 증가한다. 그러나 소비와 투자의 과도한 증가는 인플레이션이라는 경제문제를 발생시킬 수 있다. 이 경우 민간부문의 저축과 투자의 불균형(I>S)으로 위 식의 좌변의 값(I+G)이 우변의 값(S+T)보다 크다. 이를 시정하기 위해 정부는 첫째, 정부지출(G)을 줄이거나, 둘째, 세금(T)을 늘리거나, 셋째 세금을 늘리고 정부지출을 줄이는 긴축정책을 시행할 수 있다. 이 경우 정부의 부채를 감소시키는 재정흑자가 발생하지만, 이해 당사자들의 반발로 정부 예산을 삭감하고 세금을 늘리기가 쉽지 않다.

적자재정: $T < G \Rightarrow$ GDP 증가
흑자재정: $T > G \Rightarrow$ GDP 감소
균형재정: $T = G \Rightarrow$ GDP 불변

CASE STUDY 사례연구 7-4 여러분은 기업에 대한 감세정책을 선호하는가, 아니면 증세정책을 선호하는가?

기업에 대한 감세정책과 증세정책의 논쟁은 어느 나라에서나 해묵은 과제임에 틀림없다. 기업에 대한 감세정책과 증세정책을 놓고 벌이는 정치권의 공방은 시민사회로까지 이어지면서 진영 간 대립 양상을 보인지 오래다. 감세정책과 증세정책은 말 그대로 기업의 이윤에 대해 부과하는 법인세(corporate tax)를 놓고 펼치는 정반대의 경제정책(economic policy)을 말한다. 감세정책 반대론자들은 대기업과 부자들에게만 혜택이 돌아가는 전형적인 '부자감세'라고 몰아 부친다. 증세정책 반대론자들은 증세를 통해 확보한 세금을 사회복지에 지출하려는 전형적인 '포퓰리즘'이라고 몰아 부친다. 정부가 시행하는 경제정책은 어느 한 계층만이 아니라 모든 계층들을 대상으로 '최대 다수의 최대 행복'을 실현할 수 있는 정책이어야 한다. 보수정부가 들어서든 진보정부가 들어서든 상관없이 경제정책의 근본 목적은 변할 수 없다. 그렇다면 동일한 목적을 두고 보수정부는 감세정책을, 반대로 진보정부는 증세정책을 주장하는 근거는 어디에 있을까?

감세정책 찬성론자들은 국내 기업들의 국제경쟁력을 높이고 외국 기업들의 국내 투자를 유치하려면 지나치게 높은 법인세율을 낮춰야 한다고 주장한다. 감세정책 반대론자들의 부자감세라는 주장에 대해서는 다음과 같은 반론을 제기한다. 감세정책으로 대기업과 부유층의 소득과 부를 먼저 올려주면, 대기업은 투자(I)를 늘리고 부유층은 소비(C)를 늘리므로 GDP는 증가한다고 주장한다. GDP의 증가는 국민총소득(GNI)의 증가를 가져오므로 다시 소비와 투자를 늘리는 선순환을 반복하면서 결국에는 중소기업과 저소득층도 혜택을 볼 수 있다고 주장한다. 다시 말해 대기업과 부유층의 이윤과 소득 증가는 소비와 투자를 촉진하므로 중소기업이나 저소득층에게까지 감세효과가 파급되는 소위 '낙수효과(trickle-down effect)'가 나타난다고 주장한다. 이러한 주장은 분배와 형평성 보다는 성장과 효율성을 중시하는 논리에 근거한다.

증세정책 찬성론자들은 정부가 증세를 통해 확보한 세금으로 저소득층이나 중산층의 소득을 먼저 올려주면 이들의 소비 증가로 기업의 이윤도 증가하므로 투자가 늘어나고 GDP도 증가한다고 주장한다. GDP의 증가는 국민총소득(GNI)의 증가로 이어지므로 다시 소비와 투자가 증가하는 선순환을 통해 대기업과 고소득층의 소득도 늘어난다고 주장한다. 다시 말해 분수에서 물이 아래에서 위로 솟아나는 것처럼 저소득층에서 시작된 소득과 소비 증대의 효과가 점차 대기업과 부유층으로 확산하는 소위 '분수효과(fountain effect)'가 나타난다고 주장한다. 이러한 주장은 고소득층보다는 저소득층의 한계소비성향이 더 크다는 영국 경제학자 케인즈(Keynes)의 논리에 근거한다. 여기서 한계소비성향(marginal propensity to consume)이란 소득 증가분에 대한 소비 증가분을 말한다. 케인즈의 주장에 따르면 부유층은 추가 소득의 대부분을 소비보다는 저축을 늘리는 데 사용하지만, 저소득층은 저축보다는 소비를 늘리는 데 사용한다. 따라서 대기업이나 부유층에게 혜택이 돌아가는 감세정책보다는 증세를 통해 저소득층과 중산층에게 혜택이 돌아가도록 하는 증세정책을 시행하는 것이 경제 활성화에 더 큰 기여를 한다고 주장한다.

실제로 미국의 보수진영인 공화당의 부시 대통령은 1989년부터 1992년까지 낙수효과에 기반을 둔 감세정책을 시행한 적이 있었다. 그러나 1993년 1월 당선된 진보진영인 민주당의 클린턴 대통령은 낙수효과는 근거가 없다는 이유를 들어 감세정책을 중단한 바 있다. 2015년 국제통화기금(International Monetary Fund: IMF)이 발표한 연구 결과에 따르면 소득 상위 20% 계층의 비중이 커질수록 해당 국가의 경제성장률은 낮아지는 경향이 있다고 한다. 다시 말해 고소득층이 늘어날수록 GDP 증가에 기여하는 소비를 늘리기보다는 GDP를 감소시킬 수 있는 저축을 늘리는 경향이 있다는 것을 의미한다. 이것은 케인즈의 주장처럼 현실 경제에서 감세정책이 낙수효과를 유발하지 않을 수 있다는 것을 시사한다.

제3절 국가경제의 순환: 개방경제모형

1. 수출과 수입

국가경제의 순환을 설명함에 있어서 현실 경제를 그대로 반영하는 것은 개방경제모형이다. 국가 간 교역이 이루어지지 않거나 이루어지더라도 보잘것없던 시대에는 한 국가 내의 생산과 소비, 그리고 투자는 여타 국가들로부터 전혀 영향을 받지 않는 폐쇄경제(closed economy)의 특성을 갖고 있었다. 그러나 국가 간 교역이 확대되고 자본과 기술의 이동이 활발히 이루어지고 있는 개방경제(open economy)에서는 국가 간 상호 커다란 영향을 주고받는다.

앞에서 여러분은 GDP란 소비재 기업과 자본재 기업이 생산한 재화를 시장에 내다판 총액이라는 것을 공부한 바 있다. 소비재 기업이 생산한 재화는 국내 소비자들뿐만 아니라 해외 소비자들도 소비한다. 물론 자본재 기업이 생산한 자본재도 국내 기업들뿐만 아니라 해외 기업들도 구매한다. 이처럼 우리 기업이 만든 재화를 해외 소비자들과 해외 기업들이 소비하는 행위를 수출(export: X)이라고 부른다. 이와는 반대로 해외 기업들이 생산한 재화를 국내 소비자들과 국내 기업들이 소비하는 행위를 수입(import: M)이라고 부른다. 모든 국가는 수출만 하는 것이 아니라 수입도 한다. 수입이 증가하면 국내 기업이 생산한 재화에 대한 소비가 그만큼 감소하므로 수입은 GDP를 감소시킨다. 따라서 해외부문이 순수하게 GDP에 기여하는 값은 수출에서 수입을 제외한 값, 즉 순수출(net export: X−M)과 일치한다. 지금까지의 결과를 종합하면 가계, 기업, 정부, 해외부문이 존재하는 현실 경제에서 GDP는 가계의 소비(C), 기업의 투자

(I), 정부의 정부지출(G), 해외부문의 순수출(X−M)과 일치한다는 것을 알 수 있다.

$$GDP = C + I + G + (X - M)$$

전술한 바와 같이 수출의 증가는 수출품을 생산하는 우리 기업의 판매 수입을 늘리므로 GDP의 증가에 기여한다. 반대로 수입의 증가는 우리 국민들이 해외 기업들이 생산한 재화의 소비를 늘리는 것을 의미한다. 따라서 수입의 증가는 국민소득 중의 일부가 해외로 빠져나가므로 그만큼 국내 기업들이 생산한 재화들을 소비할 수 있는 금액은 감소한다. 그 결과 국내 기업의 판매 수입이 감소하므로 GDP는 감소한다. 여타 조건이 일정할 때 수출이 수입보다 크다면, 즉 무역흑자(trade surplus)가 발생한다면 GDP는 증가하고, 반대로 수입이 수출보다 크다면, 즉 무역적자(trade deficit)가 발생한다면 GDP는 감소한다.

무역흑자: 수출 > 수입 ⇒ GDP 증가

무역적자: 수출 < 수입 ⇒ GDP 감소

이처럼 수출은 GDP를 증가시키고 수입은 GDP를 감소시키므로 모든 국가들은 가능한 한 수출은 늘리고 수입은 줄이려고 한다. 어느 한 국가가 수출을 늘리려면 반드시 수입을 늘리려는 국가가 있어야 하는데, 바로 이 점이 국제무역 마찰의 근본 원인임을 알 수 있다. 각 국가는 가능한 한 수입을 줄이기 위해 각종 무역장벽(trade barriers)을 설치한다. 예를 들면 관세를 높은 세율로 부과하는 관세장벽(tariff barriers)을 치기도 하고, 외제차를 구입하는 사람들에 대한 세무조사를 실시하는 등의 비관세장벽(non−tariff barriers)을 설치하기도 한다. 국가 간 관세장벽이나 비관세장벽을 경쟁적으로 도입하다보면 감정의 골이 깊어지기 시작하고 이로 인한 무역 분쟁은 제1,2차 세계대전과 같은 국가 간 전쟁으로 비화할 수도 있다. 이를 막기 위해 UN과 같은 국제기구에서는 '관세 및 무역에 관한 일반협정(General Agrements of Trade and Tariff: GATT)', '우루과이라운드(Uruguay Round)', '세계무역기구(World Trade Organization: WTO)' 등을 설치하여 자유무역을 확대하기 위한 노력을 지속하고 있다.

CASE STUDY 사례연구 7-5 모든 국가는 수출만이 살길인가?

일반적으로 수출이 증가하면 국내 기업들의 해외 매출액이 증가하므로 GDP는 증가한다. 반대로 수입이 증가하면 그 금액만큼 국내 소비가 해외로 유출되므로 국내 기업들의 매출액 감소로 GDP는 감소한다. 따라서 모든 국가들은 GDP를 증가시키기 위해 가능한 한 수출은 늘리고 수입은 억제하는 방식으로 경제를 운용한다.

그렇다고 해서 모든 국가가 항상 수출은 늘리고 수입은 줄이려고 하는 것은 아니다. 자국의 경제 상황에 따라 수출보다는 수입을 늘려야 할 때도 있다. 수출이 증가하면 국내에서 생산한 재화가 해외로 빠져나가는 양이 증가하는 것을 의미한다. 따라서 국내 소비자들에게 공급하는 재화의 양은 수출 증가분만큼 감소하므로 물가가 상승할 수도 있다. 마찬가지로 수입이 감소하면 해외로부터 국내에 들어오는 재화의 양이 감소하므로 이 또한 물가가 상승하는 요인으로 작용할 수 있다. 더욱이 수출이 수입을 초과하는 무역수지 흑자가 지속될 경우 국내에 유입되는 달러 공급이 증가하므로 시중에 유통되는 통화량은 증가한다. 통화량 증가는 물가 상승으로 직결되는데, 통화와 물가의 관계는 뒤에서 자세히 설명하기로 한다. 이처럼 무역수지 흑자는 인플레이션을 유발할 수 있으므로 어떤 국가가 인플레이션에 시달리고 있다면 물가 안정을 위해 이 국가는 수출보다는 수입을 늘리는 정책을 시행할 수도 있다.

전 세계 가는 곳마다 중국 관광객들이 넘쳐나는 이유는 무엇 때문일까? 중국인들이 특별히 여행과 쇼핑을 즐기는 민족이라 그럴까? 중국 관광객들이 명품을 싹쓸이 할 정도로 해외에서 달러를 펑펑 쓰는데도 중국 정부가 관대한 이유는 무엇 때문일까? 그것은 중국이 넘쳐나는 외환 보유고 때문에 고민에 빠져 있기 때문이다. 중국은 매년 누적되는 무역흑자로 외환 보유고가 3조 달러가 훨씬 넘는 것으로 알려져 있다. 이처럼 해외에서 달러를 비롯한 외환이 중국으로 유입되면 시중에 유통되는 중국 화폐, 즉 위안화의 통화량은 그만큼 증가하므로 심각한 물가상승 압력을 받게 된다. 따라서 중국 정부는 인플레이션을 억제하기 위해 중국 내의 달러를 해외로 유출하는 정책을 장려하는 것이다. 중국 정부가 중국인들의 해외여행과 쇼핑에 대해 관대한 이유도 바로 여기에 있다. 더 나아가 중국 정부는 자국 기업들의 해외 기업 인수합병(Merges and Acquisitions: M&A)을 권장함으로써 외환 보유고를 일정 수준 이하로 조절하려고 노력한다. 그러나 세계 공장으로 급부상한 중국의 수출 증가세는 꺾일 줄 모르고, 중국 내 시장을 선점하려는 해외 기업들의 투자 증가로 인해 늘어나는 외환 보유고를 조절하는 데 어려움을 겪고 있다. 중국 정부는 외환 유입액이 늘어나면서 인플레이션과 자산 거품으로 이어질까 우려하고 있다. 요즈음 중국의 경제 상황을 보면 “수출만이 살길”이라는 말은 남의 나라 이야기임에 틀림없다.

C·H·A·P·T·E·R

08

GDP와 경기변동

제 1 절 경제 성적표: GDP

제7장에서 자세히 설명했듯이 국내총생산(GDP)이란 소비재 기업과 자본재 기업이 생산한 재화를 시장에 내다 판 총액을 말한다. 기업이 생산 활동을 계속하기 위해서는 재화의 판매 수입으로 노동과 같은 생산요소를 구입한다. 기업이 지출하는 생산비는 생산요소를 공급하는 가계소득으로 귀속한다. 판매 수입에서 생산비를 제외한 값인 이윤은 주주들에게 배당소득으로 지급한다. 설명을 간단히 하기 위해 기업은 생산요소로서 노동만 사용하고 이윤은 모두 주주들에게 배당한다고 가정하면 기업의 판매 수입은 전액 임금과 배당을 통해 가계소득으로 귀속한다. 기업의 판매 수입은 국내총생산(GDP)을, 그리고 가계소득의 총합은 국민총소득(GNI)을 의미하므로 GDP는 GNI와 일치한다. 따라서 우리 국민들의 소득이 증가하기 위해서는 반드시 GDP가 증가해야 하므로 한 나라 경제의 성적은 GDP의 증가율에 달려 있다는 것을 알 수 있다.

$$GDP = C + I + G + (X - M)$$

위 식에서 연도별 GDP 증가율은 바로 경제성장률(economic growth rate)을 나타내며 호경기에는 경제성장률이 높게 나타나고, 침체기에는 경제성장률이 지나치게 낮거나 혹은 마이너스 성장률을 기록할 수도 있다. GDP 구성요소 중 소비(C)가 차지하는 비중은 미국 70%, 일본 55%, 한국 50% 정도로 매우 크다. 따라서 소비의 증감 여부는 경기의 좋고 나쁨과 직결되므로 소비를 보는 시각이 과거와는 달라져야 할 것으로 생각한다. 다시 말해 소비는 무조건 나쁘다거나, 과거 매스컴의 공익광고에 자주 등장했던 것처럼 "경제가 어렵습니다. 이럴 때일수록 허리띠를 졸라맵시다"와 같은 방식의 소비 배척 운동은 경제가 침체상태에 빠져 있을 때, 경기회복을 더욱 더 어렵게 만든다는 것을 깨달아야 할 것이다. 오히려 경제가 극심한 불황을 겪고 있을 때 중산층 이상을 대상으로 소비 장려 운동을, 반대로 경제가 과열상태에 있을 때 전 국민들을 대상으로 절약 캠페인을 벌이는 성숙한 자세를 견지할 때 비로소 우리 경제는 명실상부한 선진국의 대열에 진입했다고 말할 수 있을 것이다.

GDP 구성요소 중 투자(I)가 차지하는 비중은 우리나라의 경우 30% 정도로 소비보다는 상대적으로 낮지만 GDP의 변화에 가장 큰 영향을 미치는 중요한 경제지표이다. 투자는 기업이 결정한다. 기업들이 경제상황을 지나치게 비관적으로 볼 경우 투자는 꽁꽁 얼어붙고 지나치게 낙관적으로 볼 경우 과잉투자를 불러와 GDP의 변동 폭을 크게 하는 경향이 있다. 이것은 투자의 급격한 변화가 호경기든 침체기든 경제 불안을 가중시킬 수 있다는 것을 의미한다. 흔히들 "기업이 마음 놓고 투자할 수 있는 분위기를 조성하자"라는 말은 투자를 결정하는 기업가들의 불안 요인을 제거하자는 것을 의미한다.

GDP 구성요소 중 정부지출(G)이 차지하는 비중은 우리나라의 경우 15~18% 수준으로 상대적으로 낮은 편이다. 자본주의 시장경제에서 선진국일수록 정부의 역할보다는 민간부문의 역할이 더욱 더 커지는 경향이 있다. 정부지출은 주로 민간경제, 즉 소비(C)와 투자(I)를 보완하는 방향으로 이루어진다. 소비와 투자의 위축으로 경제가 불황을 겪고 있을 때 정부지출을 늘리고, 반대로 소비와 투자의 확대로 경제가 과열 양상을 보일 때 정부지출을 줄이는 경향이 있다. 정부의 경제정책에 대해서는 제4절에서 자세히 다루기로 한다.

GDP 구성요소 중 순수출(net export: X−M)이 차지하는 비중은 매우 낮다. 순수출이 양(+)의 값을 가질 때, 즉 무역흑자(trade surplus)가 발생할 때는 GDP를 증가시키는 데 기여하지만, 순수출이 음(−)의 값을 가질 때, 즉 무역적자(trade deficit)가 발생할 때는 GDP를 감소시키는 데 기여한다. 순수출이 GDP의 증감에 직접 기여하는 비중이 작음에도 불구하고 우리나라처럼 해외 의존도가 높은 국가에서는 수출과 수입이 경제성장에 미치는 영향력은 대단히 크다. 수출이 증가하면 국내 기업의 매출액 증가로 노동과 같은 생산요소에 대한 수요가 증가하므로 가계소득이 증가하며 소비도 따라서 증가한다. 수출이 증가하면 기업의 생산량을 늘리는 데 필요한 투자가 증가한다. 따라서 수출은 간접적으로 소비와 투자를 늘림으로써 GDP 증가에 기여한다. 마찬가지로 수입이 증가하면 수입 관련 국내 기업들의 매출액이 증가하므로 위에서 언급한 수출의 증가와 동일한 경로를 거쳐 소비와 투자를 늘린다. 따라서 수입은 우리 국민소득이 해외로 빠져나가 국내 소비를 줄이지만, 다른 한편으로 수입 관련 종사자들의 소득을 늘려 수입에 따른 직접적인 소비 감소분을 상당 부분 만회할 수 있다. 경기침체를 벗어나기 위해 정부가 소비와 투자를 늘리는 방향으로 경기부양책을 쓰더라도 그 효과는 제한적일 수밖에 없으며, 경기가 완전히 회복되기 위해서는 내수뿐만 아니라 수출이 살아나야 한다는 데 이론의 여지가 없다.

CASE STUDY 사례연구 8-1

왜 경제성장이 중요한가?

경제성장(economic growth)이란 실질GDP(real GDP)가 증가하는 것을 말한다. 언론에서 자주 보도하는 분기별 또는 연간 경제성장률은 전년 동기 대비 실질GDP의 증가율을 측정한 것이다. 경제성장률 지표로서의 실질GDP 증가율은 수년 내의 단기 경제성장률을 측정하는 데는 유용한 지표임에 틀림없다. 그러나 장기적으로 인구가 증가하면 실질GDP도 따라서 증가하므로 보다 정확한 지표는 실질GDP를 인구수로 나눈 국민 1인당 실질GDP(real GDP per capita)를 이용하는 것이다.

경제성장은 다양한 방식으로 국가경제에 기여한다. 첫째, 국민들의 전반적인 생활수준을 향상시킨다. 국내총생산은 국민총소득으로 분배되므로 경제가 성장한다는 것은 국민 1인당 소득이 증가하는 것을 의미한다. 국민소득의 증가분은 재화와 서비스, 그리고 여가의 소비를 늘리는 데 사용하므로 국민들의 생활수준을 향상시킨다. 둘째, 정부의 조세 수입을 늘리고 사회복지를 향상시키는 데 기여한다. 경제가 성장하면 기업과 가계의 소득이 증가하므로 이들의 소득을 세원으로 하는 정부의 조세 수입도 그만큼 증가한다. 정부의 조세 수입 증가는 환경 개선이나 사회보장정책 등과 같은 공공사업에 투자할 재원을 늘릴 수 있으므로 사회복지를 향상시키는 데 기여한다. 셋째, 경제·사회문제를 완화시키는 데 기여한다. 경제성장은 새로운 일자리를 창출하므로 실업자를 구제하고 빈곤가구 수를 줄이는 데 기여한다. 넷째, 세계가 하나의 경제권을 형성하고 있는 글로벌 경제(global economy)에서 경제성장에 따른 국민소득의 증가는 외국에서 생산한 재화나 서비스에 대한 수요를 늘림으로써 다른 국가들의 경제성장에 기여한다.

CASE STUDY
사례연구 8-2 경제는 어떤 과정을 거쳐 성장하는가?

경제가 어떤 과정을 거쳐 성장하는가를 쉽게 이해할 수 있도록 갑과 을 두 사람만 존재하는 무인도의 경제를 가정하자. 무인도에 도착한 초기에는 갑과 을은 생계를 유지하기 위해 가장 간단한 도구와 자신들의 노동을 이용하여 사냥과 농사일 두 가지만 한다. 따라서 무인도의 연간 GDP는 갑과 을이 섭취할 곡식과 육류의 연간 소비량과 일치한다. 시간이 흐르면서 갑과 을은 땅을 개간하여 야채나 과일도 재배하고, 시행착오를 거치면서 사냥이나 농사에 도움이 되는 도구나 기술을 개발하기 시작한다. 따라서 농사나 사냥에 투입하는 노동 시간은 대폭 감소한 반면에 생산량은 더욱 더 증가한다. 이제 갑과 을은 농사와 사냥뿐만 아니라 다른 일, 예를 들면 보다 좋은 집을 새로 짓는 일에 노동 시간을 할애할 수 있다.

갑과 을은 생산 활동을 계속하면서 농기구나 사냥 도구, 그리고 집과 같이 재화나 서비스의 생산에 이용하는 물적 자본(physical capital)과 농사와 사냥 기술, 그리고 재능 등과 같은 인적 자본(human capital)을 축적한다. 이와 같은 자본축적(capital accumulation)은 생산성(productivity) 증대로 나타나며 생존에 필요한 식량(곡식과 육류)을 생산하는 데 소요되는 시간을 대폭 감소시킬 수 있다. 따라서 갑과 을은 남은 시간을 다른 재화나 서비스를 추가로 생산하거나 여가를 즐기는 데 사용할 수 있다.

18세기 산업혁명 이전까지만 해도 사람들은 대부분 농촌에서 거주하면서 노동 시간의 대부분을 곡식과 제한된 생필품을 생산하는 데 할애하였다. 그러나 영국에서 발생한 산업혁명과 함께 생산기술의 변화와 자본축적이 이루어지면서 농업과 섬유산업에서 획기적인 생산성 증대가 나타나기 시작했다. 무인도에 살고 있는 갑과 을이 새로운 생산기술의 개발과 자본축적을 통해 식량 이외의 여타 생산물을 생산할 수 있듯이, 영국도 산업혁명을 거치면서 생산의 중심을 농업에서 공업으로 전환하기 시작했다. 그 결과 생활의 중심도 농산물을 생산하는 농촌에서 공산품을 생산하는 도시로 이동하기 시작했으며, 오늘날의 대도시가 탄생하는 배경이기도 하다. 현대 국가는 공업화, 즉 도시화를 통해 경제성장을 이루고 있다. 우리나라도 1960년대 "공업화만이 살길이다"라는 기치 아래 '공업 입국'을 내세우며 경제성장에 매진했다. 그 결과 우리나라는 세계에서 가장 단기간에 고도성장을 이루었으며, 산업의 중심도 농업에서 제조업과 서비스업 중심으로 급변하면서 세계에서 도시화율이 가장 높은 나라로 성장했다.

제2절 경기변동

1. 경기변동의 개념

경기변동(business fluctuations)이란 경기가 좋아졌다 나빠졌다 하는 경제현상, 즉 실질GDP의 증가와 감소가 반복하는 현상을 말한다. 이러한 경기변동은 파동처럼 반복하기 때문에 경기순환(business cycle)이라고 부르기도 한다. 순환이라는 용어는 파동처럼 상승과 하락이 주기적으로 반복하는 것을 의미하므로 경기순환은 예측이 가능하다. 그러나 일부 경제학자들은 경기순환보다는 경기변동이라는 용어를 사용하기를 좋아한다. 변동이라는 용어는 실질GDP가 자주 변할 뿐만 아니라 비정상적이고 예측하기 어려운 방향으로 변한다고 생각하기 때문이다.

[그림 8-1]은 경기순환 국면을 나타낸다. 경기순환 국면은 크게 경기위축과 경기확장 두 국면으로 나눌 수 있다. 경기위축(recession) 국면은 실질GDP가 감소하는 구간을 말한다. 경기위축 구간은 경제가 고점(peak)에 도달할 때, 즉 실질GDP가 증가하는 것을 멈추는 전환점에 도달할 때

▼그림 8-1
경기순환 국면

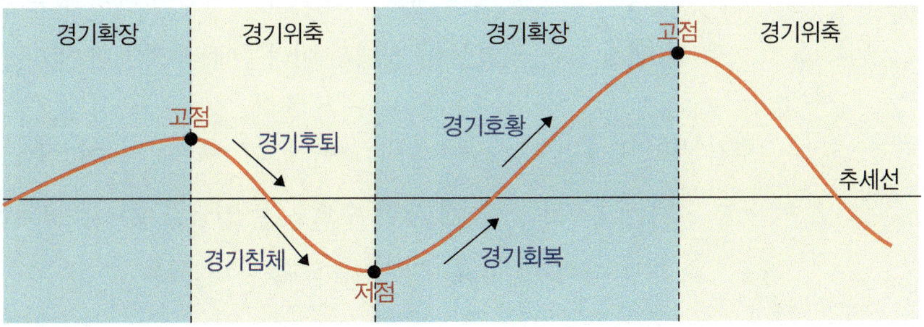

시작해서 경제가 저점(trough)에 도달할 때, 즉 실질 GDP가 감소하는 것을 멈추는 전환점에 도달할 때 끝난다. 실질GDP 증가율이 계속 감소하다가 저점에 다다르기 시작하면 경제는 경기위축 국면에서 벗어나 경기확장(expansion) 국면에 진입하기 시작한다. 경기확장 국면은 경제가 새로운 고점에 도달할 때까지 지속한다.

[그림 8-1]에서 경기순환 국면의 한 가운데를 지나는 선은 과거의 자료를 기초로 하여 추계한 실질GDP 증가율의 추세선(trend line)이다. 만약 어떤 나라 경제에서 경기위축이나 경기확장이 전혀 나타나지 않는다면 이 나라 경제는 정확히 추세선을 따라 움직인다는 것을 의미한다. 만약 경기가 고점을 지나 경기후퇴가 지속하면서 실질 GDP 증가율이 추세선 아래로 계속 하락한다면 한 나라 경제는 경기침체(depression)에 빠지게 된다. 경기침체기에는 도산하는 기업들이 늘어나고 노동자들은 실업의 고통을 겪는다. 경기침체기에 국민소득이 감소하면 가계의 소비도 감소하고 기업의 재고는 증가하며 물가는 하락한다. 기업의 재고 증가와 물가 하락으로 기업의 이윤이 감소하면 투자도 감소한다. 투자의 감소로 자금에 대한 수요와 노동에 대한 수요가 감소하므로 금리와 임금이 하락한다. 경기침체에 따른 악순환이 장기간 지속할 경우 1929년부터 10년 동안 지속하였던 대공황(Great Depression)과 유사한 상태에 빠질 수도 있다. 우리나라도 1997년 IMF 외환위기를 겪으면서 기업의 대량도산과 대량실업을 경험한 바 있으며, 2009년 글로벌 금융위기의 확산과 2020년 코로나 팬데믹으로 전 세계 모든 국가들이 경제적 어려움에 직면한 바 있다.

경기침체기: 국민소득↓ ➡ 소비↓ ➡ 재고↑ ➡ 물가↓ ➡ 이윤↓ ➡ 투자↓[(노동에 대한 수요↓ ⇒ 임금↓), (자금에 대한 수요↓ ⇒ 금리↓)] ➡ 국민소득↓ ➡ 소비↓ ➡ …

경기침체기에 나타나는 주요 경제변수의 변화는 다음과 같이 요약할 수 있다.

경기침체기: 물가 하락, 임금 하락, 금리 하락

반대로 경기확장이 지속되어 실질GDP가 추세선 위로 계속 증가한다면 한 나라 경제는 경기호황(boom)에 진입한다. 경기호황기에는 저소득층들이 인플레이션의 고통을 겪는다. 경기호황기에 국민소득이 증가하면 가계의 소비도 증가하고 기업의 재고는 감소하며 물가는 상승한다. 기업의 재고 감소와 물가 상승으로 기업의 이윤이 증가하면 투자도 증가한다. 투자의 증가로 자금에 대한 수요와 노동에 대한 수요가 증가하면 금리와 임금은 상승한다. 이와 같은 경기호황이 지속되면 경기가 과열되고 악순환이 반복되면서 심각한 인플레이션에 직면할 수 있다.

경기호황기: 국민소득↑ ➡ 소비↑ ➡ 재고↓ ➡ 물가↑ ➡ 이윤↑ ➡ 투자↑[(노동에 대한 수요↑ ⇒ 임금↑), (자금에 대한 수요↑ ⇒ 금리↑)] ➡ 국민소득↑ ➡ 소비↑ ➡ …

경기호황기에 나타나는 주요 경제변수의 변화는 다음과 같이 요약할 수 있다.

경기호황기: 물가 상승, 임금 상승, 금리 상승

CASE STUDY 사례연구 8-3 국가경제와 지역경제는 항상 동일한 움직임을 보일까?

경기순환 국면을 설명하는 데 비행기의 고도만큼 적절한 비유를 찾기란 쉽지 않다. 보통 비행기의 최고 고도는 지상 10km이다. 물론 비행기가 지상에 있을 때 최저 고도는 0km이다. 이 경우 비행기의 평균 고도는 5km이다. 비행기의 이·착륙 과정을 경기순환 국면에 비유한다면 최고 고도 10km는 고점, 최저 고도 0km는 저점, 그리고 평균 고도 5km는 추세선에 해당한다. 비행기가 지상에서 이륙해서 고점에 도달할 때까지의 구간은 경기확장 구간, 착륙을 위해 고점에서부터 고도를 낮춰 저점에 도달할 때까지의 구간은 경기위축 구간에 해당한다. 비행기가 이륙해서 평균 고도인 5km에 도달할 때까지의 구간(0~5km)은 경기회복 국면, 평균 고도를 돌파하여 최고 고도에 도달할 때까지의 구간(5~10km)은 경기호황 국면에 비유할 수 있다. 비행기가 이륙하면 언젠가는 반드시 착륙해야 하듯이 경기 또한 좋아졌다 나빠졌다 반복한다. 그 이유는 뒤에서 설명한다.

한 나라에서도 경기변동에 대해 느끼는 체감 온도는 각 지역별로 다르다. 비행기의 머리 부분에 해당하는 지역은 경기회복기에는 가장 먼저, 그리고 경기후퇴기에는 가장 늦게 찾아오기 때문에 상대적으로 경제 여건이 좋은 상태다. 그러나 비행기 꼬리에 해당하는 지역은 이와는 반대의 상황에 직면하게 된다. 일반적으로 첨단산업과 같은 성장산업이 집중되어 있는 지역은 비행기의 머리에, 그리고 굴뚝산업과 같은 사양산업이나 성장이 더딘 산업이 집중되어 있는 지역은 비행기의 꼬리에 속한다고 볼 수 있다. 여러분이 거주하고 있는 지역의 산업구조는 비행기의 머리 부분일까, 아니면 꼬리 부분일까?

2. 경기변동의 원인

경기변동이 발생하는 주요 원인은 다음의 두 가지로 나누어 설명할 수 있다. 첫째, 시장의 자동조절 기능에 의해 경기변동이 발생한다. 전술한 바와 같이 경기침체기에 임금, 금리, 물가는 모두 하락한다. 임금이 하락하면 기업의 인건비를, 금리가 하락하면 기업의 금융비용을 감소시키므로 노동에 대한 수요와 투자는 증가한다. 물가 하락은 소비자의 실질소득(real income)을 증대시키므로 소비도 점차 늘어나기 시작한다. 그 결과 경기는 침체기를 끝내고 저점을 돌아 회복기의 구간에 접어든다. 반대로 경기호황기에는 임금, 금리, 물가 모두 상승한다. 임금이 상승하면 기업의 인건비, 금리가 상승하면 기업의 금융비용을 증가시키므로 노동에 대한 수요와 투자는 감소한다. 물가 상승은 소비자의 실질소득을 감소시키므로 소비도 점차 감소하기 시작한다. 그 결과 경기는 호황기를 끝내고 고점을 돌아 경기후퇴기에 접어든다.

둘째, 경기호황기의 인플레이션과 경기침체기의 대량실업을 우려하는 정부와 중앙은행의 경제정책이 경기변동을 유발한다. 경제가 호황기를 지속하면 국민소득의 증가와 함께 소비와 투자 또한 증가하므로 경기가 과열되고 인플레이션이 발생할 수 있다. 인플레이션(inflation)은 화폐로 표시하는 소득인 명목소득(nominal income)의 실질가치(real value)를 감소시키므로 국민 대다수에게 피해를 입히는 특성을 갖는다. 인플레이션 기간 동안에는 사람들이 현금보다는 현물을 선호하므로 물가의 고삐를 한 번 놓치면 인플레이션의 악순환에 빠지기 쉽다.

경기과열에 의한 인플레이션은 주로 민간부문의 소비와 투자, 그리고 정부지출이 과도하게 이루어질 때 발생한다. 정부는 경기과열을 진정시키기 위해 긴축재정정책을 실시한다. 민간부문의 지출인 소비와 투자를 줄이기 위해 세금징수를 강화하는 한편 정부지출을 줄이기 위해 세입보다 세출이 작은 흑자예산을 편성하는 등의 재정긴축정책(tight fiscal policy)을 시행한다. 중앙은행은 민간부문의 소비와 투자를 줄이기 위해 통화 공급량 감소를 통해 금리를 인상시키는 통화긴축정책(tight monetary policy)을 시행한다. 또한 물가안정을 위해 수출보다는 수입을 유도하는 방향으로 무역정책을 시행할 수도 있다. 이와 같은 긴축정책은 경기과열을 진정시킴으로써 경기후퇴를 유인한다.

이와는 대조적으로 경제가 침체기를 지속하면 국민소득의 감소와 함께 소비와 투자 또한 감소하므로 경기는 갈수록 위축되고 사회는 대량실업의 위험에 빠질 수 있다. 경기침체는 주로 민간 부문의 소비와 투자가 지나치게 위축될 때 나타난다. 그래서 정부는 소비와 투자가 살아나도록 가계와 기업에 대한 세금 감면 조치를 취하기도 하고, 정부지출을 늘리기 위해 세입보다 세출이 많은 적자예산을 편성하는 재정확대정책(expansionary fiscal policy)을 시행한다. 중앙은행은 민간 부문의 소비와 투자를 늘리기 위해 통화 공급량 증가를 통해 금리를 인하시키는 통화확대정책(expansionary monetary policy)을 시행한다. 또한 국민소득 증대를 통한 일자리 창출을 위해 수출을 유도하는 방향으로 무역정책을 시행할 수도 있다. 이와 같은 확대정책은 경기침체를 진정시킴으로써 경기회복을 유인한다.

CASE STUDY 사례연구 8-4 언론에서 자주 언급하는 U자형, V자형, L자형, 더블-딥, K자형 경기회복은 무엇을 말하는 것일까?

한 나라 경기가 저점을 통과한 후 회복 국면에 진입하는 방식에 대해 언론은 다양한 분석을 내놓고 있다. 언론에서 다루는 내용을 정리하면 [그림 8-2]와 같이 다섯 가지 유형으로 나눌 수 있다. 가장 일반적인 유형의 경기회복은 그림 (a)의 U자형이다. 경기가 추세선을 돌파한 후 침체국면에 접어들 때나 저점을 통과한 후 회복국면에 접어들 때나 모두 완만한 흐름을 보이고 있다. 그림 (a)의 U자형처럼 경기가 완만한 흐름을 보일 경우 가계, 기업, 정부 등과 같은 경제주체들은 경기변동에 미리 대응할 수 있으므로 경제에 미치는 충격은 상대적으로 낮다고 볼 수 있다. 그림 (b)의 V자형은 경기가 급격히 식었다 급격히 회복하는 유형을 나타낸다. 이러한 유형은 경기과열로 인플레이션이 발생할 때 정부와 중앙은행이 강도 높은 긴축정책을 시행하면서 나타나는 경향이 있다. 강도 높은 긴축정책으로 경기가 급격히 침체국면에 빠지면 실업이 크게 늘어날 수 있다. 정부와 중앙은행이 실업문제를 해결하기 위해 긴축정책을 완화하거나 팽창정책으로 정책 기조를 전환할 경우 경기가 급속도로 회복할 수 있다. 경제가 예상치 못한 외부 요인에 의해 충격을 받을 때도 이러한 현상이 나타난다. 2008년 미국의 서브프라임 모기지 사태로 촉발한 글로벌 금융위기와 2020년 전 세계적으로 확산한 코로나 팬데믹으로 여러 나라에서 V자형 경기침체와 경기회복을 경험한 바 있다. 흔히들 “산이 높으면 골이 깊고, 골이 깊으면 산이 높다”라는 말은 V자형의 경기회복이나 주식가격 급반등을 두고 나온 말이다.

▼그림 8-2
유형별 경기회복 모형

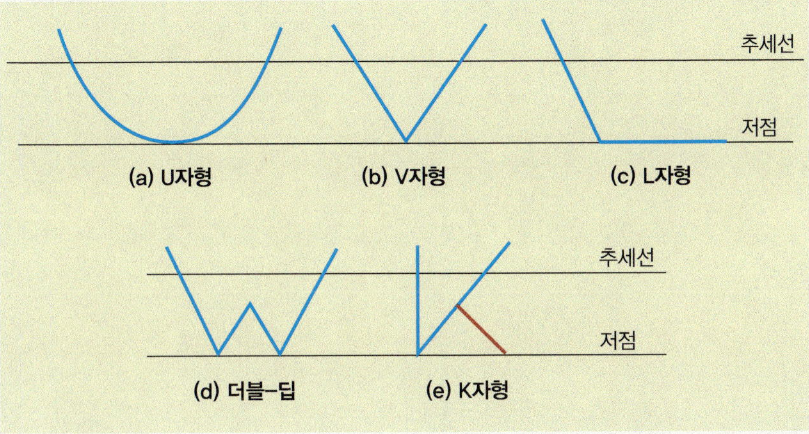

그림 (c)의 L자형은 경기가 침체국면에 빠진 후 장기간 저점에서 벗어나지 못하는 최악의 상태를 말한다. 흔히들 일본 경제를 두고 "잃어버린 30년"이라고 말하는 것은 일본의 경기가 그림 (c)처럼 L자형 상태에 빠져 있는 것을 두고 하는 말이다. 그림 (d)의 더블-딥(double-dip)자형은 경기가 침체국면에서 벗어나 회복국면에 진입했으나 평상 상태를 회복하지 못하고 다시 저점으로 추락한 후 일정 기간이 지나 다시 회복하는 유형을 말한다. 이러한 유형의 경기회복은 외부 충격으로 인한 급격한 경기침체 이후 회복하는 과정에서 2차 충격이 발생할 때 나타날 수 있다. 그림 (e)의 K자형은 코로나 팬데믹 기간 동안에 새롭게 나타난 현상으로 급격한 경기침체에서 벗어나 회복국면에 접어들 때 첨단산업과 같은 성장산업들은 호황국면으로 진입하는 반면에 굴뚝산업과 같은 전형적인 사양산업들은 다시 침체국면에 빠지는 경기 양극화 현상을 나타낸다고 볼 수 있다.

제 3 절 경기변동 예측

경기침체나 경기과열과 같은 경제 불안 상태가 지속되면 대량실업과 인플레이션을 유발하며, 사회가 부담해야 할 비용이 너무나 크다. 모든 국가는 이를 사전에 차단하기 위해 경기변동을 미리 예측하는 데 많은 노력을 기울인다. 경제학자들은 경기변동을 예측하기 위해 계량경제모형과 경기선행지수를 주로 이용한다.

1. 계량경제모형

계량경제모형(econometric model)이란 경제의 움직임을 분석하기 위해 수리 방정식을 이용하는 경제모형을 말한다. 오늘날 경기변동을 예측하기 위해 주로 사용하는 계량경제모형은 앞에서 설명한 GDP 산출모형이다.

$$GDP = C + I + G + (X - M)$$

경기변동이란 실질GDP의 증가(경기확장)와 감소(경기후퇴)가 주기적으로 반복하는 현상이라고 앞에서 정의한 바 있다. 따라서 경기변동을 예측한다는 것은 향후 GDP가 어떻게 변할 것인가를 예측하는 것과 동일하다고 볼 수 있다. GDP가 어떻게 변할 것인가를 예측하기 위해서는 위 식에서 보듯이 GDP를 구성하는 요소, 즉 소비(C), 투자(I), 정부지출(G), 순수출(X−M)이 향후 어떻게 변할 것인가에 대한 예측이 선행되어야 한다.

향후 소비의 변화를 예측하기 위해서는 소비에 영향을 미치는 요인이 무엇인가를 먼저 파악해야 한다. 현실 경제에서 다양한 요인들이 소비에 영향을 미치지만, 그 중에서도 가장 중요한 요인으로서 현재 소득, 미래의 예상 소득, 금리, 자산소득 등을 들 수 있다. 현재 소득, 특히 소득에서 세금을 제외한 소득인 가처분소득(disposable income)이 증가하면 현재와 미래의 소비는 증가한다. 만약 정부가 세금을 감면하는 정책을 도입한다면 그만큼 가처분소득이 증가하므로 소비도 증가한다. 물론 가계가 미래 예상 소득이 증가할 것으로 예상한다면 현재와 미래의 소비 또한 증가한다. 금리가 오르면 소비에 따른 기회비용(opportunity cost), 즉 저축을 포기한 데 따른 이자 소득 상실분이 그만큼 증가하므로 소비를 감소시킨다. 부동산이나 주식, 그리고 채권 등과 같은 자산의 가치가 상승하면 그만큼 부가 늘어나는 것을 의미하므로 소비는 증가한다.

기업의 투자에 가장 큰 영향을 미치는 요인으로서 금리, 재고수준, 투자심리 등을 들 수 있다. 금리가 오르면 투자비용, 즉 이자 부담이 그만큼 증가하므로 투자는 감소한다. 거의 모든 기업은 재화를 원활히 공급하기 위해 적정 수준의 재고를 유지한다. 만약 재고가 적정 수준에 미달하면 재고를 늘리기 위한 투자가 증가하고 재고가 적정 수준을 초과하면 재고를 줄이기 위해 투자를 줄인다. 투자는 기업이 결정하기 때문에 투자심리에 크게 좌우될 수 있다. 기업이 경제 상황을 지나치게 비관적으로 볼 경우 투자는 꽁꽁 얼어붙고 지나치게 낙관적으로 볼 경우 과잉 투자를 불러와 GDP의 변동 폭을 크게 하는, 즉 경제 불안을 가중시키는 요인으로 작용할 수 있다.

정부지출은 예산을 편성하고 집행하는 정부와 예산을 심의하는 국회의 판단에 따라 영향을 받는다. 일반적으로 경기침체기에는 정부지출을 늘리고 경기과열기에는 정부지출을 줄이는 경향이 있다. 경기침체기에는 소비와 투자가 위축되므로 실업을 우려한 정부가 정부지출을 늘려 재화와 서비스에 대한 수요를 창출하려고 한다. 반대로 경기과열기에는 소비와 투자가 과열되므로 인플레이션을 우려한 정부가 정부지출을 줄여 수요를 억제하려고 한다.

수출과 수입은 주로 환율, 물가, 국민소득 등에 의해 영향을 받는다. 일반적으로 환율이 상승하면 수출업자의 이익은 증가하고 수입업자의 이익은 감소하므로 수출은 증가하고 수입은 감소한다. 국내 물가가 상승하면 국내 공급이 늘어나므로 수출은 감소하고 수입은 증가한다. 그리고 국민소득이 증가하면 국산품뿐만 아니라 수입품에 대한 소비도 늘어나므로 수입이 증가한다. 환율과 수출입에 관해서는 제10장에서 자세히 설명하기로 한다.

경제학자들이 GDP를 예측하기 위해서는 지금까지 설명한 경제변수들뿐만 아니라 통화 공급량, 수출입 물가 등과 같은 많은 경제변수들로 구성된 계량경제모형을 이용한다. 대부분의 계량경제모형들은 컴퓨터를 이용할 수 있도록 프로그램이 되어 있기 때문에 결과를 추정하는 데 별로 많은 시간이 걸리지 않는다. 그러나 이와 같은 계량경제모형은 최신 데이터를 수집하는 데 오랜 시간이 걸리므로 경제 환경의 변화를 곧바로 반영할 수 없다는 한계를 안고 있다.

2. 경기선행지수

경기변동을 예측하는 두 번째 방법은 경기선행지수를 이용하는 것이다. 경기선행지수(index of leading indicators)란 실질GDP가 증가 또는 감소로 반전하기에 앞서서 그와 같은 현상이 먼저 나타나는 경제지표들로 구성되며, 향후 경기를 예측하는 데 사용한다. 경기선행지수에 포함하는 대표적인 경제지표로서 기업의 재고 변동, 신규건설허가면적, 종합주가지

수, 신용장 내도액 등을 들 수 있다.

기업의 재고가 늘어나면 기업은 투자를 줄이고, 신규건설허가면적이 감소하면 향후 건설 공사가 그만큼 줄어들며, 수출 주문서인 신용장(letter of credit: LC) 내도액이 감소하면 수출이 감소하므로 향후 실질GDP는 감소할 것으로 예상할 수 있다. 반대로 기업의 재고가 감소하고, 신규건설허가면적과 신용장 내도액이 늘어나면 향후 실질GDP는 증가할 것으로 예상할 수 있다.

경제학자들은 경기변동을 예측하기 위해 이와 같은 경제지표를 이용할 뿐만 아니라 소비자와 기업가를 대상으로 직접 설문조사를 실시하는 실사법을 사용하기도 한다. 소비자기대지수(consumer expectation index: CEI)는 소비자들을 대상으로 실시한 설문조사를 통해 현재와 비교하여 6개월 후의 경기, 생활형편, 소비지출 등에 대한 소비자들의 기대치를 측정한 것이다. 소비자기대지수는 기준 점수를 100으로 하여 지수가 100 이상이면 6개월 이후의 경기가 현재보다 개선될 것으로 보는 가구가 더 많고 100 이하이면 악화할 것으로 보는 가구가 더 많다는 것을 의미한다.

소비자기대지수는 통계청에서 매월 도시지역 2,000가구를 대상으로 조사하여 발표하며 14개 조사 문항별 응답 등급에 따라 "매우 좋음(2점), 조금 좋음(1.5점), 비슷함(1점), 조금 나쁨(0.5점), 매우 나쁨(0점)"과 같은 가중치를 부여하여 다음과 같이 지수를 산정한다.

$$CEI = \frac{(A\times2.0)+(B\times1.5)+(C\times1.0)+(D\times0.5)+(E\times0)}{\text{총 응답자수}}\times100$$

여기서, A: 매우 좋은 가구 수, B: 조금 좋은 가구 수,
C: 비슷한 가구 수, D: 조금 나쁜 가구 수 ,
E: 매우 나쁜 가구 수

CEI > 100 ⇒ 6개월 이후 경기 현재보다 개선

CEI < 100 ⇒ 6개월 이후 경기 현재보다 악화

CEI = 100 ⇒ 6개월 이후 경기 현재와 동일

기업경기실사지수(business survey index: BSI)는 경기에 대한 기업가의 판단과 전망, 그리고 이에 대비한 계획 등에 대해 설문조사한 결과를 수치화한 것으로서 전반적인 경기 동향을 파악하는 데 사용하는 지표이다. 이 지수는 전체 응답 기업 중 전기에 비해 호전되었다고 응답한 기업의 비율에서 악화되었다고 응답한 기업의 비율을 뺀 값에 100을 더하여 산출한다. 모든 기업이 악화되었다고 응답했다면 BSI의 값은 0(=0−100+100)이며, 반대로 모든 기업이 호전되었다고 응답했다면 BSI 값은 200(=100−0+100)이다. 따라서 BSI 값은 0과 200 사이의 값을 갖는다. BSI 값이 100 이상이면 경기확장 국면을, 100 미만이면 경기위축 국면을 나타낸다. 현재 우리나라에서는 한국은행, 대한상의, 전경련, 산업은행 등이 경기실사지수를 작성하여 발표하고 있다.

$$BSI = \frac{\text{경기호전 응답기업 수} - \text{경기악화 응답기업 수}}{\text{총 응답기업 수}} \times 100 + 100$$

$0 \leq BSI \leq 200$

BSI > 100 ⇒ 6개월 이후 경기 현재보다 개선

BSI < 100 ⇒ 6개월 이후 경기 현재보다 악화

BSI = 100 ⇒ 6개월 이후 경기 현재와 동일

CASE STUDY 사례연구 8-5 각종 사회현상들을 통해 경기변동을 예측할 수는 없을까?

대다수 경제학자들은 경제가 좋고 나쁨을 판단하는 잣대로 앞에서 살펴본 거시경제지표들을 이용하거나, 소비자나 기업가를 대상으로 직접 설문조사하는 경기 실사법을 이용한다. 그러나 일부 경제학자들은 일반인의 상식과 달리 경기의 호·불황 여부를 판단하는 지표로서 다음과 같은 아주 사소한 실물경제 현상에 주목한다.[1]

MIT대학의 폴 크루그먼 교수는 코믹광고가 많아질 때는 경기가 호황이라고 진단한다. 코믹광고가 많아진다는 것은 개인들의 호주머니에 돈이 넘치는 소비자들의 관심을 끌기 위한 전략이라는 것이다. 그러나 경기가 나빠지면 TV광고에서 상품 이름이 여러 번 반복된다고 말한다. '미국 연례 보고서' 저자인 매거릿 백비는 커피 체인점 '스타벅스'의 커피 농도로 경기를 진단한다. 경기가 안 좋아질 것이라고 예상하면 스타벅스가 비용을 줄이기 위해 커피 한 잔에 들어가는 커피의 양을 줄인다고 한다. 그녀는 자신이 마시는 '라떼'가 점점 묽어지고 있다고 말해 미 경제는 이미 경기순환의 고점을 지났다는 것이다. 코넬대학의 로버트 프랭크 교수는 버거킹 점원의 나이로 경기불황 여부를 판단한다. 남자 점원이 면도할 나이가 됐으면 경기가 후퇴했다고 본다. 그만큼 일자리를 구하기 힘들어졌다는 얘기다. 아메리칸 스칸디아 생명보험의 로렌스 커드로는 집을 고치기 위해 배관공이나 에어컨 설치공을 불렀을 때, 얼마나 빨리 응답이 오느냐로 경기의 좋고 나쁨을 판단한다. 응답이 빨리 왔다면 경기가 후퇴하고 있다는 설명이다. 일거리가 줄었기 때문이다.

그밖에도 경기의 호·불황을 짐작할 수 있는 사회 현상들은 무수히 많다. 택시 탑승객이 늘어나면 경기가 좋아지고 줄어들면 경기는 나빠진다. 택시 탑승객이 많아진다는 것은 경제 활동이 활발해진데다 소득수준도 증가하는 것을 의미하기 때문이다. 경기가 불황일 때 립스틱이나 블러셔 같은 색조 화장품의 인기가 급증한다고 한다. 상대적으로 적은 돈으로 화려한 분위기를 낼 수 있는 소위 '립스틱 효과'를 기대한 것이다. 불황기에는 야한 속옷이 잘 팔린다고 한다. 그 이유는 불황기에 커플들이 돈을 아끼기 위해 외출하지 않고 집에서 더 많은 시간을 보내기 때문이다.

---

1) 본 내용은 조선일보(1999. 7. 31), "코믹광고 많아지면 호황"이라는 기사를 참조하였음.

제4절 정부의 경제정책: 재정정책

1. 경제 불안

자본주의 시장경제가 겪는 전형적인 경제 불안(economic instability)은 실업(unemployment)과 인플레이션(inflation)이다. 경제가 불안하다는 것은 [그림 8-3]에서 보듯이 경기변동의 진폭, 즉 추세선을 중심으로 고점과 저점의 이격 정도가 크다는 것을 의미한다. 경기가 지나치게 과열될수록 GDP 증가는 크지만 인플레이션이라는 경제 불안이 발생한다. 반대로 경기가 지나치게 위축될수록 GDP 감소가 큰데다 대량실업이라는 경제 불안이 발생한다. 일반적으로 선진국은 후진국에 비해 경기변동의 진폭이 상대적으로 낮아 경제가 안정적인 흐름을 보이는 경향이 있다.

한 나라 경제가 감내하기 어려운 수준의 인플레이션이나 실업과 같은 경제 불안은 인적·물적 자원을 낭비하는 경제적 실패(economic failure)를 유발한다. 경제 불안이 유발하는 경제적 비용(economic cost)은 다음의 세 가지로 요약할 수 있다. 첫째, 인플레이션과 실업이 동시에 나타나

▼그림 8-3
인플레이션과 실업의 발생 과정

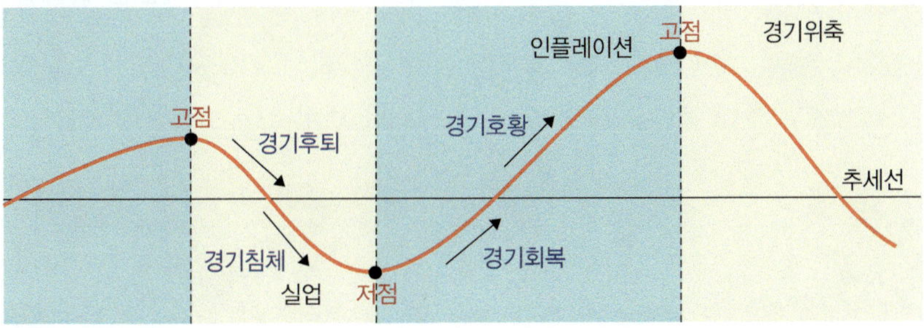

는 스태그플레이션(stagflation)은 국가적 재앙이라고 부를 정도로 심각한 경제적 비용을 발생시킨다. 스태그플레이션은 실업이 증가한 상태에서 물가는 오히려 상승하는 이중 고통을 안겨주며 단기적으로 치유가 쉽지 않다는 데 문제의 심각성이 있다. 인플레이션과 실업으로 인해 국민들이 얼마나 고통을 겪고 있는가를 나타나기 위해 인플레이션율과 실업률을 합산한 값인 고통지수(misery index)가 개발되었다. 이 지수는 정부에서 발표하는 공식 통계는 아니더라도 스태그플레이션 기간 동안 국민들이 얼마나 큰 고통을 겪는가를 한 눈에 알아볼 수 있는 지표라는 점에서 의미가 크다.

둘째, 실업은 GDP 갭만큼의 경제적 비용을 발생시킨다. GDP 갭(GDP gap)이란 실제GDP(actual GDP)와 잠재GDP 사이의 차이를 말한다. 잠재GDP(potential GDP)란 한 나라가 보유하고 있는 모든 생산요소가 효율적으로 이용되고 있는 상태, 즉 완전고용 상태에서 달성 가능한 GDP를 말한다.

셋째, 물가 상승률을 반영한 실질GDP(real GDP)가 감소할 때 경제적 불확실성이 확산하고 그 결과 경제가 악순환에 빠져들 수 있다. 경기침체기에 노동자들은 자신들의 고용이 불안하기 때문에 가능한 한 소비를 줄이려고 한다. 그 결과 기업들의 재고가 증가하고 이로 인해 투자가 감소한다. 투자 감소는 노동에 대한 수요의 감소와 함께 실질GDP를 감소시키므로 국민소득이 감소하고 다시 소비가 감소하는 악순환에 빠질 수 있다.

CASE STUDY
사례연구 8-6

경제 불안으로 인한 사회적 비용은 얼마나 클까?

경제 불안에 따른 경제적 비용은 금액으로 계산할 수 있지만 사회 구성원들이 겪는 정신적·육체적 고통과 같은 사회적 비용(social cost)은 쉽사리 측정할 수 없다. 경제 불안에 따른 사회적 비용은 다음의 세 가지로 요약할 수 있다. 첫째, 경제 불안은 자원의 낭비를 초래한다. 경제 불안기에는 재화와 서비스의 소비량이 감소하므로 생활수준이 악화하고, 일을 하고 싶어도 일자리를 구할 수 없는 노동자들이 증가하므로 노동자원의 낭비를 초래한다. 특히 이러한 현상은 저소득층에서 두드러지게 나타남에 따라 생계유지에 어려움을 겪는 가구 수가 급격히 증가하는 사회문제를 야기할 수 있다. 자원의 낭비는 노동뿐만 아니라 생산설비의 가동 중단에 따른 자본의 낭비와 물과 같이 사용하지 않고 그냥 버려지는 천연자원의 낭비를 초래할 수 있다.

둘째, 경제 불안은 정치적 불안을 초래할 수 있다. 경제가 어려워지면 정치인들 또한 어려움을 겪을 수 있다. 경기침체가 지속되면 유권자들은 현재의 집권 세력에 등을 돌리는 경향이 있다. 현재의 경제 현상을 바꿔보려는 유권자들의 변화 욕구를 등에 업고 훨씬 급진적인 세력이 등장할 경우 경제 불안이 정치 불안으로 연결될 수 있다.

셋째, 경제 불안이 지속되면 범죄율이 증가하고 가족 파괴 현상이 나타날 수 있다. 경제 불안이 지속되면 저소득층의 실업이 급증하고 생계유지가 어려워짐에 따라 생계형 범죄가 증가한다. 또한 생계유지를 위해 가족들이 거리로 나서고, 노숙자가 늘어나며, 탁아시설 입양아들이 늘어나는 등 가족들이 뿔뿔이 흩어지는 가족 파괴 현상이 나타날 수 있다.

2. 케인즈 경제학의 태동: 재정정책의 이론적 기반

한 나라 경제가 추구하는 가장 중요한 경제목표는 경제성장, 완전고용, 그리고 물가안정이라고 말할 수 있다. 이러한 목표를 성취하기 위해서는 건전한 경제정책들을 입안하고 시행할 수 있어야 한다. 재정정책(fiscal policy)이란 정부가 경제 활동을 조절하기 위해 정부지출(government expenditure)과 세금(tax)를 이용하는 경제정책을 말한다. 재정정책은 대부분의 국가에서 즐겨 사용하는 경제정책이며, 영국의 경제학자인 케인즈(John Keynes)의 경제이론에 기반을 두고 있다.

1930년대에 세계경제가 대공황(great depression)에 빠져 있을 때 케인즈는 경제를 살리기 위해서는 정부지출을 늘리고 조세를 감면해서 총수요를 늘려야 한다고 주장했다. 케인즈의 이와 같은 주장은 이단으로 여겨졌다. 왜냐하면 그 당시에는 정부의 개입을 최소화하는 '최소한의 정부가 최선의 정부'라는 생각이 지배적이었기 때문이다. 경기침체기에 재고가 쌓이고 실업이 증가하는 현상은 시장의 자동조절기능에 의해 저절로 해소될 것으로 믿고 있었다. 실제로 산업혁명 이전까지의 세계 경제는 자원과 기술의 부족으로 수요에 비해 공급이 부족했다. "공급은 스스로 그 수요를 창출한다"는 세이의 법칙(Say's law)처럼 생산한 것은 모두 팔렸다. 따라서 재고가 쌓이는 것을 걱정할 필요가 없었으며, 어떻게 하면 공급을 더 늘릴 것인가가 관심의 대상이었다. 또한 경제학의 창시자라고 불리는 애덤 스미스(Adam Smith)의 '보이지 않는 손(invisible hand)'에서 알 수 있듯이, 수요와 공급에 의한 시장의 자동조절기능(autoregulatory function)으로 물가가 안정되고 완전고용을 달성할 수 있다고 믿었다. 따라서 경제는 시장에 맡기고 정부는 국방 등과 같은 최소한의 역할만 수행해야 한다는 것이 그 당시의 지배적인 견해였다.

그러나 산업혁명 이후 생산이 급격히 증가하면서 세이의 법칙은 점차 무너지기 시작했다. 급기야 1930년대에 들어와서는 재고가 산더미처럼 쌓이고 대량실업이 만연하는 등, 세계 경제는 새로운 국면에 접어들기 시작했다. 케인즈는 정부의 개입 없이도 시장경제가 저절로 회복될 수 있다는 그 당시의 상식에서 벗어나, 총수요가 적절한 수준으로 창출되지 않는 한 대량실업으로 경제는 장기적인 침체에서 벗어나지 못할 것이라고 경고했다. 더 나아가 케인즈는 이미 제로금리 수준에 근접해 있는 상태에서 금리를 낮추는 통화정책(monetary policy)은 극심한 경기침체를 극복하는데 더 이상 유용한 정책수단이 될 수 없다고 주장했다.

케인즈의 주장대로 정부지출을 늘리면 가계와 기업의 소득이 증가하므로 소비와 투자가 증가하고 이는 다시 가계와 기업의 소득을 증가시키는 선순환이 반복되면서 경기가 회복될 수 있다. 마찬가지로 조세 감면은 소비자의 가처분소득(disposable income)과 기업의 이윤을 증가시켜 소비와 투자를 유발하므로 경기회복에 기여할 수 있다. 그 당시 케인즈는 극심한 경기침체를 극복하기 위해서는 예산적자(budget deficit)를 수반하는 재정정책이 불가피하다고 주장했다. 이러한 주장은 "예산적자는 언제나 나쁘다"는 전통적인 이론을 완전히 뒤집는 것이었다. 제2차 세계대전 이전까지 미국과 영국 정부는 예산적자보다는 균형예산(balanced budget)을 맞추려고 노력해 왔다. 그러나 케인즈의 논리는 전후에 빛을 발하기 시작했다. 완전고용을 유지하기 위해 정부지출과 세금을 조절하는 케인즈의 재정정책은 거시경제학의 핵심으로 떠올랐으며 최근까지도 유용한 정책수단으로 인식되고 있다.

CASE STUDY 사례연구 8-7 정부는 인플레이션과 실업문제를 해결하기 위해 어떤 재정정책들을 시행할까?

전술한 바와 같이 자본주의 시장경제가 직면하는 경제문제를 한 마디로 정의한다면 인플레이션과 실업의 문제이다. 인플레이션은 호황기에 경기 과열로 인해 발생하며, 국내총생산(GDP)이 크게 증가하는 경향이 있다. 반대로 실업은 침체기에 경기 위축으로 인해 발생하며, 국내총생산(GDP)이 크게 감소하는 경향이 있다. 이를 GDP 구성 요소를 이용하여 설명하면 다음과 같다.

GDP = 소비(C) + 투자(I) + 정부지출(G) + 순수출(X − M)

GDP 구성 요소 중 가장 큰 비중을 차지하는 소비(C)와 투자(I)는 민간부문(private sector)에서 이루어진다. 정부지출(G)은 공공부문(public sector)에서, 그리고 순수출(X−M)은 해외부문(foreign sector)에서 이루어진다.

경제가 경기 과열로 인플레이션에 직면할 때 정부는 어떤 재정정책들을 시행할 수 있을까? 정부는 GDP(기업의 판매 수입) 증가를 억제하는 다음과 같은 긴축재정정책(tight fiscal policy)들을 시행한다. 첫째, 정부지출(G)을 줄인다. 정부지출을 줄이면 그만큼 기업의 판매 수입이 감소하므로 GDP를 감소시키는 효과가 있다. GDP 감소는 가계소득 감소로 이어져 가계의 소비(C)를 감소시킨다. 가계의 소비 감소는 기업의 재고를 증가시키므로 물가는 하락한다. 물가 하락으로 기업의 이윤이 감소하므로 기업은 투자를 줄인다. 이처럼 정부지출(G)의 감소는 가계와 기업의 소비(C)와 투자(I)를 감소시키는 효과를 유발하면서 물가를 낮추는 데 기여한다.

G↓ ⇒ GDP↓ ⇒ C↓ ⇒ 재고↑ ⇒ 물가↓ ⇒ 이윤↓ ⇒ I↓
⇒ GDP↓ ⇒ C↓ ⇒ 재고↑ ⇒ 물가↓ ⇒ …

둘째, 개인소득세(personal income tax)와 법인세(corporate tax)를 올린다. 개인소득세를 올리면 세금을 제외하고 남은 가계의 가처분소득(disposable income)이 감소하므로 소비(C)를 줄인다. 법인세를 올리면 세금을 제외하고 남은 기업의 순이윤(net profit)이 감소하므로 투자(I)를 줄인다. 가계의 소비(I)와 기업의 투자(I)가 감소하면 기업의 재고가 증가하며, 물가는 하락한다. 물가 하락으로 기업의 이윤이 감소하며 투자 감소를 유발한다. 이처럼 정부의 증세정책은 가계와 기업의 소비(C)와 투자(I)를 감소시키는 효과를 유발하면서 물가를 낮추는 데 기여한다.

(개인소득세↑, 법인세↑) ⇒ (C↓, I↓) ⇒ 재고↑ ⇒ 물가↓ ⇒ 이윤↓ ⇒ I↓
⇒ GDP↓ ⇒ C↓ ⇒ 재고↑ ⇒ 물가↓ ⇒ …

반대로 경제가 경기 위축으로 대량실업에 직면할 때 정부는 어떤 재정정책들을 시행할 수 있을까? 정부는 GDP 증가를 촉진하는 다음과 같은 팽창재정정책(expansionary fiscal policy)들을 시행한다. 첫째, 정부지출(G)을 늘린다. 정부지출을 늘리면 그만큼 기업의 판매 수입이 증가하므로 GDP(기업의 판매 수입)를 증대시키는 효과가 있다. GDP 증가는 가계소득 증가로 이어져 가계의 소비(C)를 증가시킨다. 가계의 소비 증가는 기업의 재고를 적정 수준 이하로 감소시키므로 물가는 상승한다. 물가 상승으로 기업의 이윤이 증가하므로 기업은 투자와 고용을 늘린다. 이처럼 정부지출(G)의 증가는 가계와 기업의 소비(C)와 투자(I)를 증가시키는 효과를 유발하면서 실업을 낮추는 데 기여한다.

G↑ ⇒ GDP↑ ⇒ C↑ ⇒ 재고↓ ⇒ 물가↑ ⇒ 이윤↑
⇒ I↑ ⇒ 실업↓⇒ GDP↑ ⇒ C↑ ⇒ …

둘째, 개인소득세와 법인세를 내린다. 개인소득세를 내리면 가계의 가처분소득이 증가하므로 소비(C)를 늘린다. 법인세를 내리면 기업의 순이윤이 증가하므로 투자(I)를 늘린다. 정부의 감세정책(tax reduction policy)으로 가계의 소비(I)와 기업의 투자(I)가 증가하면 기업의 재고가 감소한다. 기업의 재고 감소로 물가는 상승하며 기업의 이윤 증가로 투자 증가와 고용 증가를 유발한다. 이처럼 정부의 감세정책은 가계와 기업의 소비(C)와 투자(I)를 증가시키는 효과를 유발하면서 실업을 낮추는 데 기여한다.

(개인소득세↓, 법인세↓) ⇒ (C↑, I↑) ⇒ 재고↓ ⇒ 물가↑ ⇒ 이윤↑
⇒ I↑ ⇒ 실업↓ ⇒ GDP↑ ⇒ C↑ ⇒ …

C·H·A·P·T·E·R

09

통화와 경제변수

제 1 절 통화의 개념

통화(money)란 재화와 서비스의 거래에서 지불 수단으로 사용하는 물질을 말한다. 외딴섬에서 사람들이 물건을 사고팔 때 지불 수단으로 조개를 사용한다면 이 섬에서 통용하는 통화는 조개이다. 만약 물건을 서로 주고받는 물물교환이 이루어진다면 물건 자체가 통화의 기능을 수행한다고 볼 수 있다. 현대 경제에서 통화는 동전, 지폐, 그리고 은행예금으로 구성한다. 은행예금을 통화에 포함하는 이유는 은행예금이 수표, 신용카드, 현금카드 등을 통해 현금과 동일하게 사용할 수 있기 때문이다.

통화는 교환의 매개 수단이며, 가치 척도 및 가치 저장의 기능을 수행한다. 통화는 교환의 매개 수단으로서 재화와 서비스의 거래에 있어서 지불 수단으로 사용한다. 초창기 물물교환시대에는 물건을 서로 주고받는 형태로 거래가 이루어졌기 때문에 교환을 위한 매개 수단을 필요로 하지 않았다. 그러나 경제·사회 규모가 커지면서 물물교환을 통한 재화와 서비스의 거래는 더 이상 지속하기 어려웠다. 따라서 사회 구성원 모두가 기꺼이 받아들일 수 있는 상징물, 즉 통화가 필요하게 되었다. 만약 이 사회에 통화가 존재하지 않는다면 우리는 얼마나 큰 사회적 비용을 부담해야 할까? "통화의 발명이야말로 우리 인류사에서 가장 위대한 발명 중의 하나"라는 주장이 결코 과장된 것은 아니라는 것을 깨닫게 한다.

통화는 가치 척도의 수단으로서 모든 사람들이 알고 있는 용어(원, 달러, 엔 등)로 가치를 정확히 표시할 수 있게 한다. "쌀 20kg은 쇠고기 1kg이나 피자 2판의 가치와 같다"는 식으로 표현하는 것은 어떤 품질의 쌀과 피자를 기준으로 하는 것인지 불분명하다. 그러나 고급 쌀 20kg짜리 한

포에 50,000원처럼 각각의 재화나 서비스에 가격표가 붙어 있다면 모든 사람들에게 정확하게 가치를 전달할 수 있다.

모든 재화나 서비스는 통화로 전환할 수 있기 때문에 통화는 가치 저장의 수단으로 사용할 수 있다. 통화와 같은 유동자산(liquid asset)은 보유에 따른 위험 부담이 거의 없으며 저렴한 비용으로 재화나 서비스로 쉽사리 전환할 수 있는 유용한 가치 저장의 수단이다. 다이아몬드 반지나 부동산은 값어치가 높지만 거래가 쉽게 이루어지지 않기 때문에 환금성이 떨어진다. 주식이나 채권은 거래가 쉽게 이루어지므로 환금성은 높지만 매일 가격이 변하기 때문에 소유에 따른 위험성이 높다. 그러나 현금과 유사한 기능을 갖고 있는 은행예금은 환금성이 매우 크고 소유에 따른 위험성도 매우 낮다. 더욱이 지갑 속의 현금은 환금성은 물론이고 소유에 따른 위험성도 없기 때문에 통화는 모든 자산 중에서 가장 유용한 가치 저장의 수단임에 틀림없다.

역사적으로 가장 오래된 통화는 현물통화(commodity money)이다. 초창기에는 주로 화살촉, 가축, 곡식 등을 통화로 사용하였다. 그러나 이와 같은 현물통화는 보관하거나 운반하는 데 많은 불편함을 수반할 수밖에 없다. 따라서 사람들은 오랫동안 사용이 가능하고, 무게나 부피가 작으면서도 가치가 크며, 진품을 쉽사리 가려낼 수 있고, 가치가 안정적인 물질, 즉 금, 은, 동을 통화로 사용하기 시작하였다. 금, 은, 동은 통화가 갖추어야 할 조건을 모두 충족시키고 있음에도 불구하고 거래할 때마다 이들의 양을 정확히 측정해야 하는 문제를 안고 있었다. 따라서 이런 문제를 해결하기 위해 등장한 것이 금화나 은화와 같은 주화(coin)이다.

금화나 은화는 고대시대부터 정부가 직접 문양을 넣어 주조했기 때문에 일반인들이 위조하거나 무게를 속일 수는 없었다. 그러나 주화를 주조하는 정부 입장에서는 금이나 은과 같은 소중한 금속을 가능한 한 적게 사용하려는 유혹을 떨칠 수가 없었다. 정부는 금화나 은화를 새로 주조할 때마다 금과 은의 사용량을 줄이기 시작했다. 이를 알아차린 사람들은 가능한 한 옛날 주화는 장롱 속에 보관하는 대신 상대적으로 가치가 낮은 새 주화를 주로 사용하기 시작했다. 그 결과 시중에는 옛날 주화는 통용되지 않고 새 주화만 통용되는 현상이 나타났다. 이처럼 값어치가 낮은 악화(bad money)가 값어치가 높은 양화(good money)를 시장에서 추방하는 원리를 그레샴의 법칙(Gresham's law)이라고 부른다.

오늘날 지구상의 어떤 국가도 교환수단으로서 금화나 은화를 통화로 사용하지 않으며, 동전(token coin)을 사용한다. 이 동전은 교환의 매개물로 사용하도록 법으로 정해져 있기 때문에 통용되고 있을 뿐, 실제로 그만한 가치를 갖고 있는 것은 아니다. 더욱이 오늘날 주로 통용되고 있는 지폐(paper money)는 상품으로서 가치는 아예 존재하지 않는다. 이와 같이 지폐나 동전처럼 단지 법률상 화폐이기 때문에 가치를 갖는 통화를 법적 통화(fiat money)라고 부른다.

최근에는 동전이나 지폐와 같은 화폐뿐만 아니라 수표나 신용카드 등을 함께 사용한다. 수표나 신용카드는 보통예금과 같은 요구불예금(demanded deposit)을 근거로 사용하므로 요구불예금 또한 일종의 통화라고 말할 수 있다. 따라서 M_1으로 표시하는 통화량(money: M_1)은 지폐와 동전을 포함한 민간보유화폐와 요구불예금의 총합으로 나타난다.

$$\text{통화량}(M_1) = \text{민간보유화폐} + \text{요구불예금}$$

일반적으로 요구불예금은 이자가 지급되지 않는 대신 언제라도 필요할 때 예금을 인출할 수 있다. 반면에 저축성예금(saved deposit)은 이자를 지급받는 대신 정해진 기간 동안 인출이 제한되어 있다. 그러나 최근에는 요구불예금과 저축성예금의 영역도 점차 무너져, 정기예금이나 정기적금과 같은 저축성예금도 손쉽게 현금으로 인출할 수 있다. 또한 국내 거주자들의 외환 거래가 자유화되면서 외화예금도 언제든지 원화로 인출이 가능하다. 따라서 통화량(M_1)보다 넓은 의미의 통화지표인 총통화량(total money: M_2)은 통화량(M_1)에 정기예금이나 정기적금과 같은 은행의 저축성예금과 거주자 외화예금을 포함한다.

총통화량(M_2) = M_1 + 저축성예금 + 거주자 외화예금

최근 금융기관의 기능이 다양해지면서 은행 이외에도 종합금융회사와 투자신탁회사 등과 같은 비은행금융기관들이 탄생했다. 이들이 취급하는 예수금은 은행의 요구불예금과 저축성예금의 특성을 겸비한 금융자산의 형태를 띠고 있다. 따라서 비은행금융기관이 취급하는 예수금도 통화에 포함시켜야 한다는 주장이 제기되었다. 또 금융기관은 예금 업무뿐만 아니라 금융채권(financial bond), 타인에게 양도가 가능한 양도성예금증서(certificate of deposit: CD), 금융기관이 의무적으로 재매입할 것을 명시한 환매조건부채권(repurchase agreements: RP)을 발행하며, 상업어음(commercial bill)을 매매한다. 이들은 모두 현금과 유사한 기능을 갖기 때문에 유사통화(near money)라고 부르며, 가장 넓은 의미의 통화관리지표인 총유동성(total liquidity: M_3)에 포함시킨다.

총유동성(M3) = M_2 + 비은행금융기관 예수금 + 금융채권
+ CD + RP + 상업어음매출

CASE STUDY 사례연구 9-1 시중은행은 통화를 창조하는 마술사인가?

은행은 고대시대부터 존재했으며, 그 당시 은행은 주로 돈이나 귀중품을 보관해주는 역할을 수행했던 것으로 알려져 있다. 교회가 권력을 장악한 중세시대에는 은행이 수난을 겪었던 시대라고 말할 수 있다. "가치는 신만이 창조할 수 있으므로 대출한 돈에 대해 이자를 부과하는 것은 신의 명령을 거역하는 것과 같다"는 교회 재판소의 판결이 잇따랐다. 르네상스시대에 들어와 은행은 이탈리아에서 다시 부활하기 시작했다. 오늘날 우리가 사용하는 은행(bank)이라는 용어는 이탈리아어 'banco'에서 유래한 말이며 'banco'라는 말은 은행가들이 벤치(bench)에 앉아서 업무를 보았다 해서 생겨난 말이라고 한다.

은행이 돈이나 귀중품을 보관하는 업무에서 대출업무로 영역을 확장하기 시작한 혁신적인 변화는 1600년대부터 나타나기 시작했다. 은행이 어떻게 대출업무를 시작할 수 있었는가를 가상적인 예를 들어 설명하기로 하자. 옛날 한 은행(초창기 은행)이 조그마한 도시에 문을 열었다. 그 당시 은행의 주 업무는 보관업무였기 때문에 이 은행은 주변의 은행과 경쟁하기 위해 가장 튼튼한 금고를 지하실에 만들었다. 많은 고객들이 이 은행에 돈(금화와 은화)을 예금하기 시작했으며, 총예금은 500만원이라고 가정하자. 고객들은 돈을 은행에 맡긴 후 은행으로부터 예금을 확인하는 증서인 어음(note), 즉 오늘날의 예금통장을 받았다. 따라서 은행이 금고에 보관하고 있는 현금과 은행이 발행한 어음의 총액은 500만원으로 정확히 일치한다.

그러나 은행은 상당한 시간이 흘러도 현금을 인출하기 위해 어음을 제시하는 고객이 거의 없다는 것을 알게 되었다. 더욱이 이 도시에서 거주하는 사람들은 이 은행이 발행한 어음은 어느 때나 금화나 은화로 환전이 가능하다는 것을 깨닫기 시작했다. 어느 순간 어음은 토지 거래를 포함한 모든 상거래에서 교환 수단으로 유통되기 시작하였다. 이러한 사실을 간파한 은행은 원금과 이자 상환 조건에 대한 계약을 체결한 후 예금주에게 발행했던 것과 동일한 어음을 인쇄해서 그 지역 사람들에게 나누어 주는 대출(loan)을 시작하였다.

이 은행이 실제 예금주가 아닌 일반 사람들에게 이런 방식으로 대출한 금액이 1,000만원이

표 9-1 | 초창기 은행의 재무 상태

자산		부채		
현금	500	어음		1,500
대출	1,000	예금주	500	
		대출자	1,000	
총자산	1,500	총부채		1,500

라고 가정하면, 초창기 은행의 재무 상태는 〈표 9-1〉과 같다. 〈표 9-1〉에서 보듯이 은행의 자산(assets)은 예금주로부터 받아 지하실 금고에 보관하고 있는 현금 500만원과 일반인에 대한 대출 1,000만원을 합한 값인 1,500만원이다. 그리고 은행의 부채(liabilities)는 예금주와 대출자가 제시하면 언제라도 현금으로 환전해 주어야 할 각각의 어음 500만원과 1,000만원을 합한 값인 1,500만원이다. 앞에서 설명했듯이 통화량은 민간보유화폐와 요구불예금(초창기 은행의 경우 어음)의 총합과 일치하므로 이 은행이 대출을 실시함으로써 새로 창조해낸 통화량은 1,000만원이다. 이제 여러분은 초창기 은행을 통해 시중은행이 어떻게 통화를 창조하는가를 충분히 이해했을 것으로 생각한다.

제2절 균형금리의 결정

금리(interest rate)란 통화의 가격을 말한다. 재화의 가격이 재화에 대한 수요와 공급에 의해 결정되듯이 통화의 가격인 금리도 통화에 대한 수요와 공급에 의해 결정된다. 재화에 대한 수요와 마찬가지로 통화에 대한 수요도 통화의 가격과 역의 관계를 갖는다. 다시 말해 금리가 올라가면 이자 부담이 증가하므로 통화에 대한 수요가 감소하고, 반대로 금리가 내려가면 이자 부담이 감소하므로 통화에 대한 수요는 증가한다. 따라서 통화에 대한 수요곡선은 재화에 대한 수요곡선과 마찬가지로 [그림 9-1]처럼 우하향하는 형태로 나타난다.

통화의 공급량은 매년 경제 상황을 고려하여 중앙은행이 인위적으로 결정한다. 다시 말해 중앙은행이 금년도 통화량을 50조원으로 운용하기로 결정했다면 공급 가능한 통화량은 50조원으로 한정되어 있기 때문에 통화의 공급곡선은 [그림 9-1]과 같이 직선으로 나타난다. 물론 경제 여건의 변화에 따라 중앙은행이 통화량을 60조원으로 늘릴 수도, 또 40조

▶그림 9-1
균형금리의 결정

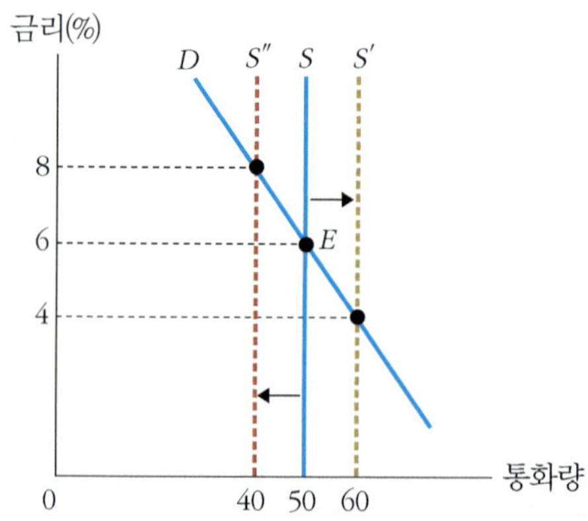

원으로 줄일 수도 있다. 중앙은행이 통화량을 늘릴 경우 통화의 공급곡선은 우측으로($S \rightarrow S'$) 이동하고 통화량을 줄일 경우 통화의 공급곡선은 좌측으로($S \rightarrow S''$) 이동한다.

재화의 가격과 마찬가지로 금리도 통화에 대한 수요곡선과 공급곡선이 정확히 일치하는 점 E에서 결정되며, 이때의 금리 6%를 균형금리(equilibrium interest rate)라고 부른다. 만약 금리가 어떤 이유로 인해 8%로 오른다면 통화에 대한 수요가 감소하므로 10조원만큼의 초과공급이 나타나며, 금리는 초과공급이 해소될 때까지 균형금리를 향하여 계속 하락한다. 반대로 금리가 4%로 하락한다면 10조원만큼의 초과수요가 발생하므로 금리는 초과수요가 해소될 때까지 균형금리를 향하여 계속 상승한다. 결과적으로 시장에서 결정되는 실제금리(actual interest rate)는 금융시장의 자동조절기능에 의해 균형금리를 중심으로 등락을 거듭하며 안정을 유지한다.

그러나 금리와 상관없이 통화에 대한 수요가 증가한다면 통화에 대한 수요곡선은 우측으로 이동하며 이로 인해 균형금리는 상승하게 된다. 물론 그 반대의 경우에는 통화에 대한 수요곡선이 좌측으로 이동하며 균형금리는 하락한다. 예를 들면 경제가 호경기일 때 국민들의 소득이 증가하고 씀씀이가 커지므로 국민들의 통화에 대한 수요는 증가한다. 마찬가지로 기업들도 호경기 때 신규 투자를 위해 통화를 필요로 하므로 기업들의 통화에 대한 수요가 증가한다. 따라서 통화에 대한 수요곡선이 우측으로 이동하며 균형금리는 상승하게 된다. 일반적으로 호경기 때 금리가 올라가는 현상은 바로 이러한 원리 때문이다. 반대로 불경기 때는 정반대의 현상이 나타나므로 통화에 대한 수요곡선은 좌측으로 이동하며 균형금리는 하락하게 된다.

금리는 통화를 빌리려는 주체에 따라 달리 부과하는 경향이 있다. 이익을 많이 내는 기업은 돈을 떼일 위험이 작기 때문에 이익을 내지 못한 기업에 비해 낮은 금리를 적용받는다. 신용등급이 같아도 장기금리(long-run interest rate)가 단기금리(short-run interest rate)보다 더 높은 게 일반적이다. 왜냐하면 인플레이션이나 기업의 도산 확률이 장기로 갈수록 더 커지기 때문이다. 대기업들은 정해진 기간에 원금과 이자를 갚겠다는 차용증서, 즉 채권(bond)을 금융기관에 팔아서 돈을 빌리기도 한다. 이때 금융기관이 채권을 매입한 가격과 채권에 표시한 액면가의 차이에 따른 수익률이 채권 금리에 해당한다. 예를 들어 삼성전자가 1년 만기 액면가 10억원짜리 채권을 9억 3,000만원에 시중은행에 매각했다면 채권 금리는 7%[=(10−9.3)/10]가 된다.

채권은 발행하는 기관에 따라 여러 형태로 구분할 수 있다. 정부와 정부기관이 발행한 채권을 공채(public bond)라고 하며, 기업들이 보통 3년 만기로 발행한 채권을 회사채(private bond)라고 부른다. 기업들이 급전이 필요할 때는 3개월짜리 기업어음(commercial paper: CP)을 발행하기도 한다. 금융기관들은 정기예금처럼 금리가 높으면서도 타인에게 양도가 가능한 양도성예금증서(certificate of deposit: CD)를 발행하고 있다. 얼마 전까지 시중의 실세금리는 여러 종류의 채권 가운데 가장 많은 거래가 이루어지는 회사채의 금리를 기준으로 했다. 그러나 외환위기 이후 채권 가운데 가장 안전한 국고채의 금리를 대표적인 실세금리로 사용하고 있다. 국고채는 기획재정부의 국고과에서 만기 3년짜리로 발행하며, 농지채권과 철도채권 등이 있다. 콜금리(call rate)는 금융기관끼리 급히 돈이 필요할 때 하루 동안 빌려주는 금리를 말한다. 기준금리(base rate)는 중앙은행이 매월 결정하는 금리로서 경제정책을 가늠할 수 있는 금리라는 의미에서 정책금리(policy interest rate)라고 부르기도 한다. 한국은행은 2001년부터 우리나라의 통화정책을 통화량 관리 방식에서 기준금리 조정

방식으로 전환하면서 기준금리는 경제에 미치는 영향이 가장 크다고 볼 수 있다. 한국과 미국의 중앙은행이 매월 금리를 동결, 인하, 또는 인상했다는 소식이 자주 들리는데, 이것은 바로 기준금리를 동결하거나 내리거나 올렸다는 것을 의미한다.

CASE STUDY 사례연구 9-2 사람들은 왜 통화를 소유하려고 할까?

통화에 대한 수요(demand for money)란 가계가 소유하고 있는 자산 중 화폐나 요구불예금 등과 같은 통화로 소유하려고 하는 욕구를 말한다. 여러분이 1억원의 금융자산(financial assets)을 통화와 채권의 형태로 소유하려고 한다고 가정하자. 여러분은 얼마를 화폐나 요구불예금으로 보관하고 얼마를 채권에 투자할 것인가? 여러분이 채권에 투자할 경우 일정 기간이 지나면 이자를 지급받지만 화폐나 요구불예금으로 보관할 경우 아무런 이자도 받을 수 없다. 따라서 화폐나 요구불예금과 같은 통화를 소유한다는 것은 이자라는 기회비용(opportunity cost)을 발생시킨다.

경제학자들은 사람들이 통화를 소유하려고 하는 이유를 거래적 동기(transactions motive), 예비적 동기(precautionary motive), 자산구성 동기(portfolio motive)에서 찾는다. 통화는 재화와 서비스 거래의 매개 수단으로 사용하므로 사람들은 거래를 원활히 하기 위해 통화를 보유한다. 사람들은 예기치 않게 급전이 필요할 때를 대비해 통화를 보유한다. 그러나 예비적 동기에 의해 보유하는 통화는 결국 재화와 서비스의 거래에 사용하므로 거래적 동기와 예비적 동기에 의한 통화 수요를 통틀어 거래적 수요(transactions demand)라고 부른다. 한 나라의 재화와 서비스의 거래, 즉 소비는 GDP에 의해 영향을 받는다. 다시 말해 GDP가 증가할수록 통화에 대한 거래적 수요는 증가하고 반대로 GDP가 감소할수록 통화에 대한 거래적 수요는 감소한다. [그림 9-1]에서 GDP가 증가할수록, 즉 경기가 좋아질수록 통화에 대한 거래적 수요는 증가하므로 통화에 대한 수요곡선은 우측으로 이동하며, 금리는 상승한다. 반대로 GDP가 감소할수록, 즉 경기가 나빠질수록 통화에 대한 거래적 수요는 감소하므로 통화에 대한 수요곡선은 좌측으로 이동하며 금리는 하락한다.

이제 여러분이 1억원 중 2,000만원은 통화로 보유하고 8,000만원은 연리 10%의 채권에 투자한다고 가정하자. 여러분이 2,000만원을 통화로 보유할 경우 연간 기회비용은 200(=2,000×0.1)만원이다. 그럼에도 불구하고 여러분이 2,000만원을 통화로 보유하려고 하는 이유는 앞에서 설명한 거래적 동기 이외에도 채권시장에서 채권 가격이 매일 등락을 거듭하는 데 따른 위험을 어느 정도 회피하려고 하기 때문이다. 만약 채권 금리가 5%로 하락했다면 통화 보유에 따른 기회비용은 200만원에서 100만원으로 감소하므로 상대적으로 위험부담이 큰 채권 중의 일부를 매각하여 통화 보유량을 늘린다. 반대로 채권 금리가 상승할 경우 그만큼 통화 보유에 따른 기회비용이 증가하므로 채권은 매입하고 통화 보유량은 줄인다. 이처럼 이자율 변동에 따른 자산구성 동기의 변화로 인해 나타나는 통화에 대한 수요를 투기적 수요(speculative demand)라고 부르며 금리와 역의 관계를 갖는다. [그림 9-1]에서 통화에 대한 수요곡선이 우하향하는 형태로 나타나는 것은 금리와 역의 관계를 갖는 투기적 수요의 특성을 반영하기 때문이다.

제3절 중앙은행의 경제정책: 통화정책

통화정책(monetary policy)이란 중앙은행이 통화 공급량을 조절하여 금리를 변경시키거나, 직접 기준금리를 조절함으로써 경제 활동에 영향을 미치는 경제정책을 말한다. [그림 9-1]에서 현재 통화량은 50조원이고 균형금리는 6%이다. 만약 중앙은행이 경기회복을 위해 통화정책을 시행하려고 한다면 금리를 현재의 수준보다 낮추어 기업의 투자와 가계의 소비를 확대시켜야 한다. 이를 위해 통화량을 50조원에서 60조원으로 10조원을 추가로 공급한다면 금리는 6%에서 4%로 하락하게 된다.

중앙은행이 금리를 조절하는 목적은 민간부문의 경제 활동에 간접적으로 영향을 미쳐 경기변동 폭을 완화하려는 데 있다. 중앙은행이 금리를 조절하는 방법은 크게 두 가지로 나눌 수 있다. 첫째, 시중의 통화량을 조절함으로써 금리에 간접적으로 영향을 미칠 수 있다. 시중의 통화량은 중앙은행이 직접 통화를 발행하여 늘릴 수도 있고 과거 민간부문에 매각했던 국공채를 금융기관이나 개인으로부터 다시 사들여서 시중의 통화량을 늘릴 수도 있다. 이처럼 시중의 통화량(quantity of money)이 증가하면 금리는 하락한다. 물론 중앙은행이 보유하고 있는 국공채를 매각하면 시중의 돈이 중앙은행으로 들어오기 때문에 통화량은 감소하고 금리는 상승한다.

둘째, 중앙은행이 재할인율을 변경함으로써 금리에 간접적으로 영향을 미칠 수 있다. 은행이 기업에게 자금을 대출할 때는 상업어음을 발행하도록 해 이를 할인해 주는 방식을 이용한다. 예를 들어 기업이 발행한 만기 1년의 1억원짜리 어음을 800만원 할인하여 9,200만원만 기업에게 대출했다면 연간 할인율은 8%(=800만원÷1억원)이다. 대출 자금이 필요한 시중은행은 자신이 이미 할인한 상업어음을 중앙은행을 통해 다시 할인, 즉 재할인을 받아 자금을 마련한다. 중앙은행이 1억원짜리 어음을 9,400만원에 재할인한다면 재할인율은 6%(=600만원÷1억원)이다. 결과적으로 시중은행은 중앙은행으로부터 1억원을 연리 6%에 차입하여 기업에게 연리 8%에 대출해 주는 셈이 된다. 중앙은행이 재할인율(rediscount rate), 즉 시중은행에 대출해 주는 금리를 올리면 시중은행도 따라서 할인율(discount rate), 즉 기업에 대출해 주는 금리를 올릴 수밖에 없다.

앞에서 설명했듯이 우리나라의 통화정책은 그동안 통화량 확대나 긴축을 통해 금리에 영향을 미치는 '통화량 중시 정책'에서 벗어나 2001년도부터는 한국은행이 직접 금리를 관리하는 '기준금리 중시 정책'으로 전환하였다. 한국은행이 시중은행에 적용하는 기준금리를 변경할 경우 시중은행들도 따라서 움직일 수밖에 없다. 대부분의 선진국들은 통화량을 관리함으로써 금리에 간접적으로 영향을 미치는 통화정책보다는 더 확실하고 신속하게 시중 실세금리에 직접 영향을 미칠 수 있는 기준금리(base rate)를 중시하는 정책을 사용하고 있다.

중앙은행은 경기를 안정화시키기 위해 경기침체 시에는 금리를 낮추고 경기과열 시에는 금리를 올리는 통화정책을 시행한다. 경기침체 시 실업이 증가하고 국민소득은 감소하므로 중앙은행은 통화 공급량을 확대해 금리를 하락시키는 정책을 추진한다. 금리가 하락하면 금융기관으로부터 자금 조달 비용이 감소하므로 기업은 투자를 늘린다. 투자가 증가하면 노동에 대한 수요도 증가하므로 가계의 소득은 증가한다. 가계소득의 증가로 소비가 증가하면 이는 다시 기업의 판매 수입 증가로 이어진다. 그 결과 노동에 대한 수요의 증가로 다시 가계소득이 증가하고 소비도 증가하는 선순환 과정을 반복하면서 경기침체를 벗어난다. 반대로 경기가 지나친 호황으로 과열 양상을 보일 때 인플레이션을 우려한 중앙은행은 통화 공급량을 축소함으로써 금리를 상승시키는 정책을 추진한다. 금리가 상승하면 그만큼 금융비용이 증가하므로 투자는 감소한다. 투자가 감소하면 노동에 대한 수요도 감소하므로 가계소득은 감소한다. 가계소득의 감소로 소비가 감소하면 이는 다시 기업의 판매 수입 감소로 이어진다. 그 결과 노동에 대한 수요의 감소로 다시 가계소득이 감소하고 소비도 감소하는 악순환 과정을 반복하면서 경기 과열을 진정시킨다.

CASE STUDY 사례연구 9-3 중앙은행의 통화정책은 만병통치약인가?

중앙은행이 시중 금리에 직·간접적으로 영향을 미치는 통화정책은 경제를 안정화시키는 효과적인 정책 수단임에 틀림없다. 그럼에도 불구하고 중앙은행의 통화정책이 모든 경제문제들을 해결하는 만병통치약은 아니다. 통화정책은 그 당시 경제 여건에 따라 그 효과가 미약하거나 반감될 수도 있다. 실제로 세계 경제가 대공황(great depression)과 같은 경제 위기에 빠져 있을 때 중앙은행의 통화정책은 아무런 효과를 발휘하지 못한 적도 있었다. 어느 나라 경제가 극심한 경기침체에 빠져 있다면 물건이 팔리지 않아 재고가 산더미처럼 쌓이고 대량실업으로 국민소득도 크게 감소할 것이다. 이때 중앙은행이 경기회복을 위해 통화 공급량을 늘린다면 금리는 하락하지만, 금리의 하락이 투자 증대로 연결되기는 쉽지 않다. 왜냐하면 아무리 금리가 하락한다고 하더라도 재고가 산더미처럼 쌓여 있는 상태에서 기업들이 생산량의 증대를 가져올 투자를 늘리기란 쉽지 않기 때문이다. 이처럼 통화 공급량의 확대로 금리가 하락함에도 불구하고 경기부양 효과가 전혀 나타나지 않는 현상을 경제가 '유동성 함정(liquidity trap)'에 빠져 있다고 말한다.

2008년 미국의 서브프라임 모기지(subprime mortgage) 사태로부터 촉발한 글로벌 금융위기(global financial crisis)로 세계 여러 나라들은 심각한 경제 위기를 겪은 적이 있었다. 미국을 비롯한 일본, 유럽 등 여러 나라 중앙은행들은 심각한 경기침체를 극복하기 위해 기준금리를 급격히 낮췄으며 제로 또는 마이너스 기준금리를 시행한 적이 있었다. 사상 초유의 초저금리는 코로나 팬데믹 기간인 2022년 전반기까지 10년 이상 지속되었다. 여러 중앙은행들이 비정상적인 제로 기준금리 정책을 장기간 고수할 수밖에 없었던 것은 그만큼 경기침체가 장기간 지속되었기 때문이다. 이것은 역설적으로 경기가 극심한 침체에 빠져 있을 때는 통화정책은 만병통치약이 될 수 없다는 것을 입증한 셈이다. 따라서 각국은 경제 안정을 위해 통화정책과 재정정책을 상호 보완적으로 시행하는 경향이 있다.

제4절 통화량과 물가

통화량과 물가의 관계는 경제학자 어빙 피셔(Irving Fisher)의 '교환방정식(equation of exchange)'에 잘 나타나 있다. 피셔는 모든 재화나 서비스의 거래는 통화를 매개로 이루어지므로 일정 기간 동안 한 나라 경제 전체의 재화와 서비스 판매 총액은 구입 총액과 일치한다는 사실로부터 다음과 같은 교환방정식을 도출하였다.

$$MV = PT$$

여기서, M: 통화량, V: 통화 유통속도(회전속도),
P: 물가, T: 재화와 서비스 거래량

위 식의 우변(PT)은 한 나라에서 생산하는 모든 재화와 서비스의 평균 가격인 물가(P)에 모든 재화와 서비스의 거래량(T), 즉 판매량을 곱한 값이므로 일정 기간 동안의 재화와 서비스 판매 총액을 나타낸다. 재화와 서비스 판매 총액은 한 나라의 GDP를 의미한다는 것을 여러분은 기억할 것이다.

좌변(MV)에서 V는 통화가 회전하는 유통속도(velocity)를 나타낸다. 재화와 서비스는 돈을 매개로 거래가 이루어지므로 통화 유통속도란 한마디로 재화와 서비스의 거래를 통해 이루어지는 통화의 '손 바뀜 속도'를 의미한다. 일반적으로 경기가 나쁠 때 사람들은 "요즈음 돈이 어디에 묶여 있는지, 도대체 돈이 돌지 않아"라고 입버릇처럼 말하는데, 이때의 "돈이 돌지 않는다"라는 말은 바로 통화의 회전속도, 즉 유통속도가 느리다는 것을 의미한다. M은 한 나라 경제에서 재화와 서비스의 구매에 사용가능한 전체 돈의 양, 즉 통화량을 나타낸다.

통화량(M)과 통화 유통속도(V)를 곱한 값은 재화와 서비스의 구입 총액과 일치한다. 극단적인 예로서 한국은행이 갑에게 공채를 매입한 대금으로 지불한 1억원이 한 나라 전체의 통화(M=1억원)라고 가정하자. 갑이 1억원을 집안 장롱 속에 그대로 쌓아둔다면 재화와 서비스의 거래가 전혀 발생하지 않으므로 통화 유통속도(V)와 재화 및 서비스 거래량(T)은 0이다. 따라서 재화와 서비스의 구입 총액(MV)과 판매 총액(PT)은 모두 0의 값을 갖는다. 그러나 갑이 을에게 집값으로 1억원을 지불하고, 을은 이 돈으로 병으로부터 1억원짜리 바이올린을 구입하고, 다시 병은 정으로부터 1억원짜리 외제차를 구입했다면, 한 나라 경제 전체의 재화와 서비스의 판매 총액은 3억원(=집+바이올린+외제차)이고 구입 총액도 3억원(=갑의 지출+을의 지출+병의 지출)으로 정확히 일치한다.

물가와 통화의 관계를 알아보기 위해 교환방정식을 물가(P)에 대해 다시 정리하면 다음과 같은 식을 얻는다.

$$P = \frac{MV}{T}$$

피셔는 한 나라 경제가 완전고용 상태에 있으며 재화와 서비스의 거래량(T)은 일정한 것으로 가정하였다. 완전고용(full employment)이란 사용 가능한 자원과 노동을 모두 투입하여 생산한 재화와 서비스가 모두 소비되는 상태를 말하므로 완전고용 생산량과 거래량은 항상 일치한다. 한 나라의 자원과 노동이 완전고용 상태에 있기 때문에 생산량(혹은 거래량)이 증가하기 위해서는 자원과 노동의 증가가 수반되어야 하므로 단기간에 재화와 서비스의 거래량은 변할 수 없다는 것을 알 수 있다.

피셔는 통화 유통속도도 일정한 것으로 가정하였다. 통화 유통속도는 한 나라의 관습이나 제도에 따라 달라지는데, 단기간에 관습이나 제도가 바뀌지 않듯이 통화 유통속도 또한 거의 일정한 것으로 생각하였다. 피셔의 가정대로 통화 유통속도(V)와 재화 및 서비스 거래량(T)이 일정하다면 위 식에서 물가(P)와 통화량(M)은 정비례 관계를 갖는다는 것을 알 수 있다. 다시 말해 통화량이 10% 증가하면 물가도 따라서 10% 상승한다는 것을 의미한다.

그러나 현실경제에서 완전고용보다는 불완전고용이 일반적이기 때문에 재화와 서비스의 거래량이 변할 수 있으며, 연구 결과 통화 유통속도도 그렇게 안정적이지 못한 것으로 나타나고 있다. 그렇다고 해서 피셔의 교환방정식이 갖는 의미가 달라지는 것은 아니다. 통화량(M) 증가로 금리가 하락하자 기업들이 투자를 늘려 재화와 서비스의 거래량(T)이 증가했다면 위 식에서 분자와 분모의 값이 모두 증가하므로 통화 증가로 인한 물가 상승이 상당부분 완화될 수도 있다. 반대로 통화 증가로 금리가 하락하자 사람들이 저축보다는 소비를 늘리려고 한다면 위 식에서 통화 유통속도(V)가 커지기 때문에 물가가 큰 폭으로 상승할 수도 있다.

통화 유통속도는 심리적 요인에 의해 크게 좌우될 수도 있다. 만약 사회 구성원 모두가 인플레이션을 심각하게 걱정하고 있다면 수중에 돈이 들어온 즉시 물건으로 바꾸려고 할 것이기 때문에 통화 유통속도가 점차 빨라지게 된다. 이로 인해 물가가 다시 상승하게 되고 사람들은 다시 경쟁적으로 현금을 물건으로 바꾸려고 할 것이므로 통화 유통속도가 커지는 악순환이 반복될 수 있다. 그 결과 우리가 상상할 수도 없는 몇 천 퍼센트의 인플레이션에 시달릴 수도 있다. 실제로 아르헨티나를 비롯한 남미의 일부 국가들과 러시아가 2~3천 퍼센트에 이르는 초고속 인플레이션(hyper inflation)을 경험한 바 있다.

CASE STUDY
사례연구 9-4 돈은 돌아야 돈이다?

돈은 한 곳에 머물지 않고 돌아다닌다는 뜻에서 나온 말이라고 알고 있으나 그 어원은 정확하지 않다. 그러나 "돈은 한 곳에 머물지 않고 돌아다닌다"는 것이라는 정의만큼 더 함축적인 의미를 갖는 정의를 찾기란 쉽지 않을 듯싶다. 흔히들 "요즈음 돈줄이 막혀 있다", "그 많던 돈이 다 어디로 갔는지 요즈음 돈이 잘 돌지 않는다"라는 말은 제7장에서 설명한 현금 순환(money circulation)이 잘 이루어지지 않는다는 말이다. 실물경제는 돈을 매개로 순환한다. 실물경제가 인체의 몸이라면 돈은 혈액과도 같은 것이다. 혈관이 막히면 인체에 탈이 나듯이, 돈줄이 막히면 실물경제에 위기가 닥친다. 돈이 도는 속도, 즉 통화 유통속도가 빨라질수록 실물경제는 활성화되고 통화 유통속도가 느려질수록 실물경제는 위축된다. 실물경제는 돈을 매개로 거래가 이루어지기 때문이다.

한국은행은 매년 통화 유통속도를 발표하고 있다. 앞에서 설명했듯이 피셔의 교환방정식($MV=PT$)에 따르면 통화 유통속도는 다음과 같다.

$$V = \frac{PT}{M}$$

한국은행은 통화 유통속도(V)를 계산할 때 재화와 서비스의 판매 총액(PT)은 국내총생산(GDP)을 통화량(M)은 총통화량(M_2) 지표를 사용한다. 일반적으로 통화 유통속도는 경기호황기에는 높고 경기침체기에는 낮아지는 경향이 있다. 여러분이 한국은행 경제통계시스템에 접속하여 직접 확인하기를 바란다. 경제 전문가들은 통화 유통속도가 빨라지면 실물경제는 좋아지지만 물가 상승 압력이 나타날 수 있다고 우려한다. 피셔의 교환방정식을 이용하면 그 이유를 쉽사리 이해할 수 있을 것이다.

제5절 인플레이션

인플레이션(inflation)이란 전반적인 물가 수준이 지속적으로 현저하게 상승하는 현상을 말한다. 인플레이션은 화폐 가치의 하락을 의미하므로 월급으로 살아가는 소비자들의 실질소득 또한 그만큼 감소하게 된다. 그 결과 소비자들의 구매력이 떨어지고 생활수준도 악화한다.

인플레이션의 발생 과정은 제7장에서 설명한 GDP 구성 요소를 이용해 쉽게 설명할 수 있다. 제7장에서 자세히 설명했듯이 국내 기업의 총매출액인 국내총생산(GDP)은 경제주체들(가계, 기업, 정부, 해외)의 지출 총액과 일치한다.

$$GDP = 소비(C) + 투자(I) + 정부지출(G) + 순수출(X-M)$$

국내총생산(GDP)은 국내 모든 기업들이 생산해서 시장에 내다 판 총액이므로 총공급(total supply)에 해당한다. 반면에 소비, 투자, 정부지출, 순추출은 국내 모든 기업들이 생산한 재화들에 대한 지출 총액을 의미하므로 총수요(total demand)에 해당한다. 총공급과 총수요는 한 나라 경제 내에서 생산하는 모든 재화와 서비스에 대한 전체 수요와 전체 공급이라는 점에서 어느 한 재화나 어느 한 서비스만을 대상으로 하는 수요 및 공급과는 구별한다. 따라서 어느 한 재화나 서비스에 대한 수요와 공급에 의해 결정되는 것은 가격(price)이지만, 한 나라 경제 내 모든 재화와 서비스에 대한 총수요와 총공급에 의해 결정되는 것은 물가(price index)이다.

총공급(GDP)이 총수요(소비+투자+정부지출+순수출)보다 크다면 기업들의 재고가 늘어나며 물가는 하락한다. 반대로 총수요가 총공급보다 크다면 기업들의 재고는 적정 수준 이하로 줄어들고 물가는 상승한다.

총공급(GDP) > 총수요(소비+투자+정부지출+순수출) ⇒ 재고↑ ⇒ 물가↓
총공급(GDP < 총수요(소비+투자+정부지출+순수출) ⇒ 재고↓ ⇒ 물가↑

이처럼 총수요가 총공급보다 클 때 발생하는 인플레이션은 총수요의 증가가 인플레이션을 견인한다는 의미에서 수요견인 인플레이션(demand-pull inflation)이라고 부른다. 수요견인 인플레이션은 주로 경기 과열기에 나타난다. 수요견인 인플레이션을 억제하기 위해서는 정부와 중앙은행이 나서서 소비, 투자, 정부지출, 순수출을 억제하는 정책을 시행한다. 정부는 정부지출을 줄일 뿐만 아니라 소비와 투자를 억제하기 위한 개인소득세나 법인세를 인상하기도 하는 재정긴축정책(tight fiscal policy)을 시행하고 수출보다는 수입을 장려하는 정책을 시행하기도 한다. 중앙은행은 소비와 투자를 억제하기 위해 기준금리를 올리거나 통화량을 축소시키는 금융긴축정책(tight monetary policy)을 시행한다.

1970년대 초반 제1차 오일쇼크가 발생하기 이전까지만 해도 인플레이션이 발생하는 원인은 주로 수요견인 이론으로 설명할 수 있었다. 그러나 오일 가격이 단기간에 배럴당 2달러 수준에서 10달러 수준으로 5배 가까이 폭등하자 대다수 기업들의 생산비가 급등하면서 새로운 유형의 인플레이션에 직면하게 되었다. 오일은 전 산업에 걸쳐 에너지원이자 원료로서 중요한 생산요소이다. 이처럼 생산요소 가격의 급등으로 대다수 기업들의 생산비가 인상됨으로써 전반적인 물가 수준이 상승하는 현상을 비용인상 인플레이션(cost-push inflation)이라고 부른다. 세계 경제는 1970년대 초반과 1980년대 초반 1·2차 오일쇼크를 겪으면서, 그리고 2020년대 초반 코로나 팬데믹으로 공급망이 무너지고 우크라이나 전쟁으로 농산물 공급에 애로가 발생하면서 비용인상 인플레이션을 경험한 바 있다.

비용인상 인플레이션은 인플레이션에 따른 고통뿐만 아니라 실업이라는 이중고를 겪도록 한다. 오일과 같은 원자재 가격의 급등이나 급격한 임금 인상 등으로 비용인상 인플레이션이 발생할 경우 기업은 생산비 상승으로 이윤이 감소하므로 투자를 줄인다. 기업의 투자 감소는 노동에 대한 수요의 감소로 가계의 소득이 감소한다. 가계의 소득 감소는 소비 감소로 이어지며 기업의 재고는 증가한다. 기업의 재고 증가는 다시 투자의 감소로 이어지는 악순환이 반복되면서 대량실업의 위험에 빠질 수 있다. 일반적으로 경제위기는 인플레이션과 대량실업이 동시에 나타나는, 다시 말해 경기침체(stagnation)와 인플레이션(inflation)이 동시에 나타나는 스태그플레이션(stagflation) 상태를 말한다.

수요견인 인플레이션은 어느 정도의 실업을 감수하더라도 물가를 안정시키겠다는 정부와 중앙은행의 강력한 의지만 있다면 총수요를 억제함으로써 치유가 가능하다. 그러나 스태그플레이션은 국민들에게 심각한 고통을 줄 뿐만 아니라 치유가 쉽지 않다는 데 문제의 심각성이 있다. 정부와 중앙은행이 물가를 안정시키기 위해 총수요를 억제하는 긴축정책을 시행할 경우 물가는 어느 정도 안정될 수 있으나 기업의 재고 증가로 투자가 감소하므로 실업은 더욱 더 증가하는 문제가 발생한다. 반대로 대량실업을 구제하기 위해 정부와 중앙은행이 총수요를 진작시키는 팽창정책을 시행할 경우 실업문제는 어느 정도 해소할 수는 있으나 인플레이션 문제가 더욱 더 악화할 수 있다. 따라서 스태그플레이션을 벗어날 수 있는 유일한 방법은 총공급을 늘리는 것이다. 그러나 총공급을 억제하는 요인들이 한 나라 경제 내부보다는 외부에서 발생했다면 그러한 외생변수가 사라질 때까지 경제위기는 지속할 수밖에 없다. 일반적으로 미국을 비롯한 대부분의 선진국들은 스태그플레이션이 발생할 경우 국민들의 고통을 감내하더라도 우선 물가부터 진정시키는 긴축정책을 시행하는 경향이 있다.

왜냐하면 실업의 고통은 당사자에게만 한정되지만 인플레이션의 고통은 국민 대다수에게 영향을 미칠 뿐만 아니라 물가의 고삐를 한 번 놓치면 심리적 요인이 가세하면서 단기간에 물가를 잡기가 어렵기 때문이다.

CASE STUDY 사례연구 9-5 **왜 인플레이션을 두려워하는가?**

모든 국가는 인플레이션이 발생할 경우 어떤 대가를 치루더라도 우선 물가 안정에 총력을 기울인다. 인플레이션은 다음과 같은 심각한 경제문제들을 발생시키기 때문이다. 첫째, 인플레이션은 '빈익빈, 부익부' 현상을 심화시킨다. 인플레이션이 모든 사람들의 생활수준을 동시에 하락시키는 것은 아니다. 인플레이션 기간에는 화폐 가치는 떨어지는 반면에 재화 가격은 상승한다. 인플레이션은 재화를 판매하거나 대량으로 보유하고 있는 사람에게는 새로운 부를 축적할 수 있는 기회를 제공한다. 다시 말해 인플레이션은 부와 소득의 재분배를 초래한다. 일반적으로 부동산과 같이 재산 가치가 높은 재화들의 대부분은 저소득층보다는 고소득층이 소유하고 있다. 인플레이션 기간 동안에는 사람들이 자산 가치를 유지하기 위해 현금보다는 부동산과 같은 실물자산을 선호하므로 실물자산의 가격이 상승한다. 그 결과 실물자산을 소유하고 있는 고소득층의 부는 증가하는 반면에 소액의 금융자산만을 소유하고 있는 저소득층의 부는 감소한다. 따라서 인플레이션은 '빈익빈 부익부' 현상을 심화시키는 경향이 있다.

둘째, 인플레이션은 고소득층보다는 빈곤계층에게 훨씬 더 큰 고통 분담을 요구한다. 예를 들어 전 국민이 소비하는 쌀 가격이 한 포대에 20만원에서 25만원으로 25% 인상되었다고 하자. 월 2,000만원의 고소득층에게는 소득 대비 0.25%(=5/2000)의 추가 부담만 발생하지만 월 100만원의 빈곤계층에게는 5%(=5/100)의 추가 부담이 발생하므로 빈곤계층의 고통 분담이 훨씬 큰 것을 알 수 있다.

셋째, 인플레이션은 기업의 재무구조를 악화시킨다. 인플레이션은 화폐 가치가 하락하는 것을 의미하므로 인플레이션 시기에는 채권자보다는 돈을 빌려 쓴 채무자가 경제적으로 유리하다. 따라서 이 시기에는 기업들이 신규 차입을 늘리려 하고 기존 차입금은 가능한 한 상환을 늦추려 한다. 그 결과 기업들의 차입자본 의존도가 커지면서 기업의 재무구조를 악화시키는 경향이 있다. 과거 우리 경제가 고도성장 과정에서 인플레이션을 겪으면서 기업들이 대규모 차입 경영에 지나치게 의존한 나머지 기업의 재무구조가 악화하고 연쇄도산하면서 외환위기를 겪었던 쓰라린 경험을 갖고 있다.

넷째, 인플레이션은 외환위기를 불러올 수 있다. 인플레이션은 기업들의 수출 의욕을 감퇴시키는 효과가 있다. 동종 재화의 국제시장 가격은 변동이 없는데 국내시장에서만 가격이 급등한다면 기업 입장에서는 수출보다는 더 큰 이윤을 창출할 수 있는 국내시장에 재화의 공급을 치중하기 때문이다. 반면에 인플레이션은 수입을 촉진하는 경향이 있다. 동종 재화의 국내가격이 국제가격보다 훨씬 비싸다면 수입업자들은 높은 이윤을 얻기 위해 수입에 열을 올릴 것이며, 정부도 물가 안정을 위해서는 외국 재화를 수입해서라도 공급을 늘려야 하기 때문이다. 그 결과 달러와 같은 외화의 유출이 증가할 수 있다. 또한 원화 가치의 하락으로 달러 수요가 증가한다면 환율이 급등하고 이는 다시 원화 가치 하락으로 이어져 달러 수요를 부채질하는 악순환이 반복되면서 외환위기로 이어질 수도 있다. 아르헨티나와 같은 남미국가들과 1997년 말 우리가 겪었던 외환위기도 하나의 예에 속할 수 있다.

C·H·A·P·T·E·R

10

국제무역과 환율

제 1 절 국제무역의 필요성

국제무역이 없다면 세계시장에서 많은 재화나 서비스들이 거래될 수 없으며 가격은 폭등할 것이다. 예를 들면 1980년대까지만 해도 우리나라에서 바나나는 매우 귀한 과일이었으며, 바나나 한 손에 10만원을 호가할 정도 매우 비쌌다. 그러나 현재는 바나나 한 손에 몇 천원이면 누구나 맛볼 수 있는 흔한 과일이 되었다. 그것은 국제무역을 통해 바나나 수입이 가능하기 때문이다. 또한 국제무역이 없다면 해외에서 커피를 들여올 수 없고 에너지의 원천인 석유 수입도 불가능하다. 부존자원이 빈약하고 국토가 협소한 우리나라가 생존할 수 있는 유일한 방법은 국제무역뿐이라는 데 동의하지 않을 사람은 거의 없을 것이다.

만약 전 세계 모든 시장이 경쟁적이고 생산요소의 이동이 완전히 개방되어 있다면 모든 국가들은 비교우위를 갖고 있는 분야에 생산을 특화할 것이다. 어떤 국가는 중화학공업을, 어떤 국가는 농업을, 또 다른 국가는 서비스업을 특화하려고 할 것이다. 그렇다면 특화의 기준이 되는 비교우위는 어디서 발생하는 것일까? 이와 같은 질문에 대한 연구가 다양하게 이루어졌으나 대부분의 경제학자들은 노동, 토지, 자연자원 등과 같은 생산요소의 양과 질적인 차이에 주목한다. 어떤 국가의 생산요소들이 다른 국가의 생산요소들에 비해 양적·질적으로 뛰어나다면 그 국가는 해당 산업 분야에서 비교우위(comparative advantage)를 갖는다고 정의한다. 예를 들어 어떤 국가가 비옥한 토지로 이루어진 광활한 영토를 갖고 있다면 이 나라는 농업 분야에, 자본축적이 잘 이루어진 나라는 중화학공업 분야에, 그리고 수많은 인적 자본을 거느린 나라는 첨단산업 분야에 비교우위를 갖는다.

물론 비교우위만이 국가 간 무역 발생을 설명할 수 있는 유일한 논리는 아니다. 비교우위론은 많은 국가들이 왜 유사한 종류의 재화들을 수출하면서 수입도 하는가에 대해 적절히 설명할 수 없다. 예를 들면 우리나라를 비롯한 많은 국가들은 자동차를 수출할 뿐만 아니라 수입도 하는데 비교우위만으로는 그 이유를 설명할 수 없기 때문이다. 따라서 어떤 경제학자들은 국제무역이 발생하는 원인으로서 국가 간 제품의 차별화(differentiation of product)를 들고 있다. 예를 들면 미국은 세계 어느 나라보다 자동차산업에서 비교우위를 갖는 것으로 인식하고 있다. 그럼에도 불구하고 우리나라의 현대자동차가 미국에 수출하고 있는 것은 연비가 높고 저렴한 가격을 원하는 미국의 일부 소비자들을 대상으로 차별화한 자동차를 생산하고 있기 때문이다. 국제무역이 발생하는 또 다른 원인으로서 규모의 경제(economies of scale)를 들 수 있다. 국제무역이 없는 폐쇄경제에서는 시장 규모가 너무 협소하기 때문에 평균생산비(average cost)가 매우 높아 재화의 가격이 매우 비싸다. 따라서 평균생산비를 낮추는 규모의 경제에 도달하기 위해서는 시장 규모의 확대가 불가피하므로 국제무역이 필요하다는 것이다. 만약 우리나라에서 생산하는 자동차를 외국에 수출할 수 없다면 연간 자동차 생산량은 큰 폭으로 감소할 것이며 지금과 같은 규모의 경제를 달성하는 데 실패할 것이다. 이로 인해 평균비용이 상승하면 자동차는 지금보다 훨씬 비싼 가격에 거래될 것이며, 80년대 이전처럼 고소득층의 전유물로 전락할 것이다.

CASE STUDY
사례연구 10-1 김치 종주국인 우리나라에서 중국산 김치가 활개를 치는 이유는 무엇 때문일까?

우리나라 김치는 건강식품으로 평가를 받으면서 미국, 영국 등 세계 각지에서 인기를 누리고 있다. 김치는 2013년 포브스지가 선정한 세계 10대 음식 트렌드에 이름을 올린 것을 계기로 소위 '한류(K-Culture)' 바람을 타고 아시아를 넘어 미국과 유럽으로 시장을 확대하고 있다. 그러나 정작 김치 종주국 한국에서는 국내산이 아니라 중국으로부터 역수출된 중국산 김치가 시장을 장악하고 있다. 왜 그럴까? 첫째, 한국산과 구별이 거의 불가능한 중국산 김치가 국내에서는 국산 김치의 반값에도 못 미치는 비교우위를 갖고 있기 때문이다. 둘째, 한국 젊은이들의 입맛이 서구화하면서 전통 김치를 외면하자 우리 가정에서 김치 소비량이 크게 감소했기 때문이다. 따라서 값싼 중국산 김치는 주로 대중음식점에서 소비가 이루어진다는 것을 짐작할 수 있다.

중국산 김치가 국산 김치에 비해 비교우위를 갖는 이유는 생산비가 저렴하기 때문이다. 김치는 대표적인 노동집약적인 생산 품목에 속한다. 한국과 중국 사이에 인건비 차이가 큰 것을 감안하면 김치 생산단가가 한국에 비해 중국이 훨씬 저렴한 이유를 알 수 있다. 더욱이 김치의 주재료인 배추는 물론 고추, 마늘, 파 등과 같은 양념류의 가격에서도 큰 차이가 난다. 이윤을 추구하는 대중음식점에서는 가능한 한 저렴한 중국산 김치를 선호할 수밖에 없다. 우리나라가 김치 종주국으로서의 위상을 유지하려면 각 가정에서 전통 김치에 대한 소비가 늘어나야 할 뿐만 아니라 '김치 붐'이 일고 있는 선진국 시장을 더욱 더 과감히 공략할 수 있는 차별화 전략이 필요할 것으로 생각한다.

제 2 절 무역장벽

무역장벽(trade barriers)이란 자유무역의 장애요인을 말하며 주로 관세, 쿼타, 그리고 수출 보조금으로 분류한다. 이러한 무역장벽은 한 나라의 특정 산업을 보호하기 위한 수단으로 사용한다.

관세(tariff)란 수입품에 대해 부과하는 세금을 말한다. 일반적으로 정부는 두 종류의 관세, 즉 보호관세와 수익관세를 부과한다. 보호관세(protective tariff)란 외국 산업에 비해 상대적으로 비효율적인 국내 산업을 보호할 수 있을 정도로 높은 관세를 말한다. 예를 들어 우리나라에서 생산하고 있는 휴대폰 부품의 판매 가격이 10만원이라고 가정하자. 외국에서 수입한 동일한 부품을 4만원에 판매한다면 국내에서 휴대폰 부품을 생산하는 기업은 도산할 수밖에 없다. 정부가 외국 기업들과의 경쟁으로부터 국내의 휴대폰 부품산업을 보호하기 위해 부품 한 개당 8만원의 관세를 부과한다면 수입품의 국내 판매가격은 12(=4+8)만원으로 상승한다. 따라서 비효율적인 생산에도 불구하고 국내 휴대폰 부품산업은 수입품에 부과하는 높은 관세로 인해 외국의 경쟁 산업으로부터 보호받을 수 있다.

수익관세(revenue tariff)란 세수입을 올리기 위해 부과하는 관세를 말한다. 수익관세의 세율은 수입품이 국내에 들어올 때 세수입을 증대시킬 수 있을 정도로 높지만 수입을 감소시키지 않을 정도로 낮은 세율을 말한다. 다시 말해 수익관세를 통해 세수입을 올리기 위해서는 세율이 너무 낮지도, 그렇다고 수입을 감소시킬 정도로 너무 높지도 않은 적정 세율이어야 한다. 예를 들어 휴대폰 부품 한 개당 4만원의 관세를 부과한다면 수입품의 국내 판매가격은 8(=4+4)만원이다. 국산 휴대폰 부품의 판매가격은 10만원이므로 수입품에 대해 4만원의 관세를 부과하더라도 수입품이 국산보다 2(=10−8)만원이나 저렴한 가격으로 판매할 수 있다. 따라서 이때의 관세 4만원은 국내 휴대폰 부품산업을 보호하기 위해 부과하는 보호관세가 아니라 세수입을 증대시키기 위해 부과하는 수익관세에 속한다고 볼 수 있다. 수입품에 부과하는 대부분의 관세는 보호관세와 수익관세의 성격을 모두 갖는 것이 일반적이다.

쿼터(quota)란 수입 수량에 가하는 제약을 말한다. 쿼터는 강제적으로 또는 자발적으로 시행할 수 있으며, 법제화하거나 상대국과의 협상에 의해 설정할 수도 있다. 쿼터는 수입국에서 설정하는 것이 원칙이나 예외적으로 수출국이 자발적으로 쿼터를 설정하는 경우도 있다. 수출국이 어떤 상품을 과도하게 수출할 경우 수입국의 동종 산업이 도산함으로써 대량실업이 발생할 수 있다. 이 경우 수입국의 여론이 악화하면서 수출품에 대한 불매운동 등 반발이 확산할 소지가 있기 때문에 수출국에서 자율적으로 쿼터를 설정하여 수출을 자제하는 경향이 있다. 이처럼 수출국이 자율적으로 쿼터를 설정하는 것을 자율규제(voluntary restraint)라고 부른다. 자율규제의 대표적인 예로는 1981년 일본 정부가 일제차의 미국 수출 물량을 전년보다 7.7% 감소한 168만대로 쿼터를 규제한 사례가 있다. 그러나 1985년에 이러한 자율규제가 풀리자 일제차의 미국 수출 물량은 230만대로 크게 증가했다.

이와 같은 쿼터는 외국산 재화의 생산비가 너무 낮아 높은 관세에도 불구하고 국내 산업을 보호하는 데 한계가 있을 때 부여하는 경향이 있다. 쿼터는 관세보다 훨씬 더 강한 보호효과를 가지며, 국제무역에 더 큰 영향을 미칠 수 있다. 쿼터는 외국 상품의 국내 수입을 완전히 차단할 수 있도록 0의 값을 설정할 수도 있다. 만약 낮은 수량의 쿼터 설정으로 생산물의 총공급이 제약을 받는다면 국내 소비자들은 원하는 양만큼 소비할 수 없으므로 국내 생산자들은 마음 놓고 비싼 가격을 매길 수 있다.

따라서 쿼터는 국내 생산자를 보호할 수 있지만 국내 소비자들에게 피해를 입히는 부정적인 효과를 발생시킬 수 있다.

수출 보조금(export subsidies)이란 수출을 장려하기 위해 정부가 국내 기업에게 보조금을 지원하는 것을 말한다. 예를 들어 어떤 농산물이 국내에서는 비싼 가격에 팔리지만 정부가 수출 보조금을 지급할 경우 해외 시장에서는 수출 보조금만큼 싼 가격에 팔 수 있다. 그 결과 보조금을 받지 않는 외국 농산물들은 인위적으로 설정한 낮은 가격 때문에 국제시장에서 부당하게 추방당하는 피해를 입게 된다. 오늘날 우리나라를 포함한 많은 나라에서 다양한 형태의 농가 지원 정책을 시행하고 있다. 특히 유럽의 많은 국가들은 농산물 수출품에 대해 많은 보조금을 지급하고 있는 것으로 알려져 있다. 최근 농민단체들의 정치 세력화가 가속화하자 농민들의 표를 의식한 정치적 결정이 이루어지면서 무역장벽을 완화시키려는 국제무역 협상이 자주 지연되고 있는 실정이다.

수출 보조금과는 성격이 다르지만 국제무역에 미치는 효과가 매우 유사하게 나타나는 것이 덤핑이다. 덤핑(dumping)은 어떤 기업이나 산업이 세계시장에서 생산비 이하로 재화를 판매하는 것을 말한다. 덤핑은 주로 어떤 기업이 세계시장을 장악하려고 할 때 발생하는 경향이 있다. 이 기업은 덤핑으로 세계시장에서 경쟁기업들을 몰아내고 독점적 지위를 이용해 그동안의 손실을 보상받는 것이 일반적이다.

관세나 쿼터, 그리고 수출 보조금만이 유일한 무역장벽은 아니다. 예를 들면 쇠고기나 돼지고기 등과 같은 많은 수입 식품들은 국내 식품들보다 훨씬 더 엄격한 위생검사를 실시하는 경향이 있다. 또한 정부가 수입 허가권을 설정하여 허가에 필요한 조건을 까다롭게 하거나 비싼 대가를 요구하는 것도 또 다른 유형의 무역장벽에 속한다고 볼 수 있다. 이러한 유형의 무역장벽을 비관세 장벽(non-tariff barriers)이라고 부른다.

CASE STUDY 사례연구 10-2 WTO는 어떻게 탄생했는가?

각국이 설치하는 무역장벽은 일반적으로 자국의 산업을 보호하고 일자리를 창출하는 데 기여한다. 그러나 무역장벽은 무역 상대국들이 동일한 무역장벽을 설치하지 않는다는 전제하에서만 그 효과를 발휘할 수 있다. 만약 상대국들도 동일한 무역장벽을 설치한다면 어느 국가도 비교우위에 따른 무역이득을 얻을 수 없으며 저렴한 가격으로 생산요소들을 수입하는 것도 불가능하다. 어느 한 국가가 자국의 산업을 보호하기 위해 관세 및 비관세 장벽과 같은 무역장벽을 설치한다면 상대국들도 동일한 정도의 무역장벽을 설치하는 것이 일반적이다.

한 예로 1930년 미국은 역사상 가장 높은 세율을 적용했던 스무트-홀리 관세(Smoot-Hawley tariff)를 의회에서 통과시켰다. 이 관세가 부과되자 대다수의 수입품 가격은 70% 이상 급등하기 시작했다. 다른 국가들도 이에 맞서 동일한 비율로 관세를 올리자 국제무역이 중단될 정도로 커다란 부작용이 나타나기 시작했다. 얼마 지나지 않아 대부분의 국가들이 높은 관세는 국가에 이익보다는 피해가 더 크다는 것을 인식하기 시작했다. 그 결과 1934년 미국은 상대국이 동의한다면 50%까지 관세를 삭감할 수 있도록 허용하는 상호 무역협정 법(reciprocal trade agreement act)을 통과시켰다.

1947년에는 23개국이 참여하는 관세 및 무역에 관한 일반 협정(general agreement on tariffs and trade: GATT)이 체결되었다. GATT는 관세 부과를 확대하는 대신 수입쿼터를 없애는 방안을 담고 있다. 그 이후 1962년에는 미국 의회가 미국 대통령에게 관세를 감면할 수 있는 협상권을 부여함에 따라 관세가 큰 폭으로 감소하였으며 100개국 이상이 관세 인하 조치에 참여하였다. 쿼터, 불필요한 세관 검사, 수입 허가 등과 같은 다른 무역장벽들도 감소하기 시작했다. 1987년부터 1993년까지 대다수의 국가들이 참여한 무역협상인 우루과이라운드(Uruguay Round)는 국제무역에서 여전히 남아있는 비관세장벽을 제거하는 것이 중요한 목적이었다. 1994년 4월 모로코에서 열린 GATT 각료회의에서 우루과이라운드 협상의 완전 종료를 확인하고 세계무역기구(world trade organization: WTO)의 출범에 동의하는 우루과이라운드 최종 의정서를 작성하였다.

그러나 WTO 출범에 따른 다자간무역협상이 당사국들의 정치·경제적 이해득실에 따라 난항을 겪자 양국 간 최혜국 대우를 부여하는 협상 방식인 자유무역협정(free trade agreement: FTA)으로 전환되고 있다. 또한 세계 각 지역에서 유럽 공동체(Europe Union: EU)나 북미 자유무역협정(North American Free Trade Agreement: NAFTA) 등과 같이 경제 공동체 내에서 완전 자유무역을 추구하는 방식으로 협상이 진행되고 있다.

제 3 절 자유무역 대 보호무역

자유무역 옹호론자들은 무역은 모든 국가에 대해 이익을 발생시킨다고 주장한다. 예를 들면 우리나라는 미국에 철강을 수출하고 미국은 우리나라에 쇠고기를 수출하고 있다. 미국산 쇠고기의 소비자 가격이 한국산 쇠고기의 소비자 가격보다 훨씬 저렴하기 때문에 한국인들은 미국산 쇠고기를 수입하여 싼 가격에 소비한다. 우리나라가 미국에 철강을 수출하더라도 국내에서 판매하는 한국산 철강의 가격에는 아무런 변화가 없다면 우리나라 사람들은 미국과의 무역을 통해 양국 간 쇠고기 가격의 차이만큼 무역이득을 얻게 된다. 마찬가지로 미국 사람들도 우리나라와의 무역을 통해 양국 간 철강 가격의 차이만큼 무역이득을 얻는다. 동시에 노동을 포함한 자원들은 우리나라에서는 축산업에서 철강산업으로, 미국에서는 철강산업에서 축산업으로 이동한다. 이처럼 자유무역을 실시할 경우 두 나라 모두 부족한 자원을 효율적으로 이용할 수 있다. 자유무역 옹호론자들은 관세, 쿼터, 수출 보조금, 비관세 장벽 등과 같은 무역장벽은 국가 간 교역을 통해 비교우위로부터 얻는 이득을 제거하거나 감소시키므로 철폐해야 한다고 주장한다.

반면에 보호무역 옹호론자들은 다음과 같은 논리적 근거를 바탕으로 관세나 쿼터와 같은 무역장벽을 설치하여 국내 산업을 보호해야 한다고 주장한다. 첫째, 국내 노동자들의 일자리를 보호하기 위해 보호무역이 필요하다고 주장한다. 예를 들어 국민들이 외제차를 집중적으로 구매한다면 현대자동차의 소비가 줄고, 이로 인해 공장 가동률이 떨어지므로 노동에 대한 수요가 감소한다. 그 결과 국내 자동차 산업에서 실업이 증가할 수 있다. 마찬가지로 중국으로부터 값싼 철강제품이 수입된다면 포항지역의 실업률이 올라가고 쇠고기나 쌀과 같은 농축산물의 수입이 늘어나면 전국적으로 농촌지역의 실업률이 증가한다. 그러나 이들이 영구 실업자로 남는 것이 아니라 상대적으로 비교우위가 있는 산업으로 일자리를 옮길 수 있다면 국가 전체적으로 실업률은 오히려 감소할 수도 있다는 반론도 만만치 않다. 이에 대해 보호무역 옹호론자들은 비교우위에 따른 국내 산업 재편과 일자리를 옮기는 과정에서 발생하는 비용이 너무 크기 때문에 현실적으로 많은 제약이 따른다고 주장한다.

둘째, 불공정 무역에 연루된 국가들에게 국내 시장을 개방하면 국내 산업만 피해를 본다고 주장한다. 만약 독점금지법을 시행하지 않고 있는 어떤 국가에서 시장을 완전히 장악한 어느 한 기업이 규모의 경제를 달성하고 있다면 이 기업은 세계에서 가장 저렴한 비용으로 재화를 생산할 수 있다. 반면에 강력한 독점금지법을 시행하고 있는 다른 국가에서는 시장 분할로 인해 규모의 경제에 도달하지 못한다면 가격 경쟁력에서 밀릴 수밖에 없다. 이 경우 불공정 무역에 연루된 국가들만 이득을 보는 모순이 발생하므로 이를 시정하기 위해서는 보호무역이 필요하다. 물론 자유무역으로부터 얻는 최선의 결과는 국제무역에 참여하는 모든 국가들이 공정한 룰을 준수할 때 가능하다. 현재 이러한 유형의 국제무역 분쟁을 조정하고 중재하기 위해 세계무역기구(WTO)가 설치되어 있다.

셋째, 외국의 저임금은 불공정 경쟁을 초래한다고 주장한다. 예를 들어 중국에서 저임금으로 생산한 스마트폰을 국내에 수입하여 헐값으로 판다면 국내 스마트폰산업이 큰 타격을 입을 수도 있다. 이에 대해 자유무역 옹호론자들은 임금은 노동 생산성에 의해 결정되므로 임금이 낮다는 것은 그만큼 노동 생산성이 낮다는 것을 의미하며, 반드시 저임금 국가가 비교우위를 갖는다고 볼 수는 없다고 주장한다.

넷째, 국가안보 차원에서도 보호무역이 필요하다고 주장한다. 예를 들면 철강은 무기를 만드는 데 가장 중요한 자원 중의 하나이다. 만약 중국의 값싼 철강이 대량으로 수입되어 국내 철강산업이 무너진다면 수입 의존국과의 전쟁이나 외교적 마찰이 발생할 때 국가안보가 위태로울 수 있다는 것이다. 우리나라의 경우 특히 쌀시장 개방에 따른 식량안보 문제가 국민적 관심사로 떠오른 적이 있다. 쌀시장 개방으로 쌀농사가 무너지면 우리 국민의 생명을 담보로 하는 국제분쟁이 발생할 경우 국가적 위기를 초래할 수 있다는 것이다. 그러나 경중의 차이는 있겠지만 원유, 원자재, 식량, 중간재, 부품 등 어느 것 하나 국가안보와 직결되지 않는 것이 있느냐는 것이 자유무역 옹호론자들의 반론이다. 보호무역으로 국가 간 교역이 중단될 경우 국가 안위는 더욱 더 심각해질 수 있다는 것이다.

다섯째, 국내의 유치산업(infant industry)들을 보호할 필요가 있다고 주장한다. 예를 들어 철강산업은 국가의 기간산업으로 매우 중요하므로 많은 국가들이 철강산업을 육성하려고 한다. 그러나 초창기에는 시장 점유율이 낮고 생산기술도 떨어지기 때문에 국제시장에서 비교우위를 갖는다는 것은 불가능하다. 자유무역이 시행될 경우 갓 출발한 철강산업은 수입품의 가격 공세와 품질에 밀려 도태될 수밖에 없을 것이다. 그러나 아무리 국가적 기간산업이라고 해도 유치산업을 보호하기 위해 보호무역을 실시하는 것은 더욱 더 큰 문제를 발생시킬 수 있다는 것이 자유무역 옹호론자들의 반론이다. 보호무역으로 국내의 철강 가격이 매우 비싼 가격에 거래된다면 철강제품을 원료로 사용하는 자동차나 선박 등과 같은 여타 산업들의 생산비를 올려 다른 산업들의 비교우위마저 상실할 가능성이 크다고 주장한다.

CASE STUDY 사례연구 10-3 자유무역과 보호무역으로부터 발생하는 득과 실은 누구에게 귀속하는가?

미국의 경제학자 제임스 잉그램(James Ingram)은 자유무역과 보호무역이 각각 누구에게 득이 되고 누구에게 실이 되는가를 다음과 같은 우화로 재미있게 풀어냈다.[1)]

때는 미국 자동차 업계에서 보호주의 여론이 한창이던 시절, 주인공은 농산물을 쏟아 부으면 자동차를 뱉어내는 경천동지의 기계를 발명한 기업이다. 이 회사는 해변에 공장을 세우고 생산에 들어갔다. 물론 공장 내부는 극비였다. 이곳에서 나온 차는 다른 회사 것보다 값이 싸고 질도 좋았다. 소비자들은 열광했고 이 회사의 시장 점유율은 쑥쑥 높아졌다. 이곳에 납품하는 농민들도 신이 났다. 우울한 쪽은 새로운 경쟁자 때문에 가격 인하와 함께 구조조정과 신기술 개발에 내몰렸던 기존의 자동차 회사들이다. 그런데 어느 날 공장에 잠입한 한 신문기자는 생산 현장을 취재해 회사의 비밀을 폭로한다. 공장 내부는 텅 비어 있고 바닷가엔 대형 선착장이 있었다. 한쪽에선 해외로 나갈 농산물을 선적하고, 또 다른 한쪽에선 외국서 도착한 배에서 차를 하역하고 있었다. 이 회사는 농산물로 차를 만든 게 아니라 농산물을 수출하는 대신 차를 수입해 팔았던 것이다. 여론의 질타를 받자 공장은 문을 닫고 만다. 그 후 다시 자동차 값은 오르고 농민들은 판로를 잃었다.

잉그램이 설정한 우화에 따르면 자동차를 가장 효율적으로 생산하고 있는 공장은 농산물을 쏟아 부어(수출하여) 자동차를 생산하는(수입하는) 해변의 공장(무역회사)이다. 그 결과 국내의 자동차 가격은 하락하고 농산물 가격은 적정 수준을 유지함으로써 자동차를 소비하는 소비자와 농산물을 생산하는 농부에게 교역의 이득이 발생한다. 그러나 해변의 자동차 공장이 폐쇄되면(교역이 중단되면) 자동차 가격은 상승하고 판로가 막힌 농산물 가격은 폭락하는 사회적 비용이 발생하게 된다. 마찬가지로 이 국가의 교역 상대국 역시 자동차 판로가 막혀 자동차 산업이 큰 타격을 입을 것이며 농산물 수입 중단으로 농산물 가격이 폭등하는 사회적 비용을 치를 것이다.

1) 개방의 우화는 중앙일보(2004. 11. 15), '분수대' 중에서 발췌하였음.

제4절 환율

1. 환율이란?

환율(foreign exchange rate)이란 두 나라 화폐 사이의 교환 비율을 말한다. 환율에 대해서는 언론이나 심지어 전문가들조차도 혼동하는 경우가 많은데, 여러분은 이 기회에 환율과 관련된 내용을 정확히 이해하기 바란다. 환율과 관련하여 가장 많이 틀리는 것은 두 나라 화폐 사이의 교환 비율이 바뀔 때 환율 상승 또는 환율 하락의 용어 선택문제이다. 여러분의 이해를 돕기 위해 다음과 같은 예를 들어 설명하기로 하자.

$ 1.00 : ₩ 1,100 ➡ $ 1.00 : ₩ 1,000

위의 예에서 환율은 1달러당 1,100원에서 1,000원으로 바뀌었다. 이와 같은 환율의 변화가 의미하는 것은, 우리 국민이 1달러를 매입하기 위해 그동안 1,100원을 지불했으나 이제는 달러 가격이 떨어져 1,000원만 지불하면 된다는 것을 의미한다. 이것은 원화가치가 그만큼 상승했다는 것을 의미하므로 원화가치 절상 또는 평가절상(appreciation)이라고 부른다. 두 나라 화폐의 교환 비율을 나타내는 환율은 기준 통화인 달러는 아무런 변화도 없는데 원화만 1,100원에서 1,000원으로 감소했으므로 환율 하락(fall in exchange rate)이라고 해야 한다. 많은 사람들이 환율 상승으로 잘못 알고 있거나, 특히 언론이나 일부 전문가들이 환율 절상이라는 용어를 쓰는데 이것은 잘못된 표현이다. 전술한 바와 같이 원화가치 절상 또는 평가절상이라는 표현은 맞지만, 환율 절상이라는 용어는 쓰지 않으며 반드시 환율 하락이라고 말해야 한다. 반대로 환율이 1달러당 1,100원에서 1,200원으로 바뀌었다면 원화가치 절하, 평가절하(depreciation) 또는 환율 상승(rise in exchange rate)이라고 부른다.

환율이 상승하면 수출하는 기업은 1달러어치 수출해서 벌어들인 달러를 은행에서 원화로 바꿀 때 1,100원을 받던 것을 1,200원을 받기 때문에 1달러당 100원의 추가 이익이 발생한다. 따라서 수출하는 기업 입장에서는 어떻게 하든지 수출을 늘리려고 할 것이다. 더욱이 환율 상승으로 1개당 95센트에 수출하더라도 원화로 1,140원을 받을 수 있으므로 수출품의 가격을 1달러에서 95세트로 인하할 때 수출품 1개당 40원의 추가 이익이 발생한다. 그러므로 환율이 상승할 때 수출하는 기업은 수출 단가를 낮출 수 있는 여력이 생기며 그만큼 가격 경쟁력이 강화되므로 수출 물량의 증대와 함께 수출액이 늘어나는 이중의 혜택을 얻는다. 이와는 반대로 환율이 하락하면 가격 경쟁력이 약화되므로 수출 물량의 감소와 함께 수출액은 감소한다.

한편, 환율이 상승할 때 수입을 하는 기업은 은행에서 원화를 달러로 바꿀 때 1달러당 1,100원을 지불하던 것을 1,200원을 지불해야 하므로 1달러당 100원의 추가 손실이 발생한다. 따라서 외국에서 상품을 수입하는 기업은 수입을 중단하거나 수입품의 국내 판매 가격을 인상시키므로 수입 물량의 감소와 함께 수입액은 감소한다. 이와는 반대로 환율이 하락하면 수입품의 국내 판매 가격이 하락하므로 수입 물량의 증가와 함께 수입액은 증가한다. 결론적으로 환율 상승은 수출을 증가시키고 수입을 감소시키므로 무역수지를 개선하는 효과가 있으며, 반대로 환율 하락은 무역수지를 악화시키는 경향이 있다.

그렇다고 환율이 상승할 때 모든 수입품의 수입액이 감소하는 것은 아니다. 환율 상승으로 수입품의 가격이 오르더라도 국내 소비를 크게 줄일 수 없는 것들이 있다. 예를 들면 원유, 원목, 곡물 등과 같은 중요한 원자재나 완제품을 만들어 수출하는 데 필요한 부품과 같은 중간재 등은 수입 가격이 오르더라도 수입 물량을 크게 줄일 수 없으므로 수입액은 증가한다. 그러나 특수한 경우를 제외하면 일반적으로 환율 상승(하락)은 수출을 증가(감소)시키고 수입을 감소(증가)시키는 효과가 있는 것으로 알려져 있다.

CASE STUDY 사례연구 10-4 왜, 우리는 환율 변동에 민감한가?

일본인들이 '한국 관광 붐'을 주도하고 있는가, 아니면 한국인들이 '일본 관광 붐'을 주도하고 있는가? 일본인들과 한국인들의 상대국 관광에 대해 서로 상반된 내용을 다루고 있는 두 개의 기사를 소개하는 것으로 질문에 대한 답을 찾으려 한다. 먼저 조선일보(2009. 3. 25)는 월스트리트저널(WSJ)이 다룬 "일본인 '쇼핑 천국' 한국 관광 붐"이라는 제목의 기사를 소개하고 있다. 내용을 요약하면, 한국이 세계적인 경기침체로 쇼핑 천국이 되면서 뜻밖의 관광객 붐을 누리고 있다는 것이다. 특히 한국을 찾는 일본인 관광객 수가 작년 12월과 올해 1월에 전년 동기 대비 각각 52%와 55%씩 급증하면서 한-일 간 항공편 증편 현상이 나타나고 있다는 것이다. 이처럼 1년 만에 한국을 찾는 일본인 관광객 수가 급증한 이유는 무엇 때문일까? 원-엔 환율이 1년 만에 998.60원에서 1,407.43원으로 폭등했기 때문이다. 일본 관광객은 10만 엔을 원화로 환전할 경우 1년 만에 408,830원이라는 거액의 환차익을 얻는다. 반대로 한국 관광객은 10만 엔을 사려면 408,830원이라는 거액의 환차손을 입는다. 한국 관광객이 일본을 찾는 것보다 일본 관광객이 한국을 더 많이 찾는 현상은 당연한 것이다.

2008년 3월 24일 기준 ¥ 100 : ₩ 998.60
2009년 3월 24일 기준 ¥ 100 : ₩ 1,407.43

반대로 머니투데이(2023. 1. 19)는 한국인들이 일본 관광 붐을 주도하는 현상을 다음과 같이 보도하고 있다. 지난해 100만 명 이상의 한국인 관광객이 일본을 방문한 것으로 집계됐다. 특히 한국인들의 비중이 높았다. 일본을 찾은 전체 관광객 4명 중 1명은 한국인이었다. 지난해 일본을 방문한 한국 관광객은 101만2700명(26%)에 달했다. 일본 정부 관광국은 이에 대해 "코로나19 사태 이후 전 세계 국가 중 가장 높은 수준"이라고 평가했다. 이처럼 1년 만에 일본을 찾는 한국인 관광객 수가 급증한 이유는 무엇 때문일까? 원-엔 환율이 1년 만에 1,036.09원에서 945.63원으로 하락했기 때문이다. 한국 관광객은 10만 엔을 환전할 경우 1년 만에 90,460원이라는 환차익을 얻는다. 반대로 일본 관광객은 10만 엔을 원화로 환전할 경우 90,460원이라는 환차손을 입는다. 이번에는 일본 관광객이 한국을 찾는 것보다 한국 관광객이 일본을 더 많이 찾는 현상은 당연한 것이다.

2022년 1월 18일 기준 ¥ 100 : ₩ 1,036.09
2023년 1월 18일 기준 ¥ 100 : ₩ 945.63

2. 환율의 변동

환율은 일반 재화의 가격이나 금리와 마찬가지로 외환시장에서 달러에 대한 수요와 공급에 의해 결정된다. 이처럼 외환시장에서 수요와 공급에 의해 자유롭게 결정되는 환율방식을 경제학에서는 자유변동환율제(freely fluctuating foreign exchange rate system)라고 부른다. 그렇다면 자유변동환율제하에서 외환시장에는 어떤 경제주체들이 참여하고 있을까? 외환에 대한 수요자로 참여하는 경제주체는 수입업자, 해외에 투자하는 국내 기업, 해외여행자, 해외거주 가족이나 친지에게 외환을 송금하는 가계 등을 들 수 있다. 외환의 공급자로 참여하는 경제주체는 수출업자, 우리나라를 찾는 외국 관광객, 우리나라에 투자하는 외국 기업 등이 있다. 그리고 환율 안정을 위해 외환시장에 수요자 또는 공급자로 개입하는 한국은행과 환율 변동에 따른 환차익을 얻기 위해 참여하는 시중은행을 비롯한 금융기관을 들 수 있다.

외환시장에 참여하는 수요자는 재화에 대한 수요와 마찬가지로 환율이 상승하면 외환수요를 줄이고 환율이 하락하면 외환수요를 늘린다. 왜냐하면 환율이 상승하면 외환을 매입하는 데 따른 원화의 부담은 그만큼 증가하고 환율이 하락하면 원화의 부담은 그만큼 감소하기 때문이다. 이와는 반대로 외환시장에 참여하는 공급자는 환율이 상승하면 외환공급을 늘리고 환율이 하락하면 외환공급을 줄인다. 그 이유는 환율이 상승하면 외환을 원화로 바꿀 때 그만큼 원화 수입이 증가하고 반대로 환율이 하락하면 원화 수입은 그만큼 감소하기 때문이다.

[그림 10-1]은 달러에 대한 수요곡선과 공급곡선을 나타낸다. 이 곡선들은 앞에서 이미 설명한 재화에 대한 수요곡선이나 공급곡선과 전혀 다를 바 없다. 다만 x축은 재화의 거래량 대신 달러의 거래량을 그리고 y축

▶그림 10-1

외환시장의 균형

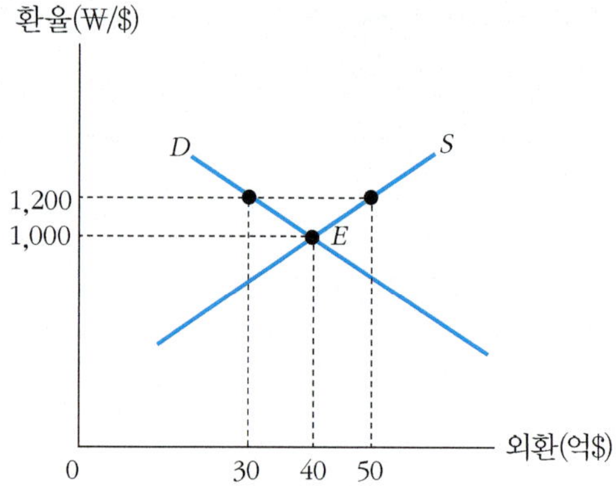

은 재화의 가격 대신 환율을 나타내고 있다. 달러에 대한 수요곡선과 공급곡선이 일치하는 점 *E*에서 균형환율은 1,000원이고 균형거래량은 40억 달러이다. 만약 환율이 일시적으로 1,200원으로 상승했다면 20(=50−30)억 달러만큼 초과공급이 발생하므로 환율 하락 압력에 의해 다시 1,000원으로 환원한다. 물론 환율이 1,000원 아래로 하락하였다면 외환시장에서 초과수요가 발생하므로 환율 상승 압력에 의해 다시 1,000원으로 환원한다.

재화시장에서와 마찬가지로 외환시장에서도 수요의 변화나 공급의 변화가 발생하면, 즉 수요곡선이나 공급곡선이 이동하면 균형점 *E*도 따라서 이동하므로 환율에 변화가 발생한다. 수입 증가, 외환송금 증가, 내국인의 해외여행 증가, 석유와 같은 원자재 가격 상승 등은 외환에 대한 수요곡선을 오른쪽으로 이동시키므로 환율 상승과 함께 외환 거래량도 증가한다. 수출 증가, 외국인 관광객 증가, 국내 증권시장의 외국자본 유입 증가, 외국 기업의 국내 기업 인수 등은 외환의 공급곡선을 오른쪽으로 이동시키므로 환율 하락과 함께 외환 거래량도 증가한다.

CASE STUDY 사례연구 10-5

환율제도는 어떤 변천사를 거쳤는가?

과거에는 두 종류의 환율제도, 즉 고정환율제와 변동환율제가 공존했다. 1900년대는 한 나라의 통화 가치가 다른 나라의 통화 가치에 대해 고정되어 있어서 환율이 변하지 않는 고정환율제(fixed exchange rate system)가 주류를 이루었다. 세계 통화가 금을 기준으로 할 때는 각국의 통화 가치는 주어진 금의 양으로 환산하여 측정했다. 예를 들면 1971년 이전까지만 해도 미국의 1달러는 금 1/35온스의 가치와 일치하며, 영국의 1파운드화는 금 1/12.5온스의 가치와 일치하는 것으로 평가하였다. 따라서 금본위제(gold standard system)에서는 한 나라의 통화 가치는 금을 매개로 하여 다른 나라의 통화 가치로 환산할 수 있었다. 예를 들면 1파운드화의 가치는 2.8[=(1/12.5)/(1/35)]달러의 가치와 일치한다.

금은 국가 간 통화의 가치를 상호 비교할 수 있는 공통분모로 사용하였으며, 국가 간 환율이 안정적으로 유지될 수 있도록 하였다. 만약 어느 한 나라가 통화 공급을 빠른 속도로 증가시켜 통화의 일부를 수입을 늘리는 데 사용했다면, 이 나라의 금 보유고는 그만큼 감소한다. 왜냐하면 금본위제에서는 다른 나라의 통화를 보유하고 있는 국가는 그 금액에 해당하는 만큼의 금을 언제든지 요구할 권리가 있기 때문이다. 어떤 나라든 자국에서 금이 빠져 나가는 것을 원치 않기 때문에 무분별하게 통화의 공급을 늘리는 정책은 쉽사리 사용할 수 없었다. 따라서 금본위제는 근본적으로 고정환율제를 근간으로 한다.

이러한 관행은 미국이 대규모로 수입을 시작한 1950년대와 1960년대에 무너지기 시작했다. 그 당시 미국은 달러를 지불하고 외국 제품을 대규모로 사들이기 시작했다. 수출국들도 국제통화로서의 달러의 위상을 의심하지 않았기 때문에 처음에는 별 이상이 없었다. 그러나 해를 거듭할수록 수입 대금의 증가로 미국을 빠져 나가는 달러의 액수는 더욱 더 늘어난 반면에 수출 대금으로 다시 미국으로 들어오는 달러의 액수는 별로 증가하지 않았다. 그 결과 미국에 주로 수출하는 프랑스와 일본 등과 같은 수출국들의 달러 보유고가 눈덩이처럼 불어나기 시작했다. 그러자 이들 국가들은 "과연 미국이 약속대로 달러를 금으로 환전해 줄 수 있을까"라는 의문을 품기 시작했다. 프랑스와 일본은 그들이 보유하고 있던 달러를 대량으로 미국으로 보내 금 1온스 당 35달러를 기준으로 금으로 바꿔줄 것을 요구하였다.

결국 미국은 1971년 더 이상 달러를 금으로 바꿔주지 않겠다는 닉슨 대통령의 '금 태환 중지 명령'을 발표하기에 이르렀다. 미국이 금본위제를 포기하자 세계 통화제도는 고정환율제에서 변동환율제로 전환하기 시작했다. 변동환율제(flexible exchange rate system)에서는 재화에 대한 수요와 공급에 의해 재화의 가격이 결정되듯이 한 나라의 통화 가치는 그 나라의 통화에 대한 수요와 공급에 의해 다른 나라의 통화 가치로 환산할 수 있다.

경제용어 200선

본 교재에서 소개하는 경제시사용어는 한국경제신문 홈페이지의 검색사이트 「경제용어사전」 중에서 신문지상에 자주 오르내리는 경제용어들을 발췌하여 요약한 것임. 교재에서 이미 언급한 경제용어들은 가능한 한 생략하였음.

ㄱ

(1) 가격선도자(price leader)

시장에서 점유율이 높거나 지배력이 높은 업체로서 가격을 주도하는 기업

(2) 가계신용(household credits outstanding)

일반 가계가 금융기관에서 직접 빌린 돈과 신용판매회사 등을 통해 외상으로 구입한 금액을 합한 것

(3) 가치주(value stock)

성장은 더디지만 현재가치에 비해 저평가된 주식

(4) 간접금융(indirect financing)

기업이 주식이나 채권을 발행하여 자금을 직접조달(직접금융)하는 것이 아니라 자금 수요자가 금융기관을 통해 일반인의 예금을 차입하여 자금을 조달하는 방식

(5) 개방형 인플레이션(open inflation)

물가를 통제하지 않는 상태에서 수요가 공급을 초과해 물가가 오르는 현상

(6) 갭투자(gap investment)

아파트 매매 가격과 전세 보증금의 차액(gap)이 작은 아파트를 골라 전세를 끼고 산 뒤 시세 차익을 노리는 투자

(7) 거치기간(grace period)

대출을 받은 후 원금을 갚지 않고 이자만 지불하는 기간

(8) 건폐율(building coverage ratio)

대지면적에 대한 건축면적(1층 바닥면적)의 비율

(9) 결합재무제표(combined financial statement)

대기업 집단의 실질적인 경영 상태를 한눈에 볼 수 있도록 계열사 간 거래를 모두 상계처리하고 남은 잔액으로 만든 재무제표

(10) 경제적 부가가치(economic value added)

기업이 벌어들인 영업이익 가운데 세금과 자본비용을 공제한 금액

(11) 경제활동인구(economically active population)

만 15세 이상 인구 중 조사기간 동안 재화나 용역을 생산하기 위해 노동을 제공할 의사와

능력이 있는 사람

(12) 계열회사(affiliated company)

한 회사가 다른 회사의 의결권 주식을 지배주주보다 작은 수를 가질 때, 또는 두 회사가 다른 회사의 자회사일 때 두 회사는 모두 계열회사로 분류함

(13) 계절조정(seasonal adjustment)

계절적 변동을 제거하여 자료에서 계절의 영향을 받지 않는 변화에 대한 정확한 관찰을 할 수 있게 하는 시계열의 통계적 절차

(14) 고용 없는 성장(jobless growth)

국가경제가 성장해 생산이 늘어남에도 불구하고 고용은 늘어나지 않는 현상

(15) 고정금리채(straight bond)

고정이자를 지급 예정일에 지급하고 원금은 만기에 지급하는 채권

(16) 고정부채(long term liabilities)

대차대조표일의 다음 날로부터 기산하여 지급기일이 1년 이후에 도래하는 부채

(17) 고정자산(fixed asset)

기업에 장기적으로 체류하는 자산으로서 대차대조표일 이후 1년 이내에 현금으로 실현·판매·소비될 수 없는 것

(18) 골드뱅킹(gold banking)

고객들이 은행을 통해 금에 투자하는 방식 중의 하나

(19) 골디락스경제(Goldilocks Economy)

고성장에도 불구하고 물가 상승 압력이 없는 상태

(20) 공매도(short stock selling)

가격 하락을 예상해 주식이나 채권을 빌려 매도하는 것

(21) 공모(public offering)

회사를 설립하거나 증자를 할 경우 일반 투자자로부터 자금을 모집하는 것

(22) 공시지가(officially assessed land price)

국토교통부가 매년 1월 1일을 기준으로 발표하는 전국의 땅값

(23) 공유경제(sharing economy)

한 번 생산한 제품을 여럿이 공유해 쓰는 협업 소비를 기본으로 한 경제

(24) **공적자금(public funds)]**

금융과 특정 산업 등 취약한 경제부문을 정상화시키기 위해 정부가 나서 조성하는 자금

(25) **과잉유동성(excess liquidity)**

돈이 시장 규모에 비해 지나치게 많이 풀려있는 상태, 즉 통화(현금통화와 예금통화)의 공급이 수요를 상회하는 상태

(26) **관리대상종목(issues for administration)**

증권거래소가 유가증권 상장규정에 의하여 주권의 상장폐지 기준에 해당하는 종목 가운데 특별히 지정한 종목

(27) **교역조건(terms of trade)**

한 나라의 상품과 다른 나라 상품 간 교환 비율

(28) **국부펀드(sovereign wealth fund)**

중앙은행이 관리하는 외환 보유고와는 달리 정부가 외환 보유액의 일부를 투자용으로 출자해 만든 펀드

(29) **그린컨슈머(Green Consumer)**

환경 문제에 대한 관심과 책임감을 가지고 소비 행위를 통해 환경 보전을 추구하려는 생각을 가진 녹색소비자

(30) **근저당(collateral security)**

계속적인 거래 관계로부터 발생하는 다수의 불특정 채권을 장래의 결산기에서 일정한 한도까지 담보하려는 저당권

(31) **금융공학(financial engineering)**

수학적 방법론을 이용해 금융시장을 분석하거나 투자처를 결정하는 학문 분야

(32) **금융스트레스지수(Financial Stress Index)**

금융시장과 정책당국의 불확실한 요인에 따라 경제주체들이 느끼는 피로감을 계량화하여 산출한 지수

(33) **금융장세(liquidity-driven market)**

산업이나 기업의 기초 변화에 기인하기보다는 투자자들이 주식시장에 대거 참여하면서 풍부해진 자금을 바탕으로 전반적인 주가가 강한 상승세를 보이는 장세

(34) 금융채권(financial bond)

은행, 증권사, 투자금융회사 등 금융기관이 발행하는 채권

(35) 기명채권(registered bond)

발행자나 발행자의 기록원 장부에 보유자의 성명이 기록되는 채권으로서 기명 소유자의 승인이 있을 때만 양도할 수 있는 채권

(36) 기부채납(land donation)

개발 사업자가 재건축, 재개발을 할 때 일정 부분의 땅에 공공시설을 설치해 국가나 지자체에 무상으로 제공하는 것

(37) 기업지배구조(corporate governance)

기업내부의 의사결정시스템, 이사회와 감사의 역할과 기능, 경영자와 주주와의 관계 등을 총칭함

(38) 기저효과(base effec)]

비교 대상 시점(기준 시점)의 상황이 현재 상황과 너무 큰 차이가 있어 결과가 왜곡되는 현상

(39) 기축통화(key currency)

국제 무역거래나 금융거래에서 결제 수단으로 이용되는 기본통화

(40) 긴축발작(taper tantrum)

미국의 양적완화정책이 긴축으로 전환할 때 금융시장이 겪는 충격

ㄴ

(41) 낙수효과(trickle-down effect)

정부가 투자 증대를 통해 대기업과 부유층의 부를 먼저 늘려주면 경기가 부양돼 결국 중소기업과 저소득층에게 혜택이 돌아감은 물론, 이것이 결국 총체적인 국가의 경기를 자극해 경제발전과 국민복지가 향상된다는 이론

(42) 납입자본금(paid-in capital)

주식을 발행하여 인수납입이 완료된 금액으로 발행주식의 액면총액과 동일함

(43) 내부거래(internal transaction)

같은 기업집단에 속한 회사(계열사) 간에 상품이나 서비스를 사고파는 거래행위

(44) 네트워크효과(network effect)

어떤 사람의 수요가 다른 사람의 수요에 의해 영향을 받는 현상

(45) 노동유연성(labour market flexibility)

경기침체나 회복 등 외부 변수에 따라 인적자원을 신속하고 탄력적으로 배분할 수 있는 노동시장의 능력

(46) 녹다운방식수출(Knock-down Export]

부품이나 반제품 형식으로 수출하여 실수요지에서 제품을 완성시키도록 하는 현지 조립 방식의 수출

(47) 녹색기후기금(Green Climate Fund)

UN산하기구로서 선진국이 개발도상국의 온실가스 감축과 기후변화 대응을 지원하기 위해 만든 기후변화 특화 기금

(48) 녹색성장(green growth)

온실가스 배출과 환경오염을 줄이는 동시에 지속적으로 성장을 추구하는 지속가능 성장 개념의 하나

ㄷ

(49) 다자간 투자협정(multilateral agreement on investment)

급격하게 증가하고 있는 외국인 직접투자를 보호하고 촉진하자는 취지로 경제협력개발기구(OECD)가 체결을 추진하고 있는 다자간 규범

(50) 달러 인덱스(U.S. Dollar Index)

유로, 엔, 파운드, 캐나다 달러, 스웨덴 크로나, 스위스 프랑 등 경제 규모가 크거나 통화가치가 안정적인 세계 주요 6개국 통화에 대한 미국 달러화의 평균 가치를 지수화한 것

(51) 당기순이익(net income)

기업이 일정 기간 동안 얻은 모든 수익에서 지출한 모든 비용을 공제하고 순수하게 이익으로 남은 몫

(52) 대손충당금(reserve for bad debts)

금융기관이 대출 이후 예상되는 상환 불이행에 대비해 미리 적립금으로 쌓아놓는 금액

(53) 더블-딥(double dip)

경기가 침체된 후 회복되는 듯이 보이다가 다시 침체로 빠져드는 현상

(54) 디레버리지(deleverage)

부채나 차입을 뜻하는 레버리지(leverage)를 없애는 것, 즉 부채를 줄여나간다는 의미

(55) 디지털세금(digital tax)

다국적기업이 외국에 고정 사업장을 운영하지 않더라도 매출이 발생한 곳에 세금을 내도록 하는 조세체계로서 일정 금액 이상의 초과이익에 대한 과세 권한을 매출 발생국에 배분해 과세하는 방식

(56) 디커플링(decoupling)

한 나라의 경제가 그 나라와 연관이 많은 주변 국가나 세계 경제의 흐름과 비슷하게 흘러가지 않고 독자적으로 움직이는 현상

(57) 디폴트(default)

개인이나 기업이 빌린 돈에 대해 이자의 지불이나 원리금을 상환하지 못하는 상태

ㄹ

(58) 레버리지(leverage)

모자란 돈을 빌려 투자해 수익률을 극대화시키는 투자 방법을 일컫는 것으로서 차입금 등 타인자본을 지렛대 삼아 자기자본 이익률을 높이는 것을 레버리지 효과라고 함

(59) 로봇세(robot tax)

인간과 같은 일을 하는 로봇의 노동에 대해서도 세금을 부과해야 한다는 주장에서 파생한 용어

(60) 롤오버(roll-over)

금융기관이 상환 만기가 돌아온 부채의 상환을 연장해주는 조치

(61) 리밸런싱(rebalancing)

운용하는 자산의 편입 비중을 재조정하는 행위

(62) 리스(lease)

대개 지대의 형태로 비용을 지불하며 일정 기간 부동산, 설비, 기타 고정자산을 이용하는 계약

(63) 리스크 프리미엄(risk premium)

투자자가 위험 부담을 감수하는데 따른 수익

(64) 리엔지니어링(reengineering)

기업의 생산성 향상을 위한 경영기법의 하나로서 주된 내용은 인원 감축, 권한 이양, 직원의 재교육, 조직의 재편 등을 포함

(65) 리츠(Real Estate Investment Trusts, REITs)

주식 발행을 통해 여러 명의 투자자들에게서 자금을 모아 상업 시설 등 대규모 부동산이나 부동산 관련 증권 등에 투자한 후 발생한 이익을 되돌려주는 투자회사

(66) 리포커싱(refocusing)

기업들이 사업을 다각화한 상태에서 선택과 집중을 통해 주력 사업을 재구축하려는 현상

ㅁ

(67) 매몰비용(sunk cost)

한 번 지불하고 나면 회수할 수 없는 비용

(68) 매출채권(trade receivables)

기업의 중요한 영업 활동과 관련하여 상품을 판매하거나 용역을 제공하는 과정, 즉 일반적인 상거래에서 발생하는 채권

(69) 머니마켓펀드(Money Market Fund, MMF)

하루만 넣어도 수익을 얻을 수 있는 초단기 수시 입출금식 실적배당 상품

(70) 모기지(mortgage securities)

은행이 주택 관련 대출을 한 후 대출 채권을 바탕으로 증권을 발행해 매출함으로써 대출 재원을 조달할 수 있는 제도

(71) 목적세(objective tax)

세금 징수 단계에서부터 재원의 사용처를 미리 정해놓은 세금

(72) 무기명장기채권(bearer long-term bond)

채권 구입자와 거래자의 실명 확인이 면제되어 국세청 통보 대상에서 제외되고 자금출처 조사가 면제되는 것은 물론, 만기 후 매각 자금으로 부동산을 구입하는 경우에도 자금출처 조사를 면제받을 수 있으며 상속·증여세를 면제받는 장기채권

(73) 무보증채(non-guaranteed bond)

금융기관 등의 지급 보증을 받아 발행하는 채권을 보증채라 한다면, 무보증채는 지급 보증 없이 신용도만으로 발행하는 채권

(74) 무상증자(bonus issue)

주식 대금을 받지 않고 주주에게 주식을 나누어주는 것

(75) 뮤추얼펀드(mutual fund)

자산운용사가 투자자들의 돈을 모아 하나의 페이퍼 컴퍼니를 만들고 펀드매니저를 선정, 자금을 운용한 후 투자자들에게 배당의 형태로 수익을 돌려주는 펀드

ㅂ

(76) 방카슈랑스(bancassurance)

은행과 보험사가 상호 제휴와 업무 협력을 통해 종합금융서비스를 제공하는 새로운 금융결합 형태

(77) 배당(dividend)

기업이 일정 기간 영업 활동을 통해 벌어들인 이익 중 일부를 자본금을 투자한 주주들에게 나눠주는 것

(78) 배당락(exdividend)

배당 기준일이 지나 배당금을 받을 수 없는 상태

(79) 뱅크러시(bank rush)

은행의 지급 불능 위험을 예상한 예금자가 예금을 인출하기 위해 쇄도하는 상태에서 은행이 지급준비금이 부족해 예금 지급을 정지하는 경우

(80) 뱅크런(bank-run)

은행의 대규모 예금 인출 사태

(81) 범위의 경제(economy of scope)

여러 종류의 제품을 함께 생산할 때 발생하는 총비용이 각 제품을 별도 기업이 생산할 때 발생하는 총비용보다 줄어드는 것

(82) 벤처펀드(venture fund)

여러 투자자로부터 자금을 모아 벤처기업이나 갓 창업한 기업에 자금을 투자하는 펀드

(83) 변액보험(variable life insurance)

고객의 보험료 중 일부를 주식이나 채권 등의 금융상품에 투자한 후 그 수익을 계약자에게 나눠 지급하는 실적배당 형 보험 상품

(84) 보험료율(premium rate)

보험 가입 금액에 대한 보험료의 비율

(85) 브리지론(bridge loan)

장기채무의 만기가 도래해 상환할 자금이 필요한데 시장 여건이 나빠져 자금을 조달할 시간이 충분하지 않을 경우 금융기관으로부터 일시적으로 빌려 쓰는 급전

(86) 브릭스(Brazil, Russia, India, China, Republic of South Africa)

빠른 경제성장을 보이는 브라질, 러시아, 인도, 중국, 남아프리카를 지칭하는 용어

(87) 블랙먼데이(black Monday)

1987년 10월19일(한국은 10월 20일) 뉴욕 다우존스 평균주가가 사상 최대의 낙차(23%)로 곤두박질해 전 세계를 경악시킨 사건

(88) 블랙컨슈머(black consumer)

악성을 뜻하는 블랙(black)과 소비자를 뜻하는 컨슈머(consumer)를 합해 만든 용어

(89) 블록딜(block deal)

주식을 대량으로 보유한 매도자가 사전에 매도 물량을 인수할 매수자를 구해 시장에 영향을 미치지 않도록 장이 끝난 이후 지분을 넘기는 거래

ㅅ

(90) 사내유보(retained earnings)

대차대조표의 이익잉여금과 자본잉여금을 합한 것

(91) 사모펀드(private equity fund)

소수의 투자자로부터 사모방식으로 자금을 조성하여 주식, 채권 등에 운용하는 펀드

(92) 사회안전망(social safety net)

국민이 최소한의 인간다운 생활을 할 수 있도록 실업, 빈곤, 재해, 노령, 질병 등의 사회적 위험으로부터 보호하기 위한 제도적 장치

(93) 상계관세(countervailing duty)

수출국에서 장려금이나 보조금을 지원받은 물품이 수입돼 국내 산업이 피해를 입을 경우 이러한 제품의 수입을 억제하기 위해 부과하는 누진관세

(94) 상업어음(commercial bill)

기업들이 상거래에 따른 대금 결제를 위해 발행하는 어음

(95) 상업차관(commercial loan)

국내 기업이나 개인이 자신의 신용으로 외국에서 차입 형태로 자본을 들여오는 것

(96) 서브프라임모기지(subprime mortgage)

신용 등급이 낮은 저소득층을 대상으로 주택자금을 빌려주는 미국의 주택담보대출 상품

(97) 서킷브래이커(circuit breaker]

주가지수의 상하 변동 폭이 10%를 넘는 상태가 1분간 지속될 때 현물은 물론 선물 옵션의 매매거래를 중단시키는 제도

(98) 선물(futures)

파생상품의 한 종류로서 상품이나 금융자산을 미리 결정한 가격으로 미래 일정 시점에 인도, 인수할 것을 약속하는 거래

(99) 수익증권(beneficiary certificates)

고객이 맡긴 재산을 투자하여 거기서 발생하는 수익을 분배받을 수 있는 권리(수익권)를 표시하는 증서

(100) 수출입물가지수(export and import price index)

수출입 상품의 가격 동향을 파악하고 그 가격 변동이 국내 물가에 미치는 영향을 사전에 측정하기 위해 작성하는 특수목적 지수

(101) 스톡옵션(stock option)

기업이 임직원에게 일정 기간이 지난 후에도 일정 수량의 주식을 일정한 가격으로 살 수

있는 권한을 인정해 영업이익 확대나 상장 등으로 주식가격이 오르면 그 차익을 볼 수 있게 하는 보상제도

(102) 신용경색(credit crunch)

금융기관이 미래 불확실성을 대비하기 위해 돈을 제대로 공급하지 않아 기업들이 자금난을 겪는 현상

(103) 십분위분배율(deciles distribution ratio)

한 나라의 모든 가구를 소득 크기에 따라 10등분해 상위 20% 소득에 대한 하위 40% 계층의 소득 비율

ㅇ

(104) 애그플레이션(Agflation)

농업(agriculture)과 인플레이션(inflation)을 합성한 신조어로서 농산물 가격이 오르면서 일반 물가까지 상승하는 현상

(105) 액면분할(stock split)

한 장의 증권을 여러 개의 소액 증권으로 분할하는 것

(106) 양도소득세(capital gains tax)

토지나 건물 등 부동산이나 부동산 분양권 또는 주식과 같은 자산에 대한 권리를 양도할 때 발생하는 소득에 대해 부과하는 세금

(107) 양적완화(quantitative easing)

기준금리 수준이 너무 낮아서 금리 인하를 통한 효과를 기대할 수 없을 때 중앙은행이 다양한 자산을 사들여 시중에 통화 공급을 늘리는 정책

(108) 어닝시즌(earning season)

기업들이 분기별, 또는 반기별 실적을 발표하는 시기

(109) 어음(bill)

상품 구매 시 일정한 시기에 일정한 장소에서 일정 금액을 지급하겠다고 구매자가 발행하는 지급 기한부 유가증권

(110) 엥겔계수(Engel's coefficient)

가계 총 소비지출에서 식료품비가 차지하는 비중을 나타낸 지표

(111) 여신관리(credit management)

은행의 대출이 대기업에 편중되는 것을 막고 기업의 재무구조 개선을 유도하기 위해 정부가 도입한 제도

(112) 역외금융(offshore banking)

비거주자인 자금 공여자와 비거주자인 차입자 사이에 이루어지는 국제 금융거래

(113) 역외탈세(offshore tax evasion)

수출입 거래를 하거나 수익을 올린 것처럼 조작해 국내 법인이나 개인이 세금을 내지 않거나 축소하는 것

(114) 역외펀드(offshore fund)

세금이나 각종 규제를 피해 자유롭게 각국의 주식 및 채권 등 유가증권에 투자하기 위해 세율이 낮은 세금 피난지에서 운용하는 펀드

(115) 역진세(regressive tax)

과세 대상의 양에 상관없이 일정한 세금 또는 과세 대상이 증가할수록 세율이 감소하는 세금

(116) 연결재무제표(consolidated financial sheets)

모기업과 자회사를 단일 기업으로 간주하여 작성한 재무제표

(117) 영구채(consol bond)

만기가 정해져 있지만 발행회사의 선택에 따라 만기를 연장할 수 있어 회계상 자본으로 인정받는 채권

(118) 영업권(good will)

특정 기업이 동종의 타기업에 비해 더 많은 초과이익을 낼 수 있는 무형자산

(119) 영업외비용(non-operating expenses)

기업의 주된 영업활동으로부터 발생하는 영업비용 이외의 비용 또는 손실로서 금융비용이 대부분을 차지

(120) 영업외수익(non-operating income)

주된 영업 활동 이외의 보조적 또는 부수적 활동에서 발생하는 금융적 또는 재무적 수입

(121) 영업이익(operating profit)

매출액에서 매출원가를 빼고 남은 매출 총이익에서 다시 일반관리비와 판매비를 뺀 것

(122) 영업활동현금흐름(cash from operations)

제품을 만들고 판매하는 기업 활동에서 발생하는 현금의 유입과 유출

(123) 오버슈팅(overshooting)

상품이나 금융자산의 시장가격이 이론적으로 형성될 수 있는 가격 이상으로 급격하게 오르는 현상

(124) 오픈마켓(open market)

판매자와 구매자에게 모두 열려 있는 인터넷 중개몰

(125) 오픈뱅킹(open banking)

조회나 이체 등 은행의 핵심 금융기능을 표준화해 다른 사업자에 개방하는 은행권 공동 인프라

(126) 외국환평형기금(exchange equalization fund)

자국 통화가치의 안정을 도모하고 투기적인 외화 유출입에 따른 외환시장의 혼란을 방지할 목적으로 정부가 직접 또는 간접으로 외환시장에 개입하여 외환을 매매하기 위하여 조성한 기금

(127) 용적률(floor area ratio)

건축물의 연면적(건축물 각 층 바닥면적의 합계)을 대지면적으로 나눈 값

(128) 우대금리(prime rate)

은행 등 금융기관들이 경영 상태나 재무구조가 우수하며 신용도가 높은 기업에 대출할 때 적용하는 금리

(129) 우량주(blue chip)

업적과 경영 내용이 좋고 배당률도 높은 회사의 주식

(130) 우선순위채무(senior debt)

상환상의 우선순위에 따른 부채의 구분에 입각하여 여타 부채보다 상환 순위 상 우선하는 일체의 부채

(131) 우선주(preferred stock)

배당 가능한 이익이 발생했을 때나 잔여 재산을 분배할 때 보통주에 우선해 소정의 배당

이나 분배를 받을 수 있는 주식

(132) 우선협상대상국(priority foreign countries)

미국이 불공정무역을 하고 있다고 판단한 국가에 대해 이를 이유로 우선적으로 협상을 벌이도록 지정한 교역 상대국

(133) 운전자금(working capital)

임금, 원자재비 등 기업 영업 활동에 필수적인 경영 자금

(134) 워라벨(work and life balance)

일과 삶의 균형을 뜻하는 신조어

(135) 워크아웃(Workout)

경영난으로 파산 위기에 처한 기업이 채권단(금융회사) 주도로 시행하는 회생 작업

(136) 워킹푸어(working poor)

직장은 있지만 아무리 일을 해도 가난을 벗어나지 못하는 근로 빈곤층

(137) 원천과세(withholding tax)

소득이나 수익에 대한 과세를 소득자에게 합해서 부과하지 않고 소득, 수입을 지급하는 곳에서 개별적으로 부과하는 과세

(138) 위탁수수료(brokerage commission)

증권회사가 위탁자(고객)로부터 매도 또는 매수 주문을 받아 매매가 성립됐을 때 위탁자로부터 징수하는 수수료

(139) 위탁증거금(consignment guarantee money)

투자자가 주식을 사거나 팔 때 증권사에 미리 예치하는 일종의 계약금으로 위탁보증금이라고도 함

(140) 유동부채(current liabilities)

1년 이내에 상환해야 하는 채무

(141) 유동성리스크(liquidity risk)

거래 일방이 일시적인 자금 부족으로 인해 정해진 결제 시점에서 결제 의무를 이행하지 못함으로써 거래 상대방의 자금조달계획 등에 악영향을 미치는 위험

(142) 유동성장세(liquidity-driven market)

증시에 대규모 자금이 유입돼 자금력으로 주가를 밀어 올리는 장세

(143) 유동자산(current assets)

1년 이내에 현금으로 전환하거나 소비할 것으로 예상되는 자산

(144) 유로본드(eurobond)

유럽연합 집행위원회(EC)가 유로존의 금융위기 해결을 위해 도입한 채권

(145) 유상증자(capital increase with consideration)

기업이 주식을 추가로 발행해 자본금을 늘리는 것

(146) 이머징마켓(emerging market)

개발도상국 가운데 상대적으로 경제성장률이 높고 산업화가 빨리 진전되고 있는 나라들의 증시를 일컫는 말

(147) 이익공유제(profit sharing)

기업이 번 돈의 일부를 협력 업체와 나누거나 노동자들에게 배분하는 제도

(148) 이전소득(transfer income)

개인이 직접 생산 활동에 참여해 그 대가로 받는 일반소득과는 달리 가계, 정부, 기업 등으로부터 무상으로 얻는 수입

(149) 인플레이션감축법안(Inflation Reduction Act, IRA)

미국이 자국 내 친환경 에너지 공급망을 탄탄하게 하기 위해 약 480조원을 쏟아 붓는다는 내용 등을 담은 법안

ㅈ

(150) 자본이득(capital gain)

주식이나 채권 등을 포함한 자산의 거래를 통해 발생한 시세 차익

(151) 자본잠식(impaired capital)

회사의 적자폭이 커져 잉여금이 바닥나고 납입자본금이 마이너스가 되는 상태

(152) 자산디플레이션(asset deflation)

부동산과 같은 실물자산의 가치와 주식과 같은 금융자산의 가치가 동반 하락하는 현상

(153) 자산재평가(assets revaluation)

사업용 자산의 가격을 취득원가가 아닌 시가로 재평가하는 것

(154) 자산효과(asset effect)

주식 등 자산의 가치가 증대되는 경우 그 영향으로 소비가 늘어나는 효과

(155) 주택담보대출비율(loan to value ratio, LTV)

주택을 담보로 돈을 빌릴 때 인정되는 자산가치의 비율

ㅊ

(156) 차이나 리스크(China risk)

중국에 대한 수출의존도가 높은 기업이나 국가가 중국이 긴축정책이나 경제적 취약성으로 인해 경제성장이 둔화될 경우 겪는 위험

(157) 차환발행(refunding)

이미 발행한 채권의 원금을 상환하기 위하여 새로 채권을 발행하는 것

(158) 채무불이행(default)

공·사채에 대한 이자지불이나 원금상환이 불가능해진 것

(159) 청산가치(liquidating value)

파산 등의 이유로 영업 활동을 중단해 청산하는 경우 산출되는 회사의 자산 가치

(160) 청약증거금(deposit for subscription)

발행회사가 불특정 다수인을 상대로 유가증권을 모집 또는 매출할 때 그 응모자가 주식대금 또는 회사채의 대금을 납입하기에 앞서 그 증거금으로 증권사에 예치하는 금액

(161) 총부채상환비율(debt to Income, DTI)

총소득에서 부채의 연간 원리금 상환액이 차지하는 비율

(162) 출자전환(debt-equity swap)

채권 금융기관이 부실기업에 빌려준 돈을 주식으로 전환하는 것

ㅋ

(163) 카르텔(cartel)

기업들이 어떤 방법이나 유형으로든 계약, 협정, 결의 등 다른 기업들과 공동으로 행하는 제반 행위

(164) 컨벤션산업(convention industry)

대규모 회의장이나 연회장, 전시장 등의 전용 컨벤션 시설을 갖추고 대규모 국제회의나 전시회를 유치하는 사업

(165) 컨트리리스크(country risk)

투자 및 융자 시 손해 발생 가능성의 정도를 나타내는 국가별 신용척도

(166) 코넥스(Korea New Exchange, KONEX)

코스닥시장 상장 요건을 충족시키지 못하는 벤처기업과 중소기업이 상장할 수 있는 중소기업 전용 주식시장

(167) 코리아디스카운트(Korea discount)

우리나라 기업의 주가가 비슷한 수준의 외국 기업의 주가에 비해 낮게 형성되어 있는 현상

(168) 코픽스(cost of fund index, COFIX)

은행 대출 금리의 기준이 되는 자금조달비용지수로서 국민·신한·우리·KEB하나·농협·기업·SC제일·씨티 등 8개 은행이 시장에서 조달하는 정기 예·적금, 상호부금, 주택부금, 금융채, 양도성예금증서(CD) 등 8개 수신 상품 자금의 평균 비용을 가중 평균해 산출한 지수

(169) 콜금리(call rates)

금융기관 사이의 단기자금 과부족을 조정해주는 콜 시장에서 형성되는 금리

ㅌ

(170) 타이거펀트(Tiger Fund)

단기투자를 겨냥하는 대표적 헤지펀드 중 하나

(171) 탄소국경세(carbon border tax)

탄소 고배출 산업에 부과하는 일종의 관세로 유럽연합이 주도하고 있는 관세 형태

(172) 탄소배출권거래제(emission trading scheme)

기업들이 이산화탄소 등 온실가스를 배출할 권리를 사고팔 수 있도록 한 제도

(173) 탄소세(carbon tax)

온실가스 배출원에 대해 온실가스 배출량을 기준으로 부과하는 세금

(174) 턴키방식(turn-key)

투자에 대한 타당성 검토, 설계, 시공 및 감리 시운전까지 일괄 수주하여 사업주가 최종 단계에서 키만 돌리면 모든 설비가 가동되는 상태로 인도하는 계약

(175) 테이퍼링(tapering)

연방준비제도(Fed)가 양적완화 정책의 규모를 점진적으로 축소해나가는 것

(176) 토빈세(tobin tax)

모든 국가 간 자본 유출입 거래에 대하여 단일세율을 적용하는 외환거래세의 일종

(177) 토지신탁(real estate trust)

신탁회사가 토지소유자로부터 토지를 신탁 받아 개발 계획의 수립, 건설 자금의 조달, 공사 관리, 건축물의 분양 및 임대 등 개발사업의 전 과정을 수행하고 발생한 수익을 토지 소유자에게 돌려주는 제도

(178) 통상임금(ordinary wage)

근로자에게 정기적, 일률적으로 주는 시간급, 일급, 주급, 월급 또는 도급 금액으로서 일상적 근로의 대가로 받는 임금

(179) 통화스와프(currency swap)

자국의 통화를 다른 통화와 미리 약정한 환율에 따라 일정 시점에 서로 교환하는 외환 거래

(180) 통화안정증권(monetary stabilization bond)

한국은행이 시중에 풀린 돈을 흡수하기 위해 금융기관과 일반인을 대상으로 발행하는 증권

(181) 투자보장협정(investment promotion and protection agreement)

국가 간의 투자를 촉진하고 보호하기 위해 외국 기업에게 자유로운 사업 활동이나 이익의 국외 송금을 보장하고 컨트리 리스크 등에 의한 피해에 대해 기업을 대신하여 정부가 직접 상대국과 교섭, 투자원금 회수 및 손해 보상 등을 상호 보장하는 협정

(182) 특별인출권(special drawing right, SDR)

IMF 회원국이 외환위기를 당했을 때 IMF에서 끌어다 쓸 수 있는 긴급 자금

ㅍ

(183) **파생금융상품(financial derivatives)**

환율이나 금리, 주가 등의 시세 변동에 따른 손실 위험을 줄이기 위해 미래 일정 시점에 일정한 가격에 상품이나 주식, 채권 등을 거래하기로 하는 일종의 보험성 금융상품

(184) **팍스달러리움[pax dollarium)**

미국 통화인 달러화가 주도하는 세계경제 질서를 일컫는 용어

(185) **패닉바잉(panic buying)**

사회·환경 변화 등으로 발생한 심리적 불안 때문에 물품을 경쟁적으로 사들이는 것

(186) **퍼펙트스톰(perfect storm)**

세계 경제가 동시에 위기에 빠져 대공황이 초래되는 상황

(187) **페이퍼컴퍼니(paper company)**

서류 형태로만 존재하면서 회사 기능을 수행하는 회사

ㅎ

(188) **하우스푸어(house poor)**

저금리를 바탕으로 주택가격이 오를 때 과도한 차입을 통해 집을 샀으나 금리 인상과 주택가격 하락으로 인해 큰 손해를 보고 있는 사람

(189) **하이퍼인플레이션(hyper inflation)**

물가 상승이 통제를 벗어난 상태로서 수백 퍼센트의 인플레이션율을 기록하는 상황

(190) **한계사업(marginal business)**

경제여건 변화로 경쟁력을 잃어 성장과 채산성 확보에 어려움을 겪는 사업

(191) **할당관세(quota tariff)**

물가 안정, 산업 경쟁력 강화 등을 위해 기본 관세율의 40% 범위 안에서 올리거나 내려 적용하는 탄력관세의 일종

(192) **핫머니(hot money)**

투기적 이익을 찾아 국제금융시장을 이동하는 단기 부동자금

(193) 헤지(hedge)

현물가격 변동의 위험을 선물가격 변동으로 제거하는 것으로 위험회피 또는 위험분산이라고도 함

(194) 헤지펀드(hedge fund)

주식, 채권, 파생상품, 실물자산 등 다양한 상품에 투자해 목표 수익을 달성하는 것을 목적으로 하는 펀드

(195) 현금흐름(cash flow)

기업경영에 따른 현금의 움직임

(196) 현물출자(payment in kind)

회사의 설립, 인수 또는 신주 발행 시 돈이 아닌 부동산, 유가증권, 특허권 등의 유형. 무형의 재산을 출연하는 방식

(197) 현지금융(overseas financing)

우리나라 기업이나 기업의 국외 지점이 외국에서 영업 활동 자금으로 사용하기 위해 외국에서 외화를 차입하거나 지급 보증을 받는 것

(198) 환매조건부채권(repurchase agreement, RP)

은행이 단기자금을 마련하기 위해 보유 중인 국고채나 통화안정증권 등을 한국은행에 매각한 뒤 약정 기간이 지나면 되사는 계약

(199) 횡재세(windfall profit tax)

일정 기준 이상의 이익을 얻은 법인이나 자연인에 대하여 그 초과분에 일반 소득세 외에 추가적으로 징수하는 소득세

(200) 후순위채권(subordinated bond)

채권 발행사가 파산할 경우 돈을 받을 수 있는 권리가 주주를 제외하고는 가장 늦은 채권

Index

찾아보기

A

B

C

O

P

Q

R

S

저자소개

한양대학교 상경대학 경제학과 졸업
미국 Rice University 대학원 경제학과 졸업(경제학 박사)
한양대학교 제13대(2011~2015) 총장
한양대학교 석좌교수

「부동산학개론」, 홍문사(진창하 공저)
「교양경제」, 명경사
「경제학」, 명경사
「경제학원론」, 법문사(손정식 공저)
「경제학개론」, 법문사(손정식 공저)
「미시경제학」, 형성출판사(조병택 공저)

경제학입문 –현실경제의 이해–

2023년 8월 5일 초판 1쇄 발행
2026년 2월 10일 초판 5쇄 발행

저 자 임 덕 호
발행인 한 의 명
발행처 명 경 사
(본사) 서울특별시 강남구 선릉로 120 우성 B/D 3–102
전 화 : 010–6211–8981 팩 스 : 0504–338–2135
(지사) 경기도 파주시 맥금동 557–24
Home-page : www.mkspub.com
E-mail : mkspub@daum.net
등록 2000년 8월 9일 제 10–2024(倫)

• 정가 30,000원

ISBN 979–11–88052–45–5